JN033518

理論から実践まで

# 徹底解説
# 国際金融
## 〈第2版〉

清水順子・大野早苗・松原聖・川﨑健太郎［著］

日本評論社

# まえがき

　毎日のように円ドル為替相場の動きがニュースになっている．今や，「為替相場を知ること」は私たちの生活に欠かすことのできない重要なファクターの一つである．為替相場は，家計の視点からは物価や資産運用，海外旅行，企業の視点からは貿易や海外生産ネットワークの構築，資金調達手段や企業買収など，政府の視点からは為替制度選択や貿易政策，国際的な視点からは国際資本フローの動き，経済連携協定の締結，というすべての経済主体の行動に影響を与える経済現象である．先進国，新興国を含めて，経済のグローバル化が深化する現代社会において，為替相場が動くとどうなるかを論理的にじっくり考える力を養うことは，将来どのような職業についても必要不可欠な能力となる．

　イギリスの経済学者ジョーン・ロビンソンの言葉に「経済学を学ぶ目的は経済学者にだまされないようにするためだ」がある．たとえば，何か重要な経済問題に関する著名なエコノミストの発言を耳にすると，私たちはその言葉を鵜呑みにしてしまいがちだ．実際に，毎日報道されているマーケットの為替概況では，後付けの理由をまことしやかに解説している場合が少なくない．特にインターネットで世界各国の経済情報を分刻みで入手できる今日，国際金融の基礎的な概念と理論を修得した上で，市場に氾濫する情報から何を取捨選択して判断材料とするかが市場に勝つための必須条件となる．

　国際金融論は，金融論を開放経済に拡張した理論体系を持つ経済学としての側面と，実務の世界にも通じる実学的な側面を持ち合わせた大変興味深い分野である．金融市場における様々なデータが実際にはどのように取引されており，それらが理論とどのように絡み合っているのか，短期的に生じるマーケットのボラタイルな動きの裏には人々のどのような思惑があり，政府や企業はどう対応するべきなのか，新興国経済の拡大とともに世界の国際金融体制はどのように変容していくのか，という様々な問いに対して自分なりの理解を深めるためには，理論と実務の両面からアプローチすることが重要である．

本書は，2016年5月に刊行した初版を改訂した第2版である．6年間の様々な世界情勢の大きな変化により，日本経済を取り巻く環境も著しく変貌を遂げている．為替レートや物価，金利水準の変動だけでなく，戦争による資源価格の高騰により，貿易収支やサプライチェーンといった実態面でも大きな影響を受けている．第2版では，国際金融にかかわる様々なデータを更新し，それに伴って生じた日本経済の大きな変化について解説するだけでなく，世界における新たな国際金融体制の変化についても言及している．

　本書は，4部構成で国際金融を理論から実践まで徹底解明する．第1部は，外国為替市場の概観（基本的概念）として，為替レートの定義から始まり，外国為替市場の構造や取引状況，為替制度の変遷といった外国為替にかかわる基本的概念を学ぶ．第2部は，国際収支と国際金融市場の動向に焦点を当て，国際収支にかかわる基本的概念とその状況に加えて，円，ドル，ユーロといった主要通貨のこれまでの動向とその背景について整理する．第3部では，為替レートの決定理論として，長期，および短期の為替レートの決定理論を取り上げ，それぞれ専門的に解説する．第4部では，国際金融にかかわる実務面として，国際証券投資，為替リスクマネジメント，アジアに拡大するグローバル生産体制といった企業行動にかかわるトピックを取り上げる．本書の特徴は，前半は国際金融論を学ぶ学部生や金融に携わるビジネスマン向けの教科書として，国際金融論の入門書となる内容を平易な言葉で解説し，後半は国際金融論を大学院で学ぶ準備として必要な理論について数式を交えながらより専門的に解説するとともに，国際金融と企業行動にかかわる実践的なトピックを取り上げている点にある．それぞれの読者のレベルとニーズに合わせて各章を有効活用していただきたい．

　さらに，各章の巻末には，理論的な理解を深める課題とともに，時事問題の資料やデータ検索を含み，データを用いて金融市場の実態を体得する応用問題も配した．読者には，日頃から日本経済新聞を読む，あるいは経済ニュースを見る習慣をつけ，外国為替市場や債券・株式市場の動向に注目し，国際金融を学ぶことの楽しさと知識を役立てる喜びを実感していただければ幸いである．

2024年1月

著者を代表して　清水順子

# 目　次

## 第3章　国際通貨と為替制度の変遷 ——————— 51

## 第 2 部　国際収支と国際金融市場の動向

第**1**部

# 外国為替市場の概観
# （基本的概念）

第1章 為替レートと外国為替市場

## はじめに

　日々のニュースでは円ドル相場に関する報道がなされており，多くの人々が「現在の東京外国為替市場は1ドル=145円70〜75銭で取引されている」といった言葉を耳にする．為替レートは重要な経済情報のひとつであるが，この数字の持つ意味を正しく理解できている人はどれくらいいるだろうか．

　たとえば，以下の質問に答えられるだろうか．①東京外国為替市場はどこにあるのか？　②なぜ，普段利用しない「銭」という単位が使われるのか？　③どうして，値幅があるのか？　順に正解を挙げると，東京外国為替市場とは東京証券取引所のような特定の場所ではなく，銀行とその顧客との間，あるいは銀行同士で外国為替の取引を行う場を指す．通常ニュースなどで報道されている為替レートは，電話やインターネットを通じて銀行間で為替取引を行うインターバンク市場で取引されている為替レートである．インターバンク市場での最低取引単位は100万ドル（約1億4,700万円，2023年9月現在）と大金である．為替レートが1円動くだけで円建ての取引額が100万円変わってしまうので，銭単位で機動的に取引しているのだ．ちなみに，東京外国為替市場委員会が公表している2022年10月の東京外国為替市場の円・ドル直物（スポット）取引高は1日平均1,147億ドル（約15兆円）であり，いかに多額の為替取引が実際に行われているかがわかるだろう．外為市場には多くの参加者から様々なドル買い，ドル売り注文があるが，その中で一番高い買値（ビッド）と一番安い売値（オファー）を用いて現在の為替レートを表示している．

3

　為替レートは刻一刻と変化しており，その動きは私たちの生活から一国の経済に至るまで，様々な影響を及ぼしている．第1章では，市場で取引されている為替レートにはどのような種類があり，どのような仕組みで計算されているのか，さらに外国為替市場の参加者の構成とその目的はどのようになっているのかを明らかにする．

## 1.1　為替レートとは

### 1.1.1　為替レートの定義

　為替とは，遠隔地間の債権債務の決済，または資金の移動を，現金を直接やり取りすることなく金融機関の仲介によって行う方法・手段のことである．国内での為替取引は内国為替とよばれ，日本では江戸時代に政治の中心である江戸と経済の中心である大坂の商取引の決済手段として発達したといわれる．たとえば，東京商店が大阪商店に500万円の商品を販売した際に，大阪商店は取引銀行である大阪銀行に500万円を支払い，代金の送金を依頼する．大阪銀行は支払指図に基づいて，500万円を東京商店の取引銀行である東京銀行に支払い，東京商店が500万円を受け取ることになる（**図1-1**）．

　為替取引は預金，貸出とならぶ銀行の三大固有業務と位置づけられている．現在の内国為替取引において金融機関（銀行）が仲介役を果たしている理由は，資金が豊富，かつ信用力が高く，多くの企業や人が預金口座を持っているからである．各銀行は，**全国銀行データ通信システム（全銀システム）**によって結ばれており，最終的な決済は，中央銀行に置かれている各銀行の口座への入金／引き落としによって行われる．このうち，1件1億円以上の大口取引については，**日本銀行金融ネットワークシステム（日銀ネット）**に送信され，日本銀行当座預金上で即時グロス決済（RTGS）により処理される．

　これに対して，国際間にまたがった債権・債務の決済を行うのが**外国為替**（foreign exchange）である．決済のためには当該国同士の通貨の交換が必要となる．この交換比率が為替レートであり，通常は外国為替市場での売買取引によって決まる．たとえば，東京商社がNY商社に1万ドルで商品を輸出した際に，NY商社は取引銀行であるNY銀行に1万ドルを支払い，代金の送金

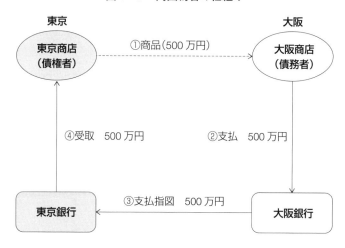

図1-1　内国為替の仕組み

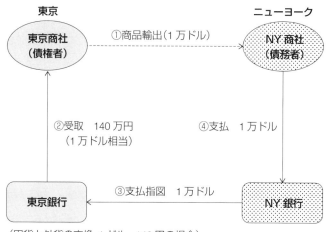

図1-2　外国為替の仕組み

（円貨と外貨の交換，1ドル＝140円の場合）

を依頼する．NY銀行は支払指図に基づいて，1万ドルを東京商社の取引銀行
である東京銀行に支払い，東京銀行は1万ドルをその時点の円ドル為替相場
（1ドル140円）で円金額に変換し，東京商社が140万円（1万ドル相当）を受
け取ることになる（**図1-2**）．内国為替との違いは，東京銀行が1万ドルを円

5

コラム

## 為替と資金の関係（並為替と逆為替）

　為替は，送金に利用される並為替（送金為替）と，代金の取立に利用される逆為替（取立為替）の2つに大別される．並為替は，お金を支払う立場の人（輸入者，債務者など）が銀行に依頼して，お金を受け取る立場の人（輸出者，債権者など）へ送金する方法であり，送金為替ともよばれる．逆為替は，お金を受け取る立場の人（輸出者，債権者など）が銀行に依頼して，お金を支払う立場の人（輸入者，債務者）からお金を取り立てる方法で，取立為替ともよばれる．

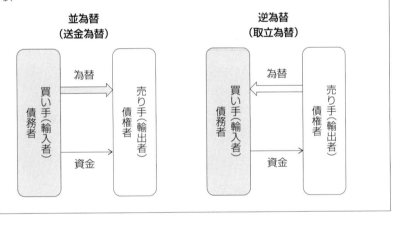

に変換する際に，交換比率である為替レートの変動に伴うリスク（**為替リスク**）が生じることである．

　一般に，日本で最も頻繁に目にする為替レートは円・ドル相場だが，前述のような日本企業の国境を越えた財取引は世界各国で行われており，為替レートとして様々な通貨の組み合わせが存在する．円ドル相場の場合，円の決済は日本国内の銀行で，ドルの決済は邦銀の海外支店や外国の銀行間の口座（**コルレス勘定**）を用いて行われる[1]．銀行間のドルの過不足は外国為替市場を利用して調整され，ドルの最終的な決済は CHIPS（米銀が連邦準備銀行に保有する

ドル預金の振替）によって行われる.

## 1.1.2　外国為替市場の構造

　外国為替市場は，円やドルなどの異なる通貨を交換（売買）する市場である．しかし，市場といっても，ある特定の場所や建物を指すわけではなく，実際の取引は電話や電子機器を通じて行われる．外国為替市場の取引は，企業や個人などが銀行などの金融機関と為替取引を行う**対顧客市場**と金融機関同士や外為ブローカーを通じて行う**インターバンク市場**とに大別される．それぞれの市場の特徴と参加者は，以下のようにまとめることができる.

- **対顧客市場**
  - 企業や個人が金融機関と直接通貨交換をする当事者間同士の市場であり，相対取引（Over the Counter：OTC）である.
  - 輸出入業者，商社，機関投資家や個人などが参加している．こうした参加者には，様々なニーズ（売りと買い，通貨，レート，金額，受渡時期など）が存在する.

- **インターバンク市場**
  - 金融機関（銀行）同士が通貨交換を行う市場であり，その他の顧客などは直接参加できない.
  - 最低取引金額は100万ドル（約1億4,700万円，2023年9月現在）であり，一日当たりの世界の平均取引金額は7兆5千億ドル超（2022年4月の一日平均データ，参考：世界貿易額は約21兆ドル／年間）.
  - 参加者を電話やその他の通信機器で繋いだ「通信によるネットワーク市場」であり，世界中の市場で24時間取引可能.
  - 主な参加者は銀行や証券会社などの金融機関，中央銀行と仲介業者である為替ブローカー.

---

1）銀行は，外国に存在する銀行に当該国通貨で預金口座を持ち，その口座を通じて送金の支払いや代金の取立を行う契約を結んでいる．これをコルレス契約（correspondent agreement）といい，契約相手の銀行をコルレス銀行という.

## 図1-3　外国為替市場の構造

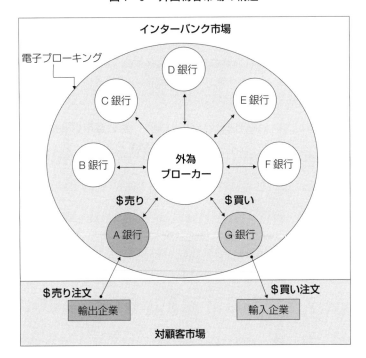

●外為ブローカーは多くの参加者の注文を得て，その条件に見合う取引相手を探し，双方の取引の仲介をする．近年は，為替ブローカーよりも仲介手数料が安く，コンピュータが仲介して売買する電子ブローキングの比重が高まっている．

　インターバンク市場と対顧客市場の関係をまとめると**図1-3**のようになる．
　外国為替市場は，世界各地で24時間取引可能な市場である．**図1-4**にあるように，外国為替市場の一日はシドニー，ウェリントン市場で始まり，東京，香港，シンガポールのアジア市場からチューリッヒ，フランクフルト，ロンドンなどの欧州市場に引き継ぎ，ニューヨーク，サンフランシスコの米国市場で終わる．外国為替取引の場合，交換される通貨の最終的な受渡しは，決済日に通貨発行国の口座を通じて行われるが，各市場の取引時間帯は少しずつずれな

## 図1-4　外国為替市場の一日

### 外国為替は24時間世界各国で取引されている

| ウェリントン・シドニー | | | | | | | | | | | | | | | | | | | | | | | | |
|---|---|---|---|---|---|---|---|---|---|---|---|---|---|---|---|---|---|---|---|---|---|---|---|---|

| | | | 東京 | | | | | | | | | | | | | | | | | | | | | |

| | | | | | | | | | | | | | ロンドン | | | | | | | | | | | |

| | | | | | | | | | | | | | | | ニューヨーク | | | | | | | | |

| 5 | 6 | 7 | 8 | 9 | 10 | 11 | 12 | 13 | 14 | 15 | 16 | 17 | 18 | 19 | 20 | 21 | 22 | 23 | 24 | 1 | 2 | 3 | 4 | 5 | 6 |

＊日本時間(その時間に主に取引されている場所を表す)

がら重なっており，各市場の地理的な差（時差）による**決済リスク**が存在する．これは，過去の経験からヘルシュタット・リスクとよばれる[2]．

　決済リスクは，外為市場の参加者にとっても重大なリスクであることが広く認識されており，当該リスクの発生を防ぐことは市場全体の課題となっている．そこで，**国際決済銀行**（Bank for International Settlements：**BIS**）[3]は，外国為替取引を行う世界の主要な民間銀行と各国中央銀行との話し合いの場を設け，2002年には各国間の時差などから生じる決済リスクの削減を目的とし

---

2）1974年6月にドイツのヘルシュタット銀行が突然破綻した際に，同行と為替取引を行っていた複数の銀行が売却通貨（独マルク）を支払い済みであるにもかかわらず，ニューヨーク時間に予定されていた購入通貨（米ドル）を受け取ることができず，巨額の損失が発生したことに由来している．

3）BISは，1930年に設立された中央銀行をメンバーとする組織で，スイスのバーゼルに本部がある．ドイツの第一次大戦賠償支払に関する事務を取り扱っていたことが行名の由来だが，それ以外にも，当初から中央銀行間の協力促進のための場を提供しているほか，中央銀行からの預金の受入れ等の銀行業務も行っている．BISには，2022年6月末時点で，日本を含め63カ国・地域の中央銀行が加盟している．

## 図1-5　いくつの為替レートが必要か

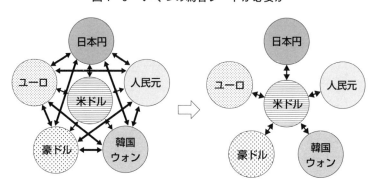

て，クロスボーダー取引の多通貨決済システムである CLS 銀行（Continuous Linked Settlement Bank）の稼働を開始した．さらに，各国間で異なる通貨の取引を1件ごとに同時に決済する即時グロス決済（Real Time Gross Settlement, RTGS）への移行が進められている．日本では2008年以降日本銀行金融ネットワークシステム（日銀ネット）のインフラを利用して，外国為替に伴う円決済は RTGS に完全移行している．

### 1.1.3　為替レートの建値

　前述の通り，為替レートは2カ国の通貨の交換レートである．それぞれの通貨の組み合わせは，どのように為替市場で取引されているのだろうか？　たとえば，**図1-5**のように6カ国の通貨がある場合を考える．もしそれぞれの通貨に対して，円ドル，円ユーロ，円元，円豪ドル，円ウォン，というようにすべての組み合わせを考えるとすれば，6×5÷2 ＝ 15 通りの為替レートが存在することになる．実際には世界にはもっと多くの国が存在するため，もし$n$カ国の通貨が存在すれば，$n×(n-1)÷2$ だけ為替レートが必要となる．しかし，通貨の組み合わせの中にはあまり取引需要のない為替レートがあり，為替市場への参加者も少ない場合には**取引コスト**が高くなってしまう．そこで，為替市場ではすべての組み合わせの為替レートを取引するのではなく，すべての通貨を米ドルに対して取引する慣習となっている．図1-5のように，米ドル以外の通貨を対米ドルの為替レートで取引すれば，6−1 ＝ 5 個の為替レート

## 図1-6　為替レートの建値

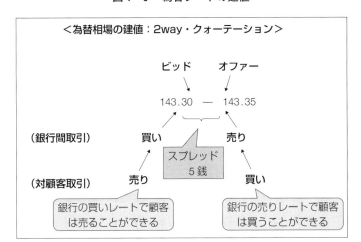

のみで取引することが可能になる．$n$カ国の通貨が存在する場合，$n-1$個の
対米ドルレートが存在すれば事足りる．このようにすることで，為替取引の種
類の数が集約され，取引コストも低く抑えることが可能になる．たとえば，円
売り韓国ウォン買いをしたい場合は，まず円ドルレートを用いて円売りドル買
いをし，次に韓国ウォンドルレートを用いてドル売り韓国ウォン買いをすれば
よいということになる．

　上述のように，外国為替市場で取引される為替レートのほとんどは米ドルに
対する建値で表されているが，円ユーロ相場のように，取引参加者が多いため
に別途建値されている為替レートもある．近年では，2012年6月から人民元の
国際化を目的として，円元直接取引市場が東京と上海に設けられた．

　外国為替市場では，様々な注文の中で，一番高い**ドル買い注文レート（ビッ
ド，bid）**と一番低い**ドル売り注文レート（オファー，offer）**の2つをとって，
**図1-6**のように市場の気配を表す（2 way・クォーテーション）．このよう
に，ニュースで流れている為替レートは，銀行などの金融機関のみが参加でき
るインターバンク市場でのビッド（143円30銭）とオファー（143円35銭）を合
わせた銀行側から見た表示であることに注意が必要である．このとき，顧客が
ドルを売りたい場合には，銀行のビッド（143円30銭）で売ることになり，顧

客がドルを買いたい場合には銀行のオファー（143円35銭）で買うことになる．ビッドとオファーの差のことを**スプレッド**という．市場参加者が多ければ多いほど，多くの売買注文が集まることになり，スプレッドが小さくなる傾向がある．

　為替レートの建値の表示方法には，以下の2通りがある．

- **自国通貨（邦貨）建て**：外貨を自国の通貨で表示する方法
  - 1ドル＝□○という表示
  - たとえば，円ドルレートは1ドル＝143.30円と表示
- **外国通貨（外貨）建て**：自国の通貨が外貨でいくらかを表示する方法
  - 1○＝□ドルという表示
  - たとえば，1ポンド＝1.2230ドル，1ユーロ＝1.0645ドルなど

　自国通貨建てを外国通貨建てに直す場合には，逆数を計算すればよい．上記の円ドルレートの例では，1円は143.30円の逆数である0.006978ドルと計算される．日本国内では，すべての通貨が円金額で表示される自国通貨建てが用いられているが，外国に行くとそうではない場合が多い．実際に，米国の外貨交換所では100円＝0.6978ドル（1ドル＝143.30円と同じ関係，$1 \div 143.30 \times 100$ で計算される）と表示されている．

　外国為替市場で取引される対ドル相場は，通貨によってどちらの建値を使うかが慣習で決まっている．日本をはじめ，スイス，カナダやアジア各国の通貨は，自国通貨建てで取引されているが，ユーロ，英国，オーストラリア，ニュージーランドなどは外国通貨建てを採用している[4]．この建値の違いによって，為替レートの数値の大小と通貨の増価と減価の関係が逆になることには注意が必要である．自国通貨建てでは，数値が大きくなるほどその通貨は減価するが（円ドル相場の場合，数値が大きくなるほど円安になる），外国通貨建ての場合は数値が大きくなるほどその通貨は増価する（ドルユーロの場合，数値が大きくなるとユーロ高になる）．

---

4）英国が外国通貨建てを採用している理由は，米ドルの前の基軸通貨は英ポンドであったからである．同様に，元英連邦であったオーストラリア，ニュージーランドもポンド同様に外国通貨建てになっている．

## 1.2　為替レートの種類と計算

### 1.2.1　仲値と TTS，TTB

前節ではインターバンク市場での為替レートのビッドとオファーについて説明したが，様々な取引形態に合わせて銀行が顧客に提示している為替レートには以下のような種類がある．

- **仲値**（**なかね**，公示相場，インターバンク市場で取引されているレート）
  - 窓口での対顧客取引レートの基準となる．
  - 通常，東京外国為替市場で午前10時ごろに取引されている為替レートが用いられる．
- **電信売相場**（Telegraphic Transfer Selling：TTS）と**電信買相場**（Telegraphic Transfer Buying：TTB）
  - 公示仲値に手数料（マージン，銀行の利益も含む）を上乗せ（売りの場合）または差し引いた（買いの場合）レート．
  - 電信での取引なので時間的なずれがなく，銀行の立替金利が発生しないので，手数料だけを考慮している．送金や外貨預金などに利用される．
- **一覧払手形相場**
  - 一覧払手形買相場（At Sight Buying）
  - 一覧払手形売決済相場（Acceptance）
  - 手形決済の場合，たとえば銀行は顧客に円貨を払ってから海外の銀行から外貨を回収するまでの時間的コストが発生するため，その期間の立替コストを上乗せ，または差し引いたレートを提示する．
- **現金売相場**（Cash Selling Rate）と**現金買相場**（Cash Buying Rate）
  - 現金を用いて決裁する場合の送金および保管コスト（金利など）が発生するため，さらにそれらを上乗せ，または差し引いたレートが用いられる．空港の外貨交換所などで適用される．

## 図1−7　為替レートの種類

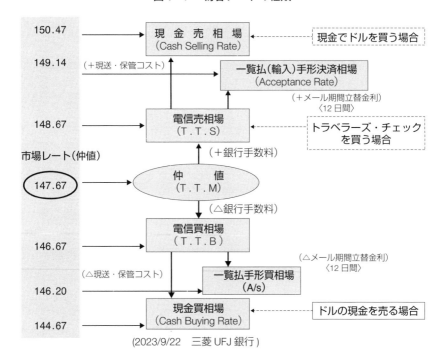

(2023/9/22　三菱 UFJ 銀行 )

図1−7はある一日の銀行が提示する為替レートの例である．インターバンク市場では147円67銭付近で取引されていても，現金の円でドル札を購入する場合には150円47銭と2円80銭の手数料が上乗せされていることがわかる．

### 1.2.2　クロスレートの計算

　為替取引は，対米ドル以外の通貨間でも行われる．対米ドルを介さない通貨間の為替相場のことを**クロスレート**とよぶ．為替レートは，通常，対米ドルレートで表示されているが，クロスレートは，2つの対ドル為替レートから外貨対外貨の為替レート（例：ユーロ円，ポンド円等）を計算する裁定相場である．クロスレートの計算方法については，それぞれの為替レートの建値が自国通貨建てか外国通貨建てかによって異なる．以下のそれぞれの場合の計算方法を見てみよう．

● **自国通貨建て通貨と外国通貨建て通貨の組み合わせの場合**（掛け算）

　例）ユーロ円（円／ユーロ）相場

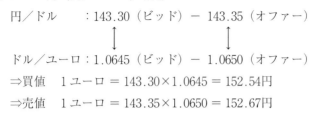

　　　円／ドル　　　：143.30（ビッド）－ 143.35（オファー）

　　　ドル／ユーロ：1.0645（ビッド）－ 1.0650（オファー）

　　　⇒買値　1ユーロ ＝ 143.30×1.0645 ＝ 152.54円

　　　⇒売値　1ユーロ ＝ 143.35×1.0650 ＝ 152.67円

● **自国通貨建て通貨同士の組み合わせの場合**（割り算）

　例）スイス円（円／スイスフラン）相場

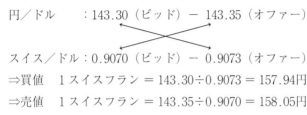

　　　円／ドル　　　：143.30（ビッド）－ 143.35（オファー）

　　　スイス／ドル：0.9070（ビッド）－ 0.9073（オファー）

　　　⇒買値　1スイスフラン ＝ 143.30÷0.9073 ＝ 157.94円

　　　⇒売値　1スイスフラン ＝ 143.35÷0.9070 ＝ 158.05円

　自国通貨建て通貨同士の組み合わせでは，ビッドとオファーを交互に組み合わせて割り算をしている点に注意が必要である[5]．

　表1−1は銀行が毎日提示している対顧客用の対円外国為替相場の一覧表である．現金の販売レートと買取レートの差（スプレッド）は取引コストとなるが，各通貨での取引コスト（この場合は為替相場に対するスプレッドの割合）を比較すると，主要通貨である米ドルが最も低く4％前後，ユーロが5％前後であるのに対して，アジア通貨の多くは20％と大きくなっていることがわかる．このように，主要通貨とのスプレッドと比較すると，アジア通貨のようなマイナー通貨のスプレッドは大きくなる傾向がある．これは主要通貨を取引する為替市場の参加者数がマイナー通貨と比べ圧倒的に多く，市場の取引高（流

---

　5）ユーロ導入前の欧州通貨は英国を除いてすべて自国通貨建てだったため，欧州通貨同士の取引については，自国通貨建て同士の計算方法でビッドとオファーをクロスさせて計算していたことが，クロスレートの語源となっている．

### 表1-1　対円対顧客外国為替相場

| 対円外国為替相場 | | | | | | |
|---|---|---|---|---|---|---|

三菱UFJ(2023/ 9 /22)

| 通貨名 | 単位 | 販売レート（日本円→外貨） | | 買取レート（外貨→日本円） | | CASHのスプレッド[*2] | 取引コスト(%)[*3] |
|---|---|---|---|---|---|---|---|
| | | TTS | CASH | TTB | CASH | | |
| 米ドル | US$ | 148.67 | 150.47 | 146.67 | 144.67 | 5.80 | 3.93 |
| カナダドル | Can$ | 111.17 | 118.17 | 107.97 | 100.97 | 17.20 | 15.70 |
| ユーロ | EUR | 158.90 | 161.40 | 155.90 | 153.40 | 8.00 | 5.08 |
| 英ポンド | Stg £ | 185.41 | 193.41 | 177.41 | 169.41 | 24.00 | 13.23 |
| スイスフラン | SFr | 164.09 | 168.09 | 162.29 | 158.29 | 9.80 | 6.01 |
| 豪ドル | A$ | 96.63 | 104.33 | 92.63 | 84.93 | 19.40 | 20.50 |
| 中国　人民元 | CNY | 20.49 | ― | 19.89 | ― | | |
| シンガポール・ドル | S$ | 108.85 | 113.85 | 107.19 | 102.19 | 11.66 | 10.79 |
| 香港ドル | HK$ | 19.32 | 21.32 | 18.46 | 16.46 | 4.86 | 25.73 |
| タイ・バーツ | THB | 4.16 | 4.55 | 4.00 | 3.61 | 0.94 | 23.04 |
| 韓国ウォン[*1] | KRW | 11.24 | 12.54 | 10.84 | 9.54 | 3.00 | 27.17 |

＊1　韓国ウォンは100円に対する価格
＊2　CASH のスプレッドは，CASH 買い相場と CASH 売り相場の差
＊3　取引コストは，為替相場に対するスプレッドの割合（%）

動性）が高いために起こる現象である．したがって，マイナー通貨の売買を現金ベースで行う際には，取引コストが高いことに注意が必要である．

## 1.2.3　直物レートと先物レート

為替レートは，取引成立後，実際に受け渡しされるまでの期間によって**直物レート**と**先物レート**に分けられる．さらに先物レートには，対顧客との相対取引で現物決済（現金で取引金額全体を決済）される**先渡取引**（Foward，フォワード）と，先物市場などの取引所で差金決済（取引金額全体ではなく，差額分だけの金額が決済）される**先物取引**（Future，フューチャー）がある．

### 図1-8　先物・先渡レートの仕組み（ドルディスカウントの場合）

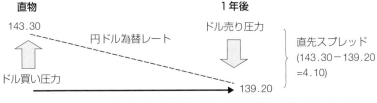

〈米国金利4.5％に対して円金利1％の場合〉

先へ行くほど米ドルは安くなる（ドル・ディスカウント）

- **直物レート**（Spot，**スポットレート**）
  - 為替の取引成立後，2営業日後に現金の受け渡しを行う
  - 通常報道されているのはインターバンク市場の直物為替レート
- **先物・先渡レート**（Forward，**フォワードレート**）
  - 将来の特定日に受け渡しを行う為替レート
  - 将来時点での為替変動にかかわらず，契約した先物（先渡）レートで為替取引が実行できる
  - 当該2通貨の金利差を反映して計算される

　先物（先渡）レートは，直物レートと2通貨のそれぞれの金利差を反映して決まる．たとえば，以下の事例からその仕組みを考えてみよう．
　例）米ドル金利4.5％に対して円金利1％，直物為替レートは1ドル143.30円
　　　①円運用：円を金利1％で1年間運用する
　　　②ドル運用：直物で円売り米ドル買いをして金利4.5％でドル預金し，1年後に元利合計分の米ドル売り円買いをする

　上記の例で，もし直物も1年後の為替レートも同じであれば，金利差分の3.5％が儲かることになるので，皆が②のドル運用を選択するため，直物でドル買い圧力がかかる一方，1年後にドル売り圧力がかかり，1年後の為替レートは直物よりも円高ドル安になる．その結果，①の円運用と②のドル運用の元利合計金額の価値が等しくなるような為替レートが1年後の先物（先渡）為替

## 図1-9　3カ月物の先渡レートの計算例

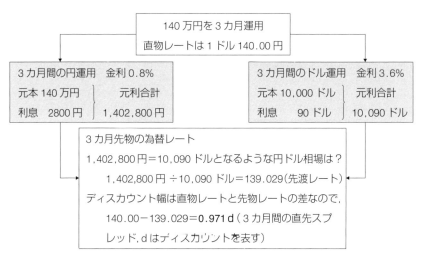

注：3カ月間の円運用の利息　140万円×0.008÷4＝2800円
　　3カ月間のドル運用の利息　10,000ドル×0.036÷4＝90ドル

レートとして139.20円に決まる．これを，**金利裁定メカニズム**という（詳しくは第8章参照）．

　直物レートと先渡レートの差のことを，**直先スプレッド**という．図1-8のように，円金利と比較してドル金利が高い場合には，先渡レートは直物レートと比べてドル安（円高）になる．このことをドルディスカウント（円プレミアム）という．反対に，ドル金利が低い場合には，先渡レートは直物レートと比べてドル高（円安）になり，このことをドルプレミアム（円ディスカウント）という．

　先物（先渡）レートは，輸出入業者などがあらかじめわかっている将来の外貨の受け渡し日に合わせて為替予約をするニーズに対応して利用されている．銀行は対顧客用に，通常1週間，1カ月，3カ月，6カ月，1年など様々な期間で先物（先渡）レートを提示している．**図1-9**は先渡レートの3カ月物の計算例である．円金利0.8％に対してドル金利3.6％と金利差は2.8％であるが，期間が3カ月ということで，利息が3カ月分の計算（金利は年率換算なので，元本に金利をかけ，そのおよそ4分の1が3カ月分の利息となる）となる点に

## 図1-10　輸出業者の注文に対応する銀行のポジションとスワップ取引

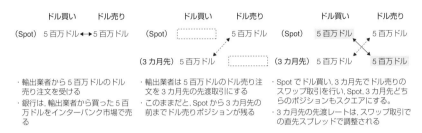

注意が必要である．この例では，3カ月先渡の直先スプレッドは97銭1厘のディスカウントとなる．

### 1.2.4　為替のスワップ取引

　前項で先渡レートの計算方法を説明したが，外国為替市場では，先物（先渡）レートがそのまま建値されているのではなく，前述の直先スプレッドの部分が**為替スワップ**（Swap, Forward Swap）として市場で取引されている．為替スワップ取引とは，同じ取引金額（円ドルの場合はドル金額）で直物と先物，あるいは異なった期日の先物同士の売買を同時に組み合わせた取引のことである．企業に先物為替を供給する必要がある銀行がインターバンク市場で行う取引であり，これによって，銀行は企業からの先物（先渡）為替の注文に応じることができる．実務的には，直物為替レートにスワップ・ポイント（直先スプレッドと通常は同じ）を調整することによって取引されている．

　スワップ取引には，手前（通常は直物）でドル売り，先物でドル買いをする取引と，手前（通常は直物）でドル買い，先物でドル売りをする取引の2つがある．**図1-10**の例のように，銀行が輸出業者から3カ月先のドル売り注文を受けると，銀行は顧客から購入した5百万ドルをインターバンク市場の直物レートで売り，次に5百万ドルをスワップ市場で「スポットでドル買い，3カ月先でドル売り」というスワップ取引を行う．この場合，もしドル金利が円金利よりも高ければ，銀行はスポットで買ったレートよりも低いレートで，3カ月先にドル売りをすることになる．スワップ取引でのドル売りレートとドル買いレートの差（直先スプレッド，スワップポイント）は，銀行が顧客に3カ月先

の先渡レートを提示する際に調整される.

　スワップ取引は，前述の例のように先物（先渡）取引を作るという役割のほかに，ドル資金や円資金の調達手段としても利用されている. たとえば，円資金を持っている銀行が1千万ドルを3カ月間調達したい場合には，直物で1千万ドルのドルを買い（対価として円を売る），3カ月後に1千万ドルを売る（円を買い戻す）ことでドル資金の調達が可能となる[6]. スワップ取引は，一度にまとまった金額の売買取引を同時に行うという性質がある上に，短期の資金調達・運用手段として広く活用されていることから，為替市場の取引高としては一番大きいという特徴がある.

## 1.2.5　通貨オプション

　前項での為替の先物予約は，将来の一定の期日にあらかじめ決めた為替レートで外貨の決済を行う取引である. これに対して，**通貨（為替）オプション**とは，外国通貨を，将来の一定の期日（満期日）にある価格（**行使価格，ストライクプライス**）で売買する権利を売買する取引であり，以下4通りの形態がある.

- コール・オプション（外貨を買う権利）の「買い」
- コール・オプション（外貨を買う権利）の「売り」
- プット・オプション（外貨を売る権利）の「買い」
- プット・オプション（外貨を売る権利）の「売り」

　たとえば，円を対価にドルを買う権利は「円プット・ドルコール・オプション」，円を対価にドルを売る権利は「ドルプット・円コール・オプション」とよぶ.
　オプションの一番の特徴は，オプションの購入者は購入した権利（外貨を買

---

　6）このように円資金を外貨に投入して外貨で運用することを円投（えんとう），反対に外貨資金を円に転換して，円で運用することを円転（えんてん）という. 直先スプレッドと金利差の状況を見ながら，このような裁定取引が行われている. （裁定取引については，第8章の金利平価を参照.）

う権利，または外貨を売る権利）を行使するか，放棄するかを相場の水準によって選択することができることである．先物為替予約の場合には，予約期日の為替レートが，既に締結済みの予約レートよりも有利な水準になったとしても，これを理由に取消はできず，期日に実行しなければならない．しかし，オプション取引の買い手は，オプション料として**プレミアム**を支払い，予約期日の為替動向を見ながら，購入した権利を行使（実行）する，あるいは放棄するかの選択ができる．一方，オプションの売り手は，権利の買い手からオプションの代金としてプレミアムをあらかじめ受け取る．その対価として，買い手がオプションの権利を行使したら受けなければならない義務がある．その場合，損失は理論上無限大になるため，オプションの売り手として参加する際は留意する必要がある．

　プレミアムは，現在の市場の為替レート，行使価格（ストライクプライス），期日までの期間，金利（円ドルの通貨オプションの場合は，日米の金利）に加えて，**ボラティリティ**（Volatility）という為替レートの変動幅の比率によって決定される[7]．ボラティリティは，その期間で為替レートが激しく変動すると予想されるときは高くなり，逆の場合は低くなる．ボラティリティが高いほどプレミアムは高くなり，ボラティリティが低いほどプレミアムは安くなる．

　以下は，ストライクプライスが120円，プレミアムが10円の場合のコールとプットそれぞれのオプションの買い手と売り手の損益図（**図1-11**）である．

**図1-11　オプションの損益図**

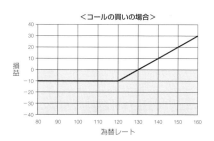

・**コールの買いの場合**
　満期日が1ドル＝120円より円安で

---

　7）ボラティリティとは，為替相場が変動する割合（率）のことである．オプションで使われるボラティリティには，過去の価格変動率の実績から算出したヒストリカル・ボラティリティ（Historical Volatility：HV）と，先行き価格の変動度合いの予測を数値化したインプライド・ボラティリティ（Implied Volatility：IV）がある．このうち，オプション市場で取引され，価格として提示されるのはIVである．

あれば，行使価格との差額とプレミアムを差し引いた金額が利益となる．満期日の相場が130円では損益ゼロ．140円では10円の利益，150円では20円の利益が出る．120円以下では，損失は10円（プレミアム分のみ）に限定される．

## ・コールの売りの場合

満期日が1ドル＝120円より円高であれば，プレミアム分の10円が利益となる．逆に120円より円安になるほど，権利行使価格と市場価格との差額からプレミアムを差し引いた金額が損失となる．満期日の相場が130円では損益ゼロ．140円の場合は10円の損失，150

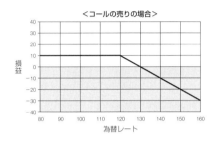

円の場合は20円の損失となる．120円以下の場合，利益は10円となる．

## ・プットの買いの場合

満期日が1ドル＝120円より円高であれば，行使価格との差額とプレミアムを差し引いた金額が利益となる．

満期日の相場が110円では損益ゼロ．100円では10円の利益，90円では20円の利益が出る．120円以上の場合，損失は10円に限定される．

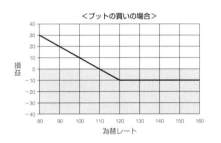

## ・プットの売りの場合

満期日が1ドル＝120円より円安であれば，プレミアムの10円が利益となる．逆に120円より円高になるほど，権利行使価格と市場価格との差額からプレミアムを差し引いた金額が損失となる．満期日の相場が110円では損益

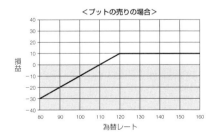

はゼロ．100円では10円の損失，90円では20円の損失．120円以上の場合，利益は10円となる[8]．

## 1.3　外国為替市場におけるプレーヤー

### 1.3.1　実需と投機

外国為替取引を行う動機は，**実需**，**リスクヘッジ**と**リスクテイク**（投機）に大別される．実需とは，企業の輸出入にかかわる資金決済，投資家の外国債券や外国株式などの売買，個人の海外旅行のための外貨購入など，経済的な裏付けがある取引需要のことである．実需取引には，外貨の受け取りや支払い価値が為替レートの変動によって損失をまねくリスクが伴う．たとえば輸出業者が米国に財を輸出し，その代金をドルで受け取るのが3カ月先の場合，この間に為替レートが変動すると，受け取る円建て金額が変動してしまう（為替リスク）．このような場合に，為替リスクを回避するために，現時点で3カ月先の先物（先渡）レートでドル売り契約を結ぶことで，現時点で受け取る円金額を確定することができる．このように為替リスクを回避するために行う取引をリスクヘッジという．

これに対して，リスクテイク（投機）とは，為替変動により損失を被るリスクを承知しながら，為替レートの変動による売買益（為替差益）の獲得を目的として，主に短期的かつ高頻度で行われる取引である．投機取引の参加者は主に銀行や証券会社，機関投資家やヘッジファンドだが，近年では外貨預金や外国為替証拠金取引（詳細は第3章で説明する）を行う個人投資家も加わった．

### 1.3.2　外国為替市場の参加者

以下に，為替市場における代表的な参加者についてまとめる．

- **個人**
  - 海外旅行に行くときには，円を外貨に交換する．

---

8）通貨オプションと為替の先物予約をした場合の損益比較については，第11章のコラムを参照のこと．

- 外貨で預金をしたり，外国株の投資信託を購入する（リスクヘッジをする場合としない場合がある）．
- 外国為替証拠金取引（FX）など，為替を用いた投機的な取引を行う．

- **商社や輸出入業者**
  - 輸出企業は，輸出代金を外貨で受け取ることが多い．日本国内の取引先に中間財の代金支払いを行ったり，従業員に給料を支払うために，受け取った外貨を円に交換する必要がある．
  - 輸入企業は，輸入代金の支払いを外貨で行うために，手元の円資金を外貨に交換する必要がある．
  - 企業の為替リスク管理方針により，先物（先渡）取引を用いてリスクヘッジを行う場合がある（詳細については第11章参照）．

- **機関投資家**
  - 膨大な資金を比較的長期に運用する企業のこと．生命保険会社・損害保険会社，年金基金や投資信託を運用する団体などの機関投資家が外債や外国株に投資するための外貨買い需要，外貨建ての受取利息や配当を円に変換するための円買い需要などがある．
  - 金利差を目的とした外債運用の場合は，先物（先渡）取引によるリスクヘッジは行わないケースが多い．

- **銀行**
  - 顧客の為替注文を市場につなぐ為替取引を行う．
  - 自己勘定で為替を用いた投機的な取引を行う場合もある．

- **ヘッジファンド**
  - 富裕層などから多額の資金を集め，様々な手法を用いて利益を追求する投機的なファンドのこと．レバレッジをかけて大きな資金を短期的に取引することがある．
  - 近年では，年金基金などの機関投資家の運用がヘッジファンドに委託されている．
  - 特定通貨に狙い撃ちをかけて売り浴びせ（投機攻撃），通貨危機に陥ら

せたこともある.

- **ソブリンウェルスファンド**（Sovereign Wealth Fund, SWF）
  - 政府直轄で運営されている政府系投資ファンド．石油などの天然資源の収入や外貨準備などを原資として，対外投資余力を高め，近年の外為市場での重要な市場参加者となっている.
  - アブダビ投資庁，サウジアラビア通貨庁，シンガポール政府投資公社，中国投資有限責任公司などが有名.

- **中央銀行**
  - 中央銀行は，急激な為替レートの変動を抑制する，あるいは一定の変動幅内で為替レートを安定させるために，必要であれば，市場に介入（為替介入）することがある[9].
  - 為替介入には，自国通貨が安くなりすぎることを防ぐために行うドル売り（自国通貨買い）介入と，自国通貨が高くなりすぎることを防ぐために行うドル買い（自国通貨売り）介入がある.

### 1.3.3　為替相場は誰が動かすのか?

　前述のように，為替市場では様々な思惑を持った参加者が日々為替取引を行っている．1980年代の資本取引自由化により，為替市場における投機的な取引が増大し，現在では実需と投機の割合は，2対8，あるいは，多い時は9割が投機的な取引であるといわれる．為替レートが短期的に大きく変動するのは，こうした投機筋が頻繁に通貨の売買を繰り返しているからだという指摘もある.

　実需と投機では，為替市場に与える影響も異なる．実需の場合は，顧客の注文のカバーとしての取引なので，たとえば顧客からドルを買った銀行が為替市場でドル売りをして，その取引は終わる.

　一方，投機の場合は，最初の売買に対して，そのポジションを解消する（square，スクエア），すなわち，ある金額でドル買い（売り）をしたら，その

---

9）為替介入については，第5章参照.

## コラム

## プログラム売買

　近年，コンピュータ・プログラムを利用した自動的な為替取引が増加している．顧客が，銀行などによって提供された電子トレーディング・システムを通じて，インターバンク市場に直接参加する取引が増加し，従来の金融機関のみで構成された市場構造も顕著に変化している．特に，高速かつ高頻度なアルゴリズム取引（コンピュータのプログラムが自動的に為替の売買を行う取引）の増加は，為替市場に流動性を提供し，裁定取引を活発化させ，効率的な価格形成を促している一方，時として為替市場の一時的な急落や暴騰といった現象も引き起こしており，その問題点が指摘されている．

　アルゴリズム取引の中でも，高速・高頻度で売買を繰り返す取引を高頻度取引（HFT: High Frequency Trading）と呼ぶ．2013年の東京市場における調査では，2006年の調査開始以来はじめて電子取引の比率が5割を超えた．こうしたHFTを行うファンドのなかには，経済のファンダメンタルズに基づいて為替を売買するのではなく，例えば株と為替の相関関係が強まっているという事象に着目して，自動的に株と為替の同時売買を行っている．具体的には，株価が上昇した瞬間，円売りのオーダーを出すプログラムを事前に設計しておくような場合である．HFTの為替市場に対する影響について，中山・藤井（2013）は，HFTは市場流動性の向上と為替相場の変動率の低下に寄与している可能性を指摘する一方，外生的なショックやプログラム・エラーにより，経済的に非合理な取引が実行されてしまうリスクにも言及している．

後で同金額のドル売り（買い）をするという反対売買が行われる．投機的な取引は，各々の戦略によって異なる．たとえばデイトレーダーであれば1日のなかで何度も売買を繰り返す．また，ヘッジファンドであれば，大きな金額で取引を行い，時には投機攻撃を行って，為替市場のトレンドを一変させてしまう．過去には，投機攻撃によって一国の経済を通貨危機に陥れたという例もある．

　ところで，こうした為替差益の獲得のみを目的とする投機取引は，為替市場を混乱させ，悪影響のみを及ぼしているといえるだろうか．もし為替市場に実需取引しか存在しなければ，市場参加者が限定され流動性が低下し，取引コストが高くなる可能性がある．実は，為替市場では，実需取引を支える大量の投機的取引が存在することにより，相場が極端に一方向に振れたり，売り手や買い手がいないというような事態を回避できている側面もある．したがって，市場の流動性確保と価格形成への貢献を考慮すると，投機取引も市場にとって必要不可欠な要素だといえるのである．

### 参考文献

古賀麻衣子・竹内淳「外国為替市場における取引の高速化・自動化：市場構造の変化と新たな論点」，日銀レビュー，2013-J-1，2013年．

国際通貨研究所（編）『外国為替の知識（第2版）』日経文庫，2007年．

中山興・藤井崇史「株式市場における高速・高頻度取引の影響」，日銀レビュー，2013-J-2，2013年．

藤原茂章「最近の株価と為替の同時相関関係の強まりについて」，日銀レビュー，2013-J-8，2013年．

Brogaard, J., T. Hendershott, and R. Riordan, "High Frequency Trading and Price Discovery," ECB Working Paper Series, No. 1602, 2013.

### 練習問題

1-1　以下の対ドル為替相場を用いて，クロスレートを計算しなさい．

対ドル為替レート表（2023年7月18日）

| 円ドル | 1ドル | = 138.25 | 円 |
|---|---|---|---|
| ユーロ | 1ユーロ | = 1.1240 | ドル |
| 英ポンド | 1ポンド | = 1.3090 | ドル |
| スイスフラン | 1ドル | = 0.8590 | スイスフラン |
| 韓国ウォン | 1ドル | = 1261.40 | ウォン |
| 人民元 | 1ドル | = 7.1700 | 元 |
| オーストラリアドル | 1豪ドル | = 0.6810 | ドル |

①　中国元円（1元が何円というレート）

②　ユーロ円（1ユーロが何円というレート）

③　スイスフラン円（1 スイスフランが何円というレート）
④　ポンド円（1 ポンドが何円というレート）
⑤　豪ドル円（1 豪ドルが何円というレート）
⑥　韓国ウォン円（100 ウォンが何円というレート）


1-2　新興国通貨のビッドとアスクの差（スプレッド）が先進国通貨のそれよりも大きくなってしまう，すなわち取引コストが高くなってしまう理由を説明せよ．

# 第2章 国際資本フローと外国為替市場の取引の変遷

## はじめに

　2000年代に入り，新興国の金融資本市場は急速に拡大し，参加する先進国の投資家動向も大きく変化してきた．日本をはじめとした先進国では，出生率低下と人口の高齢化に伴い経済成長率が低下傾向にある中で低金利政策が採られ，投資先が限定されていった．一方，新興国では，対照的に良好な人口動態と高水準な潜在的経済成長率を背景に，豊富な投資先が存在していた．こうした状況下で，先進国の投資家は新興国に対する投資を増やして来た結果，アジア新興国への資本フローは2000年から2020年までの20年間で約27倍に増え，現地通貨建て債券市場も拡大した．このような現地通貨建て投資の増加は，同時に，投資家が負う新興国通貨の変動リスクの高まりを意味し，為替相場のボラティリティ上昇により資本フローの流出が誘発される原因になっている．今や先進国投資家の投資資金を取り巻く世界金融情勢が新興国市場に影響を与え，さらに新興国市場における資本フローの流出入が先進国投資家のリスク選好度に影響を与える状況となっており，新興国を含む金融市場に関するデータの重要性は，ますます高まっている．

　本章では，資本フローの概念を学習した上で，貿易と資本の両サイドから拡大する世界の国際資本フローの動向を把握する．さらに，国際決済銀行（BIS）が3年に1度実施している「外国為替およびデリバティブに関する中央銀行サーベイ」（外為・デリバティブ・サーベイ）に基づいて，外国為替市場の取引を概観するとともに，近年拡大している新興国市場についても考察す

る.

## 2.1　拡大するグローバル・インバランス

### 2.1.1　貿易フローと資本フロー

　為替レートは，外国為替市場における当該通貨の需要と供給のバランスによって決まる．そして，それらの通貨の需要と供給は国際間の**貿易フロー**と**資本フロー**の動きによって決まる．貿易フローとは，輸出や輸入に関連した財やサービスの売買によるマネーの流出入のことであり，資本フローとは株式や債券の売買，M&A による企業買収や海外に工場を建設するなど投資を目的としたマネーの流出入のことである（詳しくは第4章の国際収支統計を参照）.

　1980年代前半まで，貿易にかかわる為替取引（実需）が，市場において主流を占めていたため，米国や日本など主要国の貿易収支が発表されるたびに，為替相場が大きく変動した．その後，1980年代半ばに為替取引には実需の裏づけが必要であるという「実需原則」が撤廃され，銀行以外の企業も自由に為替取引をすることが可能になった．同時に，金融ビッグバンにより先進国間での資本規制の撤廃と金融の自由化・国際化が始まり，各国の金融政策の違い，すなわち金利差により短期間でも投資目的の資本フローが生じるようになった．またこの時期には，アメリカの高金利・ドル高，双子の赤字が，先進国間の資本移動の活発化を促すこととなった．1990年代になると，金融工学の発達により様々な金融商品が生まれ，また新興国市場の為替取引も活発になり，金融市場と資本市場が一体化し，金融のグローバリゼーションが進展した．2000年代以降は，ユーロの登場と新興国経済の成長による先進国と新興国間の資本移動の拡大により，国際通貨システムのあり方と資本フローの安定化に向けた政策協調がより重要な問題となっている．

### 2.1.2　グローバル・インバランスとは

　1990年代後半以降に見られる世界経済における経常収支赤字と経常収支黒字の国による偏り，すなわち経常収支不均衡を「グローバル・インバランス」という．**図2-1**が示す通り，米国や英国，その他赤字国（南欧・中東欧諸国な

## 図2-1　グローバル・インバランスの推移（対GDP比，%）

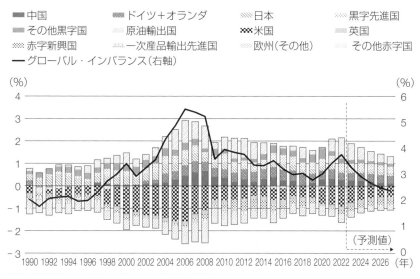

出所：IMF External Sector Reports 2022より作成.

　ど）が恒常的な経常収支赤字国となる一方で，ドイツ，日本，中国，その他黒字国（NIEs とよばれる香港，シンガポール，韓国，台湾），原油輸出国が恒常的な経常収支黒字国となっている.

　世界 GDP に対する世界のグローバル・インバランスは，1980～90年代には1％程度だったが，2000年代に入ると米国の経常赤字がさらに急拡大する一方で，特に中国の経常黒字が著しく増大し，2006年には5.5％まで拡大した．また，経常収支黒字国は，1990年代には，日本，ドイツ，ユーロ圏だったが，2000年代には，日本，ドイツに加えて，中東産油国，中国などのアジア新興諸国が加わった．特に中国の経常黒字拡大は目覚ましく，世界全体の経常収支黒字に占める中国の割合は，2008年にはおよそ3割に達した.

　リーマン・ショック後の米国経済不振により，2009年には世界のグローバル・インバランスは3.6％まで低下したが，2009年の米国の経常収支赤字額（4,180億ドル）は2000年とほぼ同額（4,170億ドル）であるのに対して，黒字国側では，中国（200億ドル→2,840億ドル）は約14倍，NIEs とタイ，マレーシア，インドネシア，フィリピンの合計（640億ドル→2,070億ドル）は約3倍

へと拡大しており，「米国の経常収支赤字」対「産油国と中国をはじめとする
アジア新興国の経常収支黒字」という構図が鮮明化した．

　米国の膨大な赤字と中国やドイツの黒字によって支えられる国際的な財の需
給の均衡は不自然なものであり，その状況が持続可能であるかどうかという問
題がある．これらを背景に IMF では2012年以降，世界の主要28カ国とユーロ
圏を対象に年次評価を実施している．このモデルでは，為替相場だけでなく，
国内外の貯蓄と投資のバランスの関係で経常収支をとらえている．しかし，イ
ンバランスの主因となっている米中間では，時のトランプ大統領が「中国製品
に25％の関税率を適用する」と決定したのをきっかけに，両国が報復関税をか
けあう事態へと発展した．なお，2019年は日本が20カ国・地域（G20）会議で
議長国を務めたが，その中で話し合われた議論の一つの焦点はグローバル・イ
ンバランスであった．グローバル・インバランスは「世界経済のリスクと課題
の整理」に位置づけられており，過度な「経常収支の不均衡は，二国間の貿易
上の措置ではなく，マクロ経済に関する国際協力を通じた貯蓄・投資バランス
の適正化によって対処する必要がある」との問題意識が提示されている．

## 2.2　国際資本フローの現状

### 2.2.1　主要国・地域間の資本フローの流れ

　次に国際的な資本フローの流れについて見てみよう．ブレトン・ウッズ体
制[1]の終焉後，世界的な金融ビッグバンにより資本取引の自由化が拡大して以
降，資本フローの国際間移動は先進国間のみならず，先進国と新興国との移動
も含めて飛躍的に拡大してきた．特に，2000年代に入ってからは，米国への資
金フロー流入とユーロ統一により一段と経済統合が進んだ欧州域内での資金フ
ローが顕著に拡大していた．しかし，2007年の夏に表面化した米国サブプライ
ムローン問題，2008年9月のリーマン・ブラザーズ破綻を経て，世界的な景気
後退に陥った．さらに，2011年に入り，欧州債務問題が深刻化し，世界的な金
融危機へと発展すると，国際的な資本フローは大きく変化した．まずは，世界

---

　1）ブレトン・ウッズ体制については，3.1.2を参照．

図2-2　主要国・地域間の資金の流れ（2007年第2四半期）

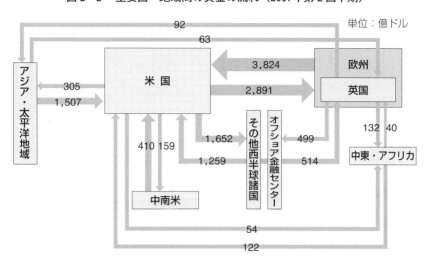

備考：①投資収支（直接投資，証券投資等の合計）から見た資金の流れ．②データの制約から，
　　　アジア・太平洋地域，中東・アフリカおよびオフショア金融センターは，英国との銀行部
　　　門のみを記載．③オフショア金融センターは，Aruba, Bahamas, Bahrain, Barbados, Bermu-
　　　da, Cayman Islands, Guernsey, Isle of Man, Jersey, Lebanon, Macao, Mauritius, Netherlands,
　　　Antilles, Panama, そして Vanuatu の計16カ国・地域.
出所：通商白書2012年（資料：米国商務省，Bank of England から作成）.

的な金融危機前後で世界の資本フローの様子を比較してみよう．

　図2-2は，世界危機発生前の2007年第2四半期における世界の資本フロー
の動きを地域別にまとめたものである．これによると，すべての地域から米国
に向けて資本が流入しており，かつ，米国に流入する資本の方が米国から流出
する資本よりも多いことがわかる．また，いずれの地域との間よりも，米国・
欧州間の資本の流れが最大となっている．新興国についても，グローバル投資
家のリスク選好が高まったことを背景に，証券投資（株式，債券）や直接投資
などが拡大した結果，米国向けの資本流出が大きくなった．

　その後，2008年9月のリーマン・ショックを経て，財・サービスの取引量が
世界的に減少した．さらに，欧州債務危機への懸念が高まる中，世界的な信用
収縮による国際資金移動の減少とともに，米国をはじめオフショア金融センタ
ー，その他西半球諸国，アジア・太平洋地域による欧州からの資金引揚げが加

図 2-3　主要国・地域間の資金の流れ（2011年第 4 四半期）

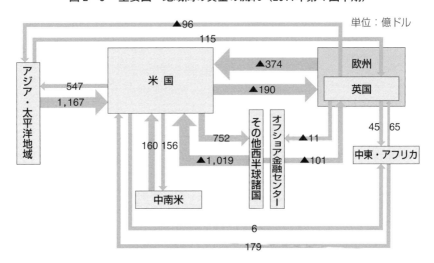

備考：①投資収支（直接投資，証券投資等の合計）から見た資金の流れ．▲（−）は流れが逆方向
（リパトリエーション）であることを示す．②データの制約から，アジア・太平洋地域，中
東・アフリカ及びオフショア金融市場は，英国との銀行部門のみを記載．③オフショア金
融市場は，Aruba, Bahamas, Bahrain, Barbados, Bermuda, Cayman Islands, Guernsey, Isle of
Man, Jersey, Lebanon, Macao, Mauritius, Netherlands, Antilles, Panama, そして Vanuatu の
計16カ国・地域．
出所：通商白書2012年（資料：米国商務省，Bank of England から作成）．

速した．2011年第 3 四半期に欧州財政危機が深刻化すると，**図 2-3** が示す通
り，米国と欧州間でそれぞれ大規模な資金引揚げが行われるようになった（マ
イナスの数値は資金の引揚げ）．さらに，欧州の各銀行は，信用収縮に備えて
手元のドル資金を厚めにするため新興国からの資金引揚げを実施した．こうし
て，2011年第 4 四半期は世界中の市場で資本フローの縮小が見られた．

　**図 2-4** は，コロナウイルスのまん延以降，世界経済が徐々に正常化に向か
ってきた2021年での資金の流れ（この図は半年分のデータ）を示している．米
国と欧州間の資本フローの流れが回復し，米国とアジア・太平洋地域間の資本
フローについても増えている．貿易フローのみならず資本フローにおいても世
界経済におけるアジアの存在感が大きくなってきたといえるだろう．

### 図2-4　主要国・地域間の資金の流れ（2021年後半）

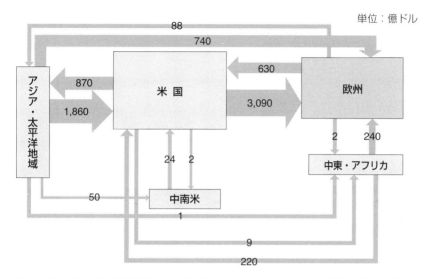

単位：億ドル

注：ただし，この図内の数値は半年ベースであり，かつタックスヘイブン地域への資金の流れについてはデータがない．
出所：CBRE（https://www.cbre.com/insights/reports/global-capital-flows）

## 2.2.2　ネットとグロスの資本フロー

　1990年代以降，世界各地で金融危機や通貨危機が頻発することで，ネット（純）の資本フローよりもグロス（総）の資本フローに関する情報が必要であることが認識されている．

　グロスの資本フローとは，資本流入と資本流出を別々にとらえ，両者の絶対値を合計して資本移動の規模をみたものである．たとえば，ある新興国に流出入する資本フローは，相殺するとネットベースでは小さくなるものの，グロスベースではかなり膨らんでいる場合がある．もし，何らかの事象をきっかけとして資本流入が急にストップしてしまうと，一気に大規模な資本流出が起こることになる．このように，グロスで資本流出入が多い場合には，危機的な状況に陥るリスクが高いことになる．

　グロスの国際資本フローの動向を見るため，国際収支統計の対外資産と対外負債の値の両方を用いて（ネットの場合はこの両者の差となる）作成した**図2**

図 2-5　グロスの資本フローの推移（対外資産と対外負債）

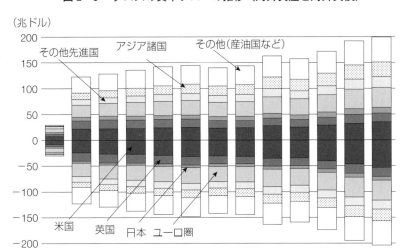

出所：International Investment Position（IMF）

-5によると，世界全体の対外資産と対外負債の総額は，2000年代前半から大きく増加していることがわかる．2021年の対外資産と対外負債の全世界合計額は，2000年の7倍近くまで拡大している．地域別に見ると，前述のグローバル・インバランスの状況とほぼ同様に，米国，英国，ユーロ圏の対外負債が大きく，アジア諸国と産油国の対外資産が大きい．さらに，米国，英国，ユーロ圏は，新興国への資金の出し手であるとともに資金の受け手であり，対外債務，対外資産ともに金額が大きく，グロスの資本フロー拡大の担い手となっている．

### 2.2.3　国際資本フローの循環

2000年代以降の国際資本フローの拡大には，どのような要因が影響しているのだろうか．**図2-6**は先進国と新興国の間の資本フローの循環の仕組みを表している．先進諸国では，リーマン・ショック以降の金融危機に対処するために低金利と金融緩和状態が続き，先進諸国の金融機関はより高い利回りでの運用による収益性改善のため，リスクをとりながら高金利の新興国に投資を行

## 図2-6　国際資本フローの循環

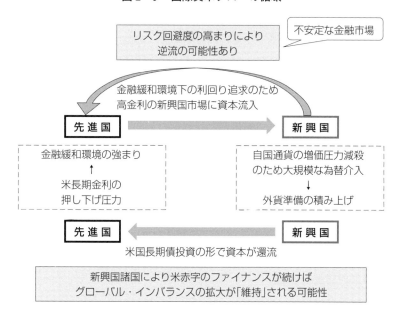

う．新興諸国への投資は新興国通貨買いを促すため，新興国通貨は増価圧力に
さらされる．これに対して，自国通貨高を防衛するために，新興国はドル買
い・自国通貨売りの為替介入を行う．そこで積み上げられた外貨準備の多く
は，米国長期債投資という形で，新興国から主に米国に還流している[2]．新興
国による米国長期債購入は，米長期金利の押し下げ圧力となる．このようにし
て，新興諸国による米国の赤字のファイナンスが続けば，米国の貿易赤字によ
って拡大したグローバル・インバランスが維持され続ける可能性がある．しか
し，もし何らかの出来事をきっかけとして金融市場のリスク回避度が急激に高
まれば，先進国が新興国投資を打ち切り，新興国から資金を引き揚げはじめ，
その結果資本が逆流する恐れがある．

---

2）外貨準備と為替介入の関係については第5章のコラムを参照．

## 2.2.4　新興国の危機対応

　前述のような突然の資本流出を避けるために，2000年代以降，新興国の多く
は外貨準備を積み上げた結果，世界の外貨準備高は2015年第1四半期で11.4兆
ドルと，2000年の1.9兆ドルから6倍に膨れ上がっている．世界の外貨準備高
のおよそ65%はアジア諸国をはじめとする新興国が占めているが，その大半は
米国のドル債券で運用されていることは周知である．

　IMF の CCOFER（Currency Composition of Official Foreign Exchange
Reserves）に基づくと（**図2-7**），ドルは各国の外貨準備の通貨構成におい
て支配的な存在であるが，ユーロが登場した2000年代以降は徐々に通貨の多様
化が進んできている．外貨準備におけるドルのシェアは2000年に71.4%であっ
たが，2009年には62.2%まで低下し，代わりにユーロのシェアが18.3%から
27.7%まで上昇した．しかし，2010年代前半の欧州債務危機を契機にユーロの
シェアは20%前後まで低下した．一方，2000年には6.1%であった日本円のシェ
アは，日本経済の長引く低迷で2009年には2.9%まで低下したが，ユーロの
シェアの下落を受けて2020年には6%台に復活した．2015年11月に新たに
SDR構成通貨に採用された人民元のシェアも2021年には2.8%と徐々に増えて
おり，一方で米ドルのシェアは2020年以降は60%台を割り込んでいる．今後は
主要通貨も含めて，運用通貨の多様化がさらに進むと予想される．

　一方，2008年のリーマン・ショック以降，取引相手に対する信用リスクへの
警戒感が強まり，銀行がドル資金を抱え込むという行動が世界各地の金融市場
で見られた．この結果，ドルのインターバンク市場は機能不全に陥り，多くの
市場参加者がドル資金の調達に苦戦することになった．このような市場の緊張
状態は，各国の中央銀行が米連邦準備制度との間で2国間の米ドル・スワップ
取極を締結してドル資金を供給するようになるまで続いた．

　このようなドルの流動性不足が急激に生じた時に，どのように対応すればよ
いだろうか．第1に，前述の外貨準備の蓄積に加えて，2国間通貨スワップ契
約の拡充などにより，緊急時の流動性支援体制を強化することである．たとえ
ば，日本銀行は2011年に米国連邦準備制度理事会（FRB）との間でドルと円
のスワップ協定を締結し，必要に応じて無制限のドルの流動性供給を受けるこ

## 図2-7　世界の外貨準備高と通貨構成比率の推移（10億米ドル，%）

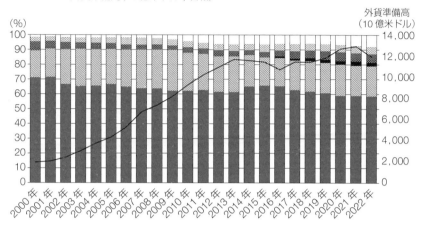

■ 米ドル　　　　■ ユーロ　　　　■ 人民元
■ 日本円　　　　■ 英ポンド　　　□ その他通貨
── 外貨準備高(10億米ドル，右軸)

出所：IMF, Currency Composition of Official Foreign Exchange Reserves（COFER）より作成．「その他外貨準備」は通貨の構成が明らかにされていない外貨準備．人民元のシェアは2016年のデータから登場．

とができるようになっており，これが新型コロナウイルスのまん延が始まった2020年に日本のみならずアジア各国の米ドル流動性不足を解消するために活用された．第2に，健全なマクロ経済政策を遂行するとともに，自国の経済情報や政策方針を適切かつタイムリーに開示することである．欧州債務危機発生以降は，財政赤字の拡大やインフレの高進がみられた国や，経常収支赤字が深刻な国ほど資本流出が顕著になっている．第3に，必要に応じて，資本規制を導入することである．IMFや世界銀行も，国境をまたがる資本の移動を抑え込むことを狙いとした資本規制について，条件付きで認めるという報告を2011年にまとめている．IMFが，限定的であるとはいえ，資本取引の規制を容認する背景には，新興国の着実な成長が世界経済で重みを増しているという認識に立つものと考えられる．

## 2.3　世界の外国為替市場の取引状況

### 2.3.1　BIS による外国為替市場のサーベイ

　国際的な金融取引が拡大する中，急激な資本流出やそれに伴う為替変動を事前に防ぐためには，正確なデータの収集が不可欠である．国際決済銀行（Bank for International Settlements：BIS）は，外国為替取引およびデリバティブ取引に関する調査を3年に1度，各国・地域の中央銀行など多くの金融機関の協力を得て取りまとめており，外国為替市場での取引状況を表す包括的で国際的に整合性のある統計となっている．この調査の目的は，外国為替市場およびデリバティブ市場の実態を明らかにすることにより，その透明性を高め，中央銀行や金融監督当局，市場参加者による金融取引の動向の調査に貢献し，金融機関のリスク管理や金融市場の安定性向上に資することである．調査対象先は，世界各国・地域の銀行や証券会社であり，2013年の調査では，世界53カ国・地域の約1,300金融機関が参加している．

　調査項目は，外国為替取引および OTC デリバティブ取引に関するもので，商品別内訳（フォワード，スワップ，オプションなど），通貨別内訳（日本円，米ドル，英ポンドなど），取引相手先別内訳（報告対象金融機関〈主に銀行や証券会社〉，報告対象外金融機関（その他金融機関）〈主に保険会社や投資信託，年金基金など〉，非金融機関顧客〈主に事業会社や政府部門〉）など，為替取引に関する詳細なデータを収集している．最近の外国為替市場では，市場参加者の構成や取引手法が変化しており，各国市場の取引高なども年々変化している．

　最新の調査結果である2022年4月中の状況によれば，前回（2019年）の調査以降，世界的なパンデミックを背景とした経済成長の鈍化にもかかわらず，世界の外為取引額は9兆8,430億ドルと，前回の取引額8兆2,800億ドル（2010年4月中）を19%も上回っており，拡大する資本フローに合わせて為替取引が拡大している様子が示された．以下，公表データに基づいて，外国為替市場の取引の変遷を見てみよう．

**表 2 - 1　主要市場の外国為替取引動向推移（4 月中 1 営業日平均）**

（10億米ドル）

| | 1995年<br>取引高 | 2010年<br>取引高 | 2013年<br>取引高 | 2016年<br>取引高 | 2019年<br>取引高 | 2022年<br>取引高 | 2019年から<br>の増減率(%) |
|---|---|---|---|---|---|---|---|
| 英国 | 479 | 1,853 | 2,726 | 2,406 | 3,576 | 3,755 | +5.0 |
| 米国 | 266 | 904 | 1,263 | 1,272 | 1,370 | 1,912 | +39.6 |
| シンガポール | 107 | 266 | 383 | 517 | 640 | 929 | +45.3 |
| 香港 | 91 | 238 | 275 | 437 | 632 | 694 | +9.8 |
| 日本 | 168 | 312 | 374 | 399 | 376 | 433 | +15.2 |
| スイス | 88 | 263 | 216 | 156 | 264 | 350 | +32.4 |
| フランス | 62 | 152 | 190 | 181 | 167 | 214 | +27.9 |
| ドイツ | 79 | 109 | 111 | 116 | 124 | 184 | +47.8 |
| カナダ | 31 | 62 | 65 | 86 | 109 | 172 | +57.6 |
| 中国 | … | 20 | 44 | 73 | 136 | 153 | +12.3 |
| オーストラリア | 41 | 192 | 182 | 121 | 119 | 150 | +26.2 |
| デンマーク | 32 | 121 | 103 | 101 | 63 | 83 | +31.1 |
| 韓国 | … | 44 | 48 | 48 | 55 | 68 | +22.5 |
| インド | … | 27 | 31 | 34 | 40 | 53 | +32.7 |
| ロシア | … | 42 | 61 | 45 | 47 | … | |
| その他 | 190 | 495 | 660 | 566 | 607 | 694 | +14.3 |
| 合計 | 1,633 | 5,056 | 6,671 | 6,514 | 8,280 | 9,843 | +18.9 |

注1：ネット-ネット・ベースではなく，ネット-グロス・ベースの額で表示.
注2：ネット-ネット・ベースとは，為替取引をダブルカウントしないように，当該国同士で2分の1ずつ計上したもの．ネット-グロス・ベースは為替取引の金額をそのまま計上したもの.
出所：BIS「外国為替およびデリバティブに関する中央銀行サーベイ」より作成.

## 2.3.2　世界の外国為替市場規模と通貨別取引状況

　まず，国・地域別の外国為替取引シェアをみると（**表2-1**），最大の取引市場は，調査開始以降常にロンドン・シティを擁する英国（3兆7,550億ドル）であった．第2位はアメリカ（1兆9,120億ドル），第3位はシンガポール（9,290億ドル），第4位は香港（6,940億ドル）であり，日本は5位（4,330億ドル）とシンガポール市場の半分以下にまで後退した．前回調査（2019年）と

### 表2-2　外為市場における通貨別シェアの取引動向（4月中1営業日平均）

(%)

| | 1998年 | 2001年 | 2010年 | 2013年 | 2016年 | 2019年 | 2022年 |
|---|---|---|---|---|---|---|---|
| 米ドル | 86.8 | 89.9 | 84.9 | 87.0 | 87.6 | 88.3 | 88.4 |
| ユーロ | - | 37.9 | 39.1 | 33.4 | 31.4 | 32.3 | 30.5 |
| 独マルク | 30.5 | - | - | - | - | - | - |
| 仏フラン | 5.0 | - | - | - | - | - | - |
| 日本円 | 21.7 | 23.5 | 19.0 | 23.0 | 21.6 | 16.8 | 16.7 |
| 英ポンド | 11.0 | 13.0 | 12.9 | 11.8 | 12.8 | 12.8 | 12.9 |
| 人民元 | - | - | 0.9 | 2.2 | 4.0 | 4.3 | 7.0 |
| オーストラリアドル | 3.0 | 4.3 | 7.6 | 8.6 | 6.9 | 6.8 | 6.4 |
| カナダドル | 3.5 | 4.5 | 5.3 | 4.6 | 5.1 | 5.0 | 6.2 |
| スイスフラン | 7.1 | 6.0 | 6.4 | 5.2 | 4.8 | 4.9 | 5.2 |
| 香港ドル | 1.0 | 2.2 | 2.4 | 1.4 | 1.7 | 3.5 | 2.6 |
| シンガポールドル | 1.1 | 1.1 | 1.4 | 1.4 | 1.8 | 1.8 | 2.4 |
| スウェーデンクローネ | 0.3 | 2.5 | 2.2 | 1.8 | 2.2 | 2.0 | 2.2 |
| 韓国ウォン | 0.2 | 0.8 | 1.5 | 1.2 | 1.7 | 2.0 | 1.9 |
| ノルウェークローネ | 0.2 | 1.5 | 1.3 | 1.4 | 1.7 | 1.8 | 1.7 |
| インドルピー | 0.1 | 0.2 | 0.9 | 1.0 | 1.1 | 1.7 | 1.6 |
| メキシコペソ | 0.5 | 0.8 | 1.3 | 2.5 | 1.9 | 1.7 | 1.5 |
| ニュージーランドドル | 0.0 | 0.6 | 1.6 | 2.0 | 2.1 | 2.1 | 1.7 |
| 南アフリカランド | 0.4 | 0.9 | 0.7 | 1.1 | 1.0 | 1.1 | 1.0 |
| ブラジルレアル | 0.2 | 0.5 | 0.7 | 1.1 | 1.0 | 1.1 | 0.9 |
| その他 | 27.2 | 9.8 | 8.3 | 7.3 | 7.5 | 7.7 | 7.5 |
| 合計 | 200.0 | 200.0 | 200.0 | 200.0 | 200.0 | 200.0 | 200.0 |

注1：ネット-ネット・ベース．各年の4月中の1日平均取引の比率．
注2：シェアの総計は200%．
出所：BIS「外国為替およびデリバティブに関する中央銀行サーベイ」より作成．

の比較では，英国のEU離脱（Brexit）や中国の香港統制強化を背景として，ロンドン市場および香港市場の伸び率はそれぞれ5％と9.8％と少なかったのに対して，シンガポール市場が45.3％増と大きく取引金額を伸ばしている．

　次に，外国為替市場で取引されている主な通貨の構成比について見てみよう（**表2-2**）．なお，外国為替取引は2つの通貨の取引なので，構成比の合計が100％ではなく，200％になる点に注意を要する．2001年調査以降，1位が米ドル，2位がユーロという順位に変化はなく，そのシェアもさほど大きく変わっていない．2022年には米ドルが88.4％，ユーロが30.5％，円が16.7％，英ポンドが12.9％となっており，この4通貨で200％のうちのおよそ150％を占めている．以下，主要通貨のシェアの推移を見てみると，1位の米ドルのシェアは2001年の89.9％から少しずつ減少し，2010年には84.9％となったが，2022年にはまた88.4％と増加している．一方，2001年の調査で37.9％だったユーロのシェアは，2010年には39.1％まで増加したが，欧州財政危機などの影響により2022年には30.5％と低下している．これに対して，日本円のシェアは2001年の23.5％が最大で，それ以降徐々に減少傾向にあった．2013年には23.0％に増加したものの，長引く金融緩和政策を背景として2022年には再び16.7％へと低下している．また，新興国通貨の中では，2001年には統計上現れていなかった人民元のシェアが2022年には7.0％と急増している．

### 2.3.3　取引形態および機関別取引の推移

　外国為替取引を商品形態別にみると，為替スワップ取引が最も多く，次いでスポット取引となっており[3]，すべての取引形態において，年々取引高は増加している．スポット取引は，2022年4月は2兆1,040億ドルと前回調査から微増した（**表2-3**）．また，フォワード取引は1兆1,630億ドル，為替スワップ取引は3兆8,100億ドルと，どちらも大幅に増加しており，為替リスクのヘッジ目的としてのデリバティブ取引の利用が増えていると考えられる．国内取引とクロスボーダー取引の区分では，国内取引は前回調査から微減しているのに対して，クロスボーダー取引は26％増加しており，全体の約6割を占めてい

---

3）スワップ取引が一番多い理由については，第1章1.2.4項を参照.

**表 2 - 3　商品形態別の外国為替取引高の推移（4 月中 1 営業日平均）**

（10億米ドル）

| | 2001年 | 2010年 | 2013年 | 2016年 | 2019年 | 2022年 |
|---|---|---|---|---|---|---|
| スポット | 386 | 1,489 | 2,047 | 1,652 | 1,979 | 2,104 |
| フォワード | 130 | 475 | 679 | 700 | 998 | 1,163 |
| 為替スワップ | 656 | 1,759 | 2,240 | 2,378 | 3,198 | 3,810 |
| 通貨スワップ | 7 | 43 | 54 | 82 | 108 | 124 |
| オプション他 | 60 | 207 | 337 | 254 | 298 | 304 |
| 外国為替取引合計 | 1,239 | 3,973 | 5,357 | 5,066 | 6,581 | 7,506 |
| 　国　内 | 525 | 1,395 | 2,259 | 1,798 | 2,902 | 2,860 |
| クロスボーダー | 713 | 2,586 | 3,086 | 3,268 | 3,678 | 4,646 |

注：ネット-ネット・ベース．
出所：BIS「外国為替およびデリバティブに関する中央銀行サーベイ」より作成．

**表 2 - 4　取引相手先別の外国為替取引高の推移（4 月中 1 営業日平均）**

（10億米ドル）

| 取引相手形態 | 2010年 取引高 | 2013年 取引高 | 2016年 取引高 | 2019年 取引高 | 2022年 取引高 | シェア |
|---|---|---|---|---|---|---|
| 報告対象金融機関 | 2,617 | 3,402 | 3,568 | 4,217 | 5,797 | 58.9% |
| その他金融機関 | 1,896 | 2,812 | 2,564 | 3,592 | 3,622 | 36.8% |
| 　インターバンク参加者 | - | 1,278 | 1,113 | 1,610 | 1,618 | 16.4% |
| 　機関投資家 | - | 605 | 798 | 777 | 846 | 8.6% |
| 　ヘッジファンドなど | - | 576 | 389 | 593 | 514 | 5.2% |
| 　公的金融機関 | - | 53 | 74 | 89 | 99 | 1.0% |
| 　その他 | - | 244 | 182 | 499 | 522 | 5.3% |
| 　未分類 | - | 57 | 8 | 25 | 22 | 0.2% |
| 非金融機関 | 532 | 472 | 382 | 470 | 425 | 4.3% |
| 　総計 | 5,045 | 6,686 | 6,514 | 8,280 | 9,843 | 100% |

注：ネット-ネット・ベース．
出所：BIS「外国為替およびデリバティブに関する中央銀行サーベイ」より作成．

る．

　為替市場における取引機関別では，「報告対象金融機関」「その他金融機関」
「非金融機関顧客」の３つに分類されるが，前回調査（2019年）と比較すると
2022年は「報告対象金融機関」の取引が37％増と顕著に増えており，「その他
の金融機関」の取引額は微増にとどまった（表2-4）．「その他金融機関」に
は，保険会社や投資信託，年金基金などの機関投資家やヘッジファンドなどが
含まれており，世界的なパンデミックを背景に投機的な取引が自粛されていた
可能性を示唆している．一方で，非金融機関の為替取引高は減少している．こ
の背景としては，多国籍企業などが，海外での現地生産の拡大や財務部門の集
約により為替取引の削減に取り組んでいることや（詳しくは第11章参照），国
際的な企業買収（M&A）が世界金融危機後に低調であったことが指摘され
る．

### 2.3.4　東京外国為替市場の最近の特徴

　外国為替市場では，ディーラーとよばれる主要な銀行や証券会社のほか，実
需に基づいて外為取引を行う輸出入企業，年金などの機関投資家やヘッジファ
ンドなど，多種多様な主体が活動している．従来は，企業や金融機関からの注
文を受けたディーラーがインターバンク市場で行う取引が主要な取引として高
いシェアを占めていたが，最近では，前項でみたようにその他金融機関である
機関投資家やヘッジファンドなどのプレゼンスが拡大している．

　前述のBISデータに基づき外国為替市場の参加者の構成を比較してみると
（図2-8），これまで東京外為市場ではその他金融機関のシェアがグローバル
外為市場に比べて低かったが，2022年にはその他金融機関の取引シェアが前回
調査（2019年）よりも増加しているのがわかる．その他金融機関には，外国為
替証拠金取引（FX取引）を手掛ける証拠金業者が含まれており，そのシェア
が高まったというのが近年の東京市場の特徴となっている．特に，2022年秋以
降の円安局面では，個人投資家の証拠金取引が一段と活発化し，それに伴い証
拠金業者による外為取引も増加している．

## 図 2 - 8　外為市場参加者の比較

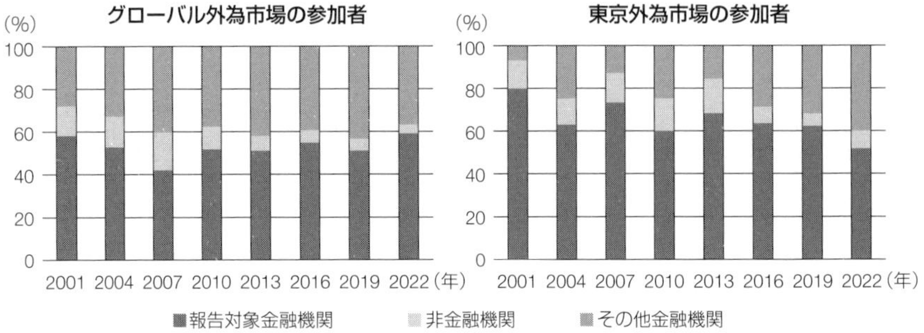

グローバル外為市場の参加者 / 東京外為市場の参加者

■報告対象金融機関　■非金融機関　■その他金融機関

出所：BIS「外国為替およびデリバティブに関する中央銀行サーベイ」より作成．王・高田・菅山
（2014）

## 2.4　外国為替証拠金取引（FX）の現状

### 2.4.1　外国為替証拠金取引とは

　外国為替証拠金取引とは，証拠金を証拠金業者に預託し，差金決済等によっ
て通貨の売買を行う取引のことであり，1998年4月に「外国為替及び外国貿易
法（外為法）」の改正により外貨取引が原則自由化されたことで登場した個人
向け金融商品である．一定の証拠金（担保）を取扱会社に預託することで，そ
の証拠金の何倍もの額の外国通貨を売買することができるため（レバレッジ効
果），個人投資家に人気の金融商品となっている．

　1998年の外為法改正を契機として，2000年代初頭から本格的に始まった外国
為替証拠金取引は，2005年7月に東京金融取引所が取引所為替証拠金取引を上
場したほか，証拠金業者による取引手数料の引き下げやインターネットの普及
等を背景にした利便性の高まりを受けて，取引高等が急増している（**図2-
9**）．特に，2022年以降の円安局面では，個人投資家の証拠金取引が一段と活
発化し，2022年第2四半期には取引金額が3,500兆円に達した．

### 2.4.2　外国為替証拠金取引の特徴と個人投資家増加の背景

　外国為替証拠金取引（FX）が個人投資家に広まった背景には，その大きな

### 図2-9　店頭外国為替証拠金取引金額と顧客口座数の推移
### (2006年第1四半期～2023年第1四半期)

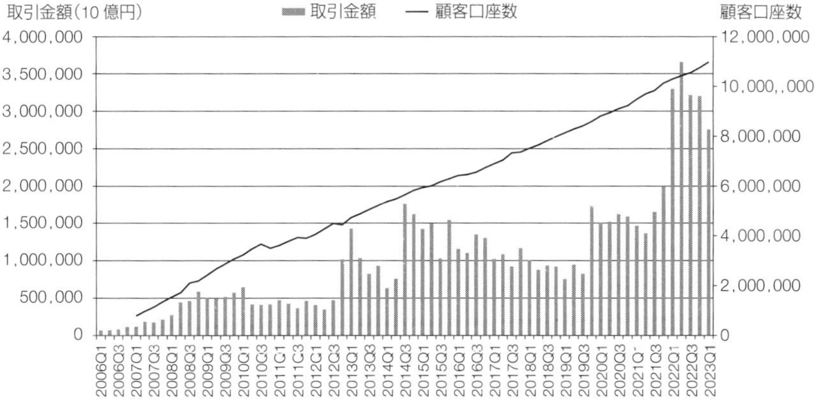

出所：金融先物取引業協会のウェブサイトより作成.

収益を獲得できる可能性と取引の手軽さ，および，取引の多様性が挙げられ
る．大きな収益獲得を可能としている理由は，証拠金業者に預託した証拠金額
に対し，より大きな金額の取引（最大で証拠金額の25倍）を行うことができる
レバレッジ効果にある．たとえば，預託した証拠金が100万円で，その時点の
為替レートが1米ドル＝100円である場合（この時，100万円で買える米ドルは
1万ドルとなる），最大で25万ドルを買い建てることも可能である．この預託
した証拠金に対する買い建てまたは売り建てた外貨または円貨の額の比率をレ
バレッジ比率という．したがって，上記の取引におけるレバレッジ比率は25倍
ということになる．上記の取引において，1カ月後に1米ドル＝110円となっ
た場合，投資収益は25万米ドル×110円－100万円＝2,650万円にもなる．レバ
レッジ比率を高めることでいかに大きな収益を得る可能性があるかがわかる
が，一方で証拠金取引は元本保証がないため，大きな損失を被る可能性がある
ことにも注意が必要である．

　取引の手軽さという意味では，インターネットを介してどこでも売買が行え
ること，為替市場が機能している限り（つまり通常は24時間），いつでも取引
可能という点が挙げられる．また，いろいろな通貨の組み合わせに対して，外
貨を売ることも買うこともできるという取引の多様性があり，様々な為替相場

47

---

## コラム

# レバレッジの仕組み

　外国為替証拠金取引のレバレッジ比率とは，預けたお金に対し，何倍の金額のポジションを建てたかという割合である．以下，レバレッジ比率と相場変動による損益の違いについて具体例を見てみよう．

　100万円の資金で，その時点の為替レートが1米ドル＝100円である場合（この時，100万円で買える米ドルは1万ドル）

　　①　1万ドルを買い建てた場合，レバレッジ比率は1倍

　　②　5万ドルを買い建てた場合，レバレッジ比率は5倍

　　③　10万ドルを買い建てた場合，レバレッジ比率は10倍

1カ月後に，為替レートが，1ドル＝105円（5円の円安ドル高）になった場合，上記①〜③の投資における収益は，以下のようになる．

　　①　5円×1万ドル＝5万円

　　②　5円×5万ドル＝25万円

　　③　5円×10万ドル＝50万円

1カ月後に，為替レートが，1米ドル＝95円（5円の円高ドル安）になった場合，上記①〜③の投資における損失は，以下のようになる．

　　①　−5円×1万ドル＝−5万円

　　②　−5円×5万ドル＝−25万円

　　③　−5円×10万ドル＝−50万円

すなわち，レバレッジ比率が大きければ大きいほど，投資による収益や損失も大きくなる．

---

の変動局面で利益を上げる可能性がある．

　また，指値やストップ・ロス・オーダーといった特殊な注文形態があり，取引の多様性が充実している．指値は，投資家が指定したレートで売買をする注文であり，たとえば，1ドル＝140円でドルを買った後に「1ドル＝135円になったら売る」というような注文を出すことができる．ストップ・ロス・オーダーは，「損切り」ともいわれるが，相場動向が不利な状況になった際に，あら

かじめ決めておいたレートになったら決済するという注文方法であり，損失限度を確定することができる．たとえば，前述の取引において，「1ドル＝135円になったらドルを売る」というストップ・ロス・オーダーを入れることにより，損失を5円に抑えることができる．なお，外国為替証拠金取引では，預け入れた証拠金以上の損失を抑えるため，損失が一定の範囲を超えた場合に，自動的に決済を行い，取引終了（ロスカット）となる機能が備わっている．

　さらに，為替変動による収益よりも規模は小さいが，取り扱う通貨の金利差を利用したスワップ・ポイント（金利）も外国為替証拠金取引の魅力となっている．外国為替証拠金取引では，買い建てた通貨の金利を受け取り，売り建てた通貨の金利を支払うことになるが，その差がスワップ・ポイントとよばれるものである．金利は通貨毎に異なるため，買い建てた通貨の金利が売り建てた通貨の金利よりも高い場合は，金利差を受け取ることができる．ただし，逆に買い建てた通貨の金利が売り建てた通貨の金利よりも低い場合は，金利差を支払うことになるため注意が必要である．

　外国為替証拠金取引は，このように様々な魅力を背景に，個人投資家の間で急速に広まった．特に，専門知識や高度な専門知識やノウハウを持たず，小口の資金を投じる「ミセスワタナベ」と呼ばれる個人投資家が増加した結果，2006年頃からは外国為替証拠金取引の動向も為替相場を左右する一因と見なされるようになり，為替市場での存在感を増している．一方，東日本大震災直後の円相場の急激な変動に直面し，投機的な取引によって個人投資家が大きな損失を被る事例も増加していった．このような状況を問題視した金融庁は，2011年8月にレバレッジ比率をそれ以前の50倍から25倍に引き下げるレバレッジ規制を導入した．同規制により過度に投機性の高い取引が減少し，個人投資家が大きな損失を被る可能性が低下すると考えられる．

### 参考文献

王悠介・高田良博・菅山靖史「最近の外国為替市場の構造変化」日銀レビュー，2014-J-5，2014年．

通商白書2012．

寺田泰・東尾直人・岩崎淳「本邦外為証拠金取引の最近の動向」日銀レビュー，2008-J-7，2008年．

内閣府「平成24年度年次経済財政報告—日本経済の復興から発展的創造へ—」平成24年 7
　月27日.
BIS「外国為替およびデリバティブに関する中央銀行サーベイ」
渡辺康太・張恭輔・澤田なつ・別所英実「わが国の外国為替市場の動向と特徴—2022年
　BIS サーベイ（取引高調査）を踏まえた整理—」日銀レビュー，2023-J-3，2023年.

### 練習問題

**2-1**　グローバル・インバランスの2020年以降の状況がどのようになっているのかにつ
　いて，IMF のデータ（International Financial Statistics）などを利用して調べてみよ
　う.
**2-2**　（応用問題）　BIS のデータによると，2000年代以降，国際金融市場としての東京
　市場の地位は低下し，アジアではそれに代わって，シンガポールや香港市場が成長し，
　取引金額も大幅に伸びている. なぜ地位が低下したのか，また，東京市場が再び活況と
　なるには何が必要か，考えなさい.

## 第 3 章

# 国際通貨と為替制度の変遷

## はじめに

　連日，国際金融市場における株価や資源価格の変動とともに，為替相場の乱高下に関するニュースが報道されているが，かつて，世界は金を通貨価値の基準とし，金の保有量を基に通貨を発行する「金本位制」を採用していた．どの通貨も金との交換比率が決まっている固定相場制であり，為替相場の変動リスクはなかった時代である．

　金本位制が本格的に揺らぎ始めたのは，1929年に始まった世界恐慌からである．不況を脱するには，金融緩和策が不可欠であり，主要各国は金の保有量に関係なく通貨を発行することができる「管理通貨制度」へと徐々に移行し始めた．第二次世界大戦後に生まれた「ブレトン・ウッズ体制」は，米ドルだけが金と交換でき，その他の主要通貨は米ドルとの交換比率を一定にした固定相場制であった．しかし，戦後の世界経済復興が本格化すると，米国の貿易赤字が膨らみ始め，さらに，国内経済の不況対策や戦費調達のため財政支出を迫られ，米国から海外にドルが流出した．保有する金だけではドルとの交換に応じられなくなり，1971年，ニクソン米大統領が突如として金とドルの交換停止を発表したのが「ニクソン・ショック」である．同年12月のスミソニアン協定でドルと金，およびドルと各国通貨の交換比率を改定，固定相場制復帰を目指したが，通貨の変動は止められず，1973年に主要通貨は変動相場制に移行し，金本位制は終焉した．

　ニクソン・ショックから28年後の1999年に，欧州地域で統一通貨ユーロが誕

生した．これは，これまでの固定相場制から変動相場制へ移行する，という歴史的な流れとは逆行して，ユーロ採用国にとっては変動相場制から固定相場制へ移行するという新たな実験といえるだろう．さらに，34年後の2005年7月，中国は米ドルにペッグした固定相場制から管理変動相場制への移行を発表し，人民元の国際化に向けて大きく舵を切った．中国の国際化路線は，従来の資本自由化を徐々に進める方法とは異なり，資本規制を残したまま，通貨スワップにより人民元の流動性を世界に供給するというやり方で進められている．2008年12月以降，中国は世界中の様々な国・地域との間で人民元建て通貨スワップを締結し，人民元による貿易決済シェアを拡大している．長い間，米ドルが基軸通貨として君臨してきた国際金融市場だが，ユーロの登場と人民元取引の拡大により，将来どの通貨が米ドルの基軸通貨の地位を脅かす存在となるのか，今後の展開が注目される．

　この章では，世界の為替制度の変遷と様々な為替制度の特徴を概観した上で，為替制度にかかわる国際金融のトピックである国際金融のトリレンマ，欧州通貨統合，通貨危機について考える．

## 3.1　為替制度の変遷

### 3.1.1　金本位制時代

　世界の為替体制の変遷をまとめたのが**表3-1**である．

　1816年，イギリスが1ポンド金貨を鋳造したのが**金本位制**の始まりといわれる．1844年には，英中央銀行のイングランド銀行が金と交換可能なポンドを兌換紙幣（金1オンス＝3ポンド17シリング10ペンスを平価とした）として発行し，徐々にロンドンのシティを中心とした国際金本位体制が確立した．金本位制の下では，金貨が流通するとともに，政府が発行した紙幣に対し，いつでも一定量の金と交換することを約束した．当時は，金を媒介にして金本位制採用国の通貨の交換比率（為替連動）は実質的に固定されている固定相場制であった．通貨が信用される根拠は，金本位制の**兌換制度**にあり，各国の貨幣供給量は金の保有量に制約されていた．金本位制の下では，貿易赤字になると金が国外に流出するため，国内の貨幣供給量は減少し，国内所得は減少し，物価は低

## 表3-1　世界の為替体制の変遷

| | |
|---|---|
| 1816年 | イギリス，1ポンド金貨鋳造 |
| 1844年 | イングランド銀行が金と交換可能なポンドを兌換紙幣として発行 |
| 1870年頃～1914年 | 英ポンドとロンドン・シティを中心とした国際金本位制が確立 |
| 1914年～1925年 | 第一次世界大戦で一時的に金本位制が停止，変動為替相場制度へ |
| 1925年 | イギリス，金本位制に復帰 |
| 1931年～1944年 | 管理通貨制度へ移行 |
| 1931年 | イギリス，マクドナルド挙国一致内閣が金兌換停止 |
| 1933年 | 米，F. ローズヴェルト大統領が金本位制離脱を決定 |
| 1945年～1971年 | ブレトン・ウッズ体制（米ドルを中心とした金ドル本位制として固定相場制復帰） |
| 1945年 | 国際通貨基金（IMF）と国際復興開発銀行（IBRD）の設立を決定（1946年設立） |
| 1971年～1973年 | スミソニアン体制（ドルの切り下げと変動幅の拡大） |
| 1971年8月 | 米ニクソン大統領が金ドル交換停止を発表（ニクソン・ショック） |
| 1973年 | 変動相場制へ |
| | 主要先進国が変動為替相場制度へ移行 |
| 1976年1月 | キングストン合意（自由に為替相場制度を選択） |
| 1979年～1998年 | 欧州通貨制度（EMS）の下でECUを中心とした共同フロート制度 |
| 1999年～ | EU11カ国で単一共通通貨ユーロが導入 |

下する．その結果，輸入は減り，輸出が増えて貿易赤字は解消に向かう．一方，貿易黒字国では，国内の貨幣供給量の増加に伴い，物価が上昇し，輸出が減少し，輸入が増える．このように，金本位制には貿易不均衡を是正するというメカニズムがあり，これを金本位制の自動調節作用という．

　金本位制は，1914年の第一次世界大戦で一時停止されたが，戦後経済の復興にともない，1925年にイギリスをはじめとする各国は金本位制に復帰した．この時，イギリスの伝統的な輸出産業がすでに国際競争力を失っていたにもかかわらず，イギリスは国家的威信にこだわり，戦前の旧平価で金本位制に復帰したため，その後は輸出の不振で貿易収支が悪化し，金がアメリカに移動してしまった[1]．

　1929年10月24日のニューヨーク市場での株式暴落（暗黒の木曜日）の影響

は，欧州を始め世界各国に波及し，世界恐慌へと拡大した．しかし，金本位制の下では，金の量を無視して金融緩和政策を行うことはできない．そこで，1931年9月21日，イギリスがポンドと金の兌換停止を宣言し，これに各国も追随した結果，国際金本位体制が事実上停止するに至った．こうして，世界は金の保有量とは関係なく通貨を発行する**管理通貨制度**へと移行し，各国は自国通貨の切り下げにより輸出を増やそうとする平価切り下げ競争をしたため，為替相場は激動した．その結果，資源などを持てる国と植民地を有している国が経済圏をつくり，保護主義政策を図るブロック経済化が進んだ．

### 3.1.2　ブレトン・ウッズ体制の確立と崩壊

　1944年7月，米国を中心とする連合国44カ国は米国のニューハンプシャー州ブレトンウッズに集まり，第二次世界大戦後の世界経済を支える枠組みに関する会議を開き，国際通貨制度の再構築や，安定した為替レートに基づいた自由貿易に関する取り決めを行った．具体的には，1930年代のブロック化による世界経済分断という苦い経験に対する反省に立ち，自由貿易を通じて経済成長と完全雇用を達成することを目的として，**国際通貨基金（IMF）**と**関税および貿易に関する一般協定（GATT，ガット）**の2つを柱とする体制の構築を決めた．IMFは，各国為替の安定，為替制限の撤廃，資金の貸与などを通じて安定的な国際通貨体制を確立することを目的とし，ガットは自由・多角・無差別の原則を基本理念として，貿易自由化と関税引き下げを通じて直接的に国際貿易を促進することを目指した．この体制を**ブレトン・ウッズ体制**または，IMF体制という．IMFの創設とともに，戦後の復興資金を援助する国際復興開発銀行（IBRD）も創設された[2]．

　ブレトン・ウッズ体制の下では，米ドルを唯一の基準通貨とし，金とドルの交換比率を金1オンス＝35ドルと決め，金との交換を保証した[3]．その他の主要通貨は，対米ドルで為替レートが固定され，変動幅は上下各1％とされた．

---

1）これが，英ポンドから米ドルに基軸通貨が交代する契機となった．
2）IMFは短期的な資金を，IBRDは長期的な資金を援助する機関である．IBRDは，後に世界銀行（World Bank）グループの機関となっている．

## 図3-1　ブレトン・ウッズ体制下と崩壊直後の為替体制

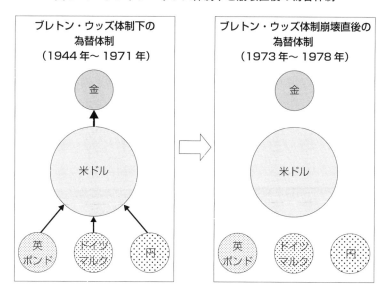

　この体制は，金に裏打ちされたドルを基軸とした**固定相場制**であり，**金ドル本位制**ともいわれた（**図3-1の左**）．

　ブレトン・ウッズ体制は，1971年8月の米ニクソン大統領によるドルの兌換停止措置の宣言により終焉を迎えた（**ニクソン・ショック**）．その背景には米国経済の後退があった．1960年代の米国は，ベトナム戦争や社会保障政策の拡充による支出増で財政赤字に陥り，さらに日本や西ドイツの経済復興により輸出が減少し，輸入が増大したため，貿易赤字が拡大し，米国から大量の金が流出していた．ブレトン・ウッズ体制の崩壊により，国際通貨制度は一時的に変動相場制へと移行した（**図3-1の右**）．

---

3）ドルの金価値自体は必ずしも絶対的なものではなかったが，IMF成立以前から米国は世界の金準備の大半を有しており，外国公的機関保有のドルに対して金交換に応じていたために，この限りでドルは唯一の金為替とされ，準備通貨の地位を与えられていた．

### 3.1.3　スミソニアン体制から変動相場制へ

　1971年12月，米国ワシントンのスミソニアン博物館で，先進10カ国蔵相会議（現財務相会議）が開かれ，ドルの切り下げと為替変動幅の拡大が取り決められた．金とドルの交換比率は，1オンス＝38ドルへ引き上げられ，各主要通貨とドルの交換レートにおいてもドルは切り下げられた（円は1ドル＝360円から308円に切り上がった）．また，為替変動幅も2.25％へと拡大した．この新たな固定相場制を**スミソニアン体制**という．しかし，新たな体制下でも，米国や英国の国際収支の悪化は止まらず，スミソニアン体制はわずか2年で崩壊し，1973年に主要先進国は変動相場制へと移行した．

　その後，1976年1月ジャマイカのキングストンで，IMFの暫定委員会が開かれ，変動相場制が正式に承認され，金の廃貨が決まった（**キングストン合意**）．これにより，各国は，自国の経済状況に合わせて固定相場制と**変動相場制**のどちらかを自由に選択できるようになった．変動相場制は，外国為替市場での需要と供給により自由に為替レートが変動する制度であり，フロート制ともいわれる．

　今日の国際通貨体制は，次節で説明するように様々な為替制度が採用されている．為替制度を固定相場制と変動相場制に二分するとすれば，発展途上国を中心に世界のほぼ半数が依然として固定相場制を採用している．変動相場制を採用している国でも，通貨当局により為替介入を行うなど，何らかのコントロールをしている**管理フロート制**が多く，純粋な**自由変動相場制（フリーフロート）**を採用している国はさほど多くない．変動相場制は，為替レートが変動することで経常収支の不均衡を自動的に調整する機能があるとされているが，実際には第2章で見られたようなグローバル・インバランスが拡大している状況にあり，為替制度の選択は多くの課題に直面している．

### 3.1.4　欧州通貨制度からユーロ統合へ

　次に，欧州を中心とした為替制度の変遷についてみてみよう（**表3-2**）．1971年にブレトン・ウッズ体制が崩壊した後，1972年4月，**EC（欧州共同体**，後の**欧州連合（EU）**）参加6カ国は，為替相場を相互に2.25％以内に抑

表3-2　欧州通貨統合の進展と影響を与えた要因

| （域外要因） | | （域内要因と欧州通貨統合の進展） | |
|---|---|---|---|
| | | 1967年 | 欧州共同体（EC）設立 |
| 1968年〜 | 金の二重価格制と米ドル不安 | 1968年 | 共通農業政策と関税同盟の完成 |
| 1971年 | ニクソンショック ⇒ | 1972年 | ECスネーク制の開始 |
| 1975年 | EC通貨危機 ⇒ | 1975年 | ミニスネーク制への移行と経済停滞 |
| 1977年〜 | ドルの大幅な変動と石油危機 ⇒ | 1979年 | EMS発足（ECU導入） |
| | | 1987年 | 欧州単一議定書発効 |
| 1985年 | プラザ合意 ⇒ | 1989年 | ドロール報告書（EMU合意） |
| | | 1990年 | 東西ドイツの統一 |
| 1992年 | EMS通貨危機 ⇒ | 1993年 | マーストリヒト条約発効 |
| | | 1996年 | 安定成長協定採択 |
| | | 1999年 | 11カ国にて共通通貨ユーロ発足 |
| | | 2002年 | 共通通貨ユーロの流通開始 |

出所：世界経済の潮流2012年Ⅱ〈2012年下半期　世界経済報告〉第2章　欧州通貨統合の評価と
　　　課題（平成24年）より抜粋（内閣府）

えることで，域内為替相場の変動を一定の範囲内に管理することを目的に，欧州為替相場同盟（通称スネーク）を発足させた．1973年には，ドルに対する固定相場制も崩壊し，スネークは**共同フロート制**（域外は変動相場制とするも域内通貨の変動幅は維持）へと移行した．

　その後の石油危機などの影響で，スネークは短期間で分裂を余儀なくされたが[4]，欧州では為替相場の変動は域内の貿易取引を阻害し，不況を長引かせる要因となることから，西ドイツとフランス主導のもと，1979年3月に**欧州通貨制度**（European Monetary System：**EMS**）が発足した．EMSは，共同フロート制と同様に，参加国は為替相場を相互に2.25％（イタリア等一部では6％）の範囲で維持する義務を負うとともに，参加国通貨の加重平均をとった**欧州通貨単位**（European Currency Unit：**ECU**）を導入し[5]，為替相場がECU

---

4）為替許容範囲内に為替変動を収めるためには，為替介入により自国通貨を買い支えなければならないが，インフレが進む中では，外貨準備に限界が生じ，英国，イタリア，フランスが順に離脱した．

5）ユーロの前身であるECU（エキュ）は，欧州通貨で構成されたバスケット通貨である．実際に流通する通貨としてではなく，法定通貨でもなかったが，中央銀行間の決済手段や準備資産の単位として，それまでのドル中心レートにかわって活用された．

の中心レートから所定の基準を超えた場合には，無制限の介入を行う，という制度だった．EMS の目的は，安定した域内為替通貨圏の形成と緊密な通貨協力の確立であり，ドルの相場変動が域内の相場変動の不安定性を増大させ，欧州の経済活動に支障をきたすことがないよう，域内でより緊密な経済通貨協力を志向するという，ドルからの自立を目指したものであった．

　1987年に単一欧州議定書が発効後，資本移動の自由化を含めた単一市場へ向けた経済統合は一気に加速し，欧州統合の次の目標は通貨統合であるとの気運が高まった．1989年にはドロール委員会の報告書で提案された「経済・通貨政策の協調強化」，「中央銀行等の基本的制度や機構の構築」，「共通通貨の導入」を三段階で進めていく**経済通貨同盟**（European Monetary Union：**EMU**）が欧州理事会で承認された．

　EMU の第一段階は1990年7月から開始され，資本移動の自由化が実施された．しかし，米国主導の金融グローバリズムが進展し，大量の外国資本がヨーロッパ域内の高金利国に流入したことから，1992年9月には欧州通貨危機が発生し，イタリアと英国が EMS より脱退する事態に陥った．こうした EMS 通貨危機は，域内から為替相場自体を無くす共通通貨導入の必要性を高める契機となった．1993年11月のマーストリヒト条約の発効とともに，EMU は正式に設立された．マーストリヒト条約では，欧州中央銀行の第一義的な目的は物価安定であり，共通通貨導入の参加国の資格として，4つの経済収斂基準を満たすことが必要との規定が盛り込まれた[6]．1995年12月には，共通通貨の名が「**ユーロ**」に決められた．1999年1月，ユーロは11カ国で導入を迎え，2002年には共通通貨ユーロの流通が開始された．

　金本位制という固定相場制から徐々に変動相場制に移ってきた為替制度の歴

---

　6）ユーロ導入のためには，以下の**経済収斂条件（マーストリヒト基準）**を満たす必要がある．①物価：過去1年間，消費者物価上昇率が，消費者物価上昇率の最も低い3カ国の平均値を＋1.5％より多く上回らないこと．②財政：GDP に対して財政赤字が3％以下であり，GDP に対して政府債務が60％以下であること．③為替相場：少なくとも2年間，独自に切り下げを行わずに，深刻な緊張状態を与えることなく，欧州通貨制度（EMS）の為替相場メカニズム（ERM）の許容変動幅内にあること．④金利：過去1年間，消費者物価上昇率が最も低い3カ国の長期金利の平均値を2％より多く上回らないこと．

図3-2　欧州通貨制度とユーロ導入後の国際通貨制度

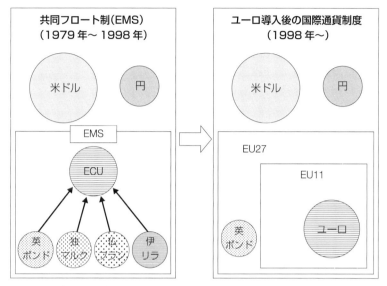

注：ユーロ採用国の数字は1999年発足当時のもの．2005年1月時点で，ユーロ採用国は19
カ国になっている．

史を鑑みると，欧州で誕生した統一通貨ユーロは，域内の為替取引を変動相場
制から固定相場制に回帰する，という大いなる実験であった．導入当初は順調
だったが，リーマン・ショックを契機に国際的な金融危機に見舞われ，さらに
ギリシャの財政赤字問題から存続の危機にまで直面した．ユーロを取り巻く問
題は，まだ解決途上にある（詳細は第6章6.3節に続く）．

## 3.1.5　基軸通貨の行方と人民元の国際化

1999年のユーロ導入後，ユーロ圏を形成する国々，およびユーロに為替相場
を固定する国々がEU諸国やその周辺で増加している．ユーロの登場は，これ
までのドル基軸体制から，ドル以外にもユーロを含む複数の基軸通貨が存在す
る，という複数基軸通貨体制に移行する可能性をもたらした．しかし，その後
の欧州財政危機から拡大した世界的な金融危機において，ユーロの安定性が大
きく揺らぐと同時に，ドルの流動性がひっ迫する事態に直面し，改めてドルの

### 表3-3　国際通貨の機能

| 国際通貨の機能 | 民間利用 | 公的利用 |
|---|---|---|
| 交換手段 | 貿易建値・決済通貨<br>為替媒介通貨 | 介入通貨 |
| 価値の尺度 | 国際商品の価格表示 | 為替制度のアンカー通貨 |
| 価値の貯蔵 | 調達通貨<br>投資通貨 | 準備通貨 |

注：アンカー通貨とは，固定相場制でペッグの対象となる通貨のこと
出所：清水（2015）より抜粋．

基軸通貨としての地位が認識された[7]．2015年現在，ドルは世界中で国際的決済通貨として流通しているのに対して，ユーロはEUを中心とした欧州地域における基軸通貨にすぎず，ドルは未だに極めて大きな地位を占める世界の基軸通貨として流通していることは否めない．

　国際通貨とは，その名の通り「国際的に通用する貨幣」である．国際通貨には，**貨幣の三機能**と同様に3つの機能（**交換手段，価値の尺度，価値の貯蔵**）があり，**表3-3**に示した通り，民間利用，および公的利用において様々な役割を果たしている．これらの三機能という観点からは，ユーロや円も十分に国際通貨の要件を満たしているが，実際にはドルの基軸通貨としての役割には未だ及ばない．特に，貿易の決済手段として，ドルを利用するシェアは極めて高いが，それは世界中誰もがドルなら受け取りたいと考え，ドルでの取引を選好しているからである．こうした交換手段としての役割は，基軸通貨かどうかを判別する上で最も重要な機能である．世界の基軸通貨としてドルが広く利用され続ける理由は，米国の巨大な経済力や政治的安定といった面もあるが，ネットワーク外部性が作用して，皆が使い続けるという「慣性」が働いているからである．

---

7）ドルの流動性不足に対して，米国連邦準備制度理事会（FRB）は世界各国の中央銀行と通貨スワップ協定を結び，ドル資金を供給しており，FRBによる国際的な「最後の貸し手機能」といわれている．

　世界銀行は，2011年5月に発表した報告書において「2025年に人民元は米ドル，ユーロと並んで世界の基軸通貨になる」と予測した．事実，2005年7月に固定相場制から通貨バスケットを参照とした管理フロート制の移行を発表した中国は，2008年12月以降，韓国，香港，マレーシア，ベラルーシ，インドネシア，アルゼンチンの6カ国・地域との間で合計6,500億元の人民元建て通貨スワップを締結し，その後もスワップ締結国と締結額の両方を拡大している．この目的は，短期流動性支援，貿易決済，投資決済など，締結国によりそれぞれで若干異なっているが，通常は短期流動性支援を目的とする通貨スワップに貿易金融としての用途を付与した点に中国の独自性がある[8]．

　通常，通貨の国際化は，当該通貨に係る規制緩和と金融・資本市場の整備・開放が条件となる．しかし，中国は多くの資本規制を残したまま人民元建てクロスボーダー貿易決済を2009年7月に一部解禁し，人民元決済の試行を開始した．2013年には上海に自由貿易特区を設けるなど，クロスボーダーでの人民元建て取引を促進しており，そのシェアは中国・香港間の貿易において近年急増している．同時に，為替市場においても，中国は人民元と様々な通貨の直接取引市場（ドルを介在しない為替取引）を開設している．2012年6月に円元直接取引市場を開設し，その他のアジア通貨や豪ドル，英ポンドとも同様に直接取引市場を開設しており，オフショア市場における人民元取引額は年々拡大している．2016年10月から人民元はIMFのSDR構成通貨となり，国際通貨の仲間入りを果たした[9]．

---

8) その後も，中国は世界各国とのスワップ協定を拡大しており，さらに人民元取引のための決済銀行（クリアリングバンク）の設置も世界の主要市場において順次進められている．

9) 人民元の構成通貨シェアは，2016年10月当初は10.92%だったが，2022年8月には12.28%に引き上げられた．他の通貨は，米ドルが43.38%とこれまでの41.73%から上昇した一方，ユーロ，円，ポンドは低下した．

## 3.2　為替制度の種類と特徴

### 3.2.1　様々な為替制度

　変動相場制と固定相場制，どちらを選択するのかは，国の裁量で決めること
ができ，自国の経済に最適な為替制度を選択する，というのが基本である．し
かし，固定相場というのは，宣言すれば皆が守ってくれるというわけではな
い．通貨当局が為替介入を行うなど，あらゆる手段を講じてその固定相場水準
を維持しなければならないし，もしできなければ，通貨危機に陥る可能性があ
る．一方，変動相場制を採用すれば，通貨危機に陥ることはないものの，日々
為替相場の変動に晒される．したがって，為替リスクに対応可能な頑健なマク
ロ経済やリスクヘッジを可能とする成熟した国内金融市場が必要不可欠とな
る．

　**図3-3**が示す通り，現代には様々な特徴を持つ為替制度が存在している．
1990年代までは，国際的な投機攻撃を回避するためには，介入を排除した自由
な変動相場制を採用するか，あるいは**カレンシー・ボード制**や**ドル化**という厳
格な固定相場制を採用する，という両極端の選択しかない「**両極の解**（two
corner solution）」という考えが支配的であった．しかし，様々な為替制度の
下，世界各地で金融・通貨危機が発生した結果，2000年以降は，途上国や移行
経済国のそれぞれの発展段階にあわせた中間的な為替制度のメリットが評価さ
れている．以下，それぞれの為替制度の特徴について説明する．

### 3.2.2　固定相場制のメリット・デメリット

　固定相場制とは，通貨を米ドルやユーロなどの特定の通貨に対して，あらか
じめ公表した為替レートで固定する制度であり，ペッグ制ともいわれる[10]．
実際には，一定の為替レートで完全に固定することは難しいので，ある一定の
幅の中で固定させることが多い．通貨当局は，市場介入を行うことにより，固

---

10）ペッグ（peg）とは，釘を打つという意味の言葉であり，米ドルに対して固定してい
　る場合は「**ドルペッグ制**」といわれる．

図3-3　為替制度の分類

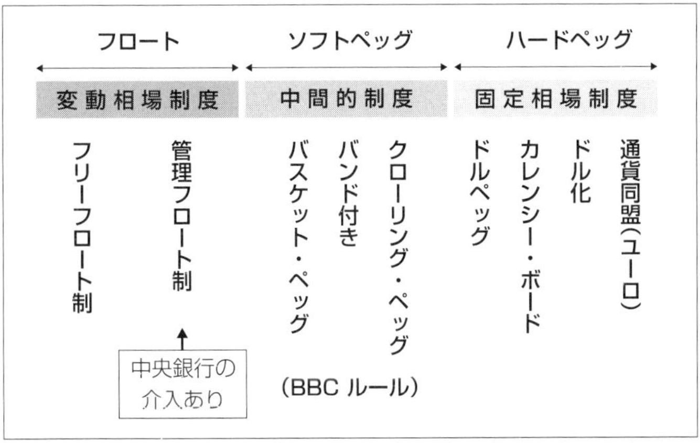

| フロート | | ソフトペッグ | | ハードペッグ | |
|---|---|---|---|---|---|
| 変動相場制度 | | 中間的制度 | | 固定相場制度 | |
| フリーフロート制 | 管理フロート制 | バスケット・ペッグ | バンド付き | クローリング・ペッグ | ドルペッグ ／ カレンシー・ボード ／ ドル化 ／ 通貨同盟(ユーロ) |

中央銀行の介入あり

(BBC ルール)

定相場制を維持している[11].

　固定相場制のメリットは，第1に為替相場が安定していて，為替リスクがないことである．発展途上国の多くは，固定相場制を採用しているが，為替リスクがないことで海外からの直接投資を呼び込み，産業を育成し，生産量を拡大させることができる．第2に，インフレ的金融政策の抑制である．政府はインフレを発生させる誘因があるが，固定相場制下では，金融政策の自由度（裁量）を失うことによって，その誘因が抑制されることになる．第3に，金融政策に対する信認を得ることができる．特に，発展途上国の場合は，自国の通貨当局，あるいは中央銀行に対する信頼性が低いが，たとえば米ドルに固定する場合には，固定相場制維持のために米国と同じ金融政策を踏襲する必要があり，それが民間経済主体の金融政策に対する信認を高めることになる（**インフレ抑制の名声の輸入**）．

　一方，デメリットは，固定相場制を維持するためには独自の金融政策を行うことが不可能となる．たとえば，米国が利上げをしている最中に自国経済の景

---

11）固定相場制では，通貨当局の意思によってその公定レート（基準レート）を変更することがある．自国通貨が増価する方向に公定レートを変更することを「**切り上げ**（revaluation）」，減価する方向に変更することを「**切り下げ**（devaluation）」という．

気浮揚のために利下げをすれば，自国通貨売り，ドル買いのインセンティブを招き，自国通貨の減価圧力が高まることから，固定相場制維持が困難となる．同様に，自国が金融危機に陥ったとしても裁量的な金融緩和政策も不可能となり，中央銀行は最後の貸し手機能を果たすことができない．また，為替市場において自国通貨売り圧力が高まれば，固定相場制維持のためにはドル売り・自国通貨買い介入を行って自国通貨を買い支えなければならず，そのために十分な外貨準備を蓄える必要がある[12]．

　以下，固定相場制の中でも，厳格な固定相場制（ハードペッグ）といわれる制度を紹介する．

## ● ドル化（Dollarization）

　エクアドル，エルサルバドル，パナマなどの中南米諸国では，自国通貨を放棄し，一方的に米ドルを国内流通通貨（法貨）としている．ドル化のメリットは，①通貨価値が安定することの信認，②米国で実現している物価安定と低金利の輸入，③米国との取引コスト最小化による経済統合の利益，④通貨投機の回避，⑤金融政策・為替政策，さらに中央銀行の不要化である．ドル化のデメリットは，①独自の金融政策を放棄して米国当局の金融政策を受け入れざるをえない，②中央銀行は最後の貸し手機能を失うため金融不安が発生しても米ドルを供給できない，③自国通貨を放棄するため**通貨発行益（シニョレッジ）**を失う[13]，④後戻りが不可能であることである．ドル化経済国と米国との間では，基本的には通貨危機に陥らないとされるが，「最後の貸し手」としての中央銀行が存在しないので，金融危機が深刻化する恐れがある．

---

12）米ドルに対してペッグする固定相場制を採用している国で，自国通貨の減価圧力が高まると，通貨当局はドル売り，自国通貨買いの為替介入を行う．この場合のドル売りは，通貨当局が保有している外貨準備（通常はドルが多い）のドルを売ることになる．

13）シニョレッジとは，鋳造した貨幣の額面と原価の差額で，通貨当局（中央銀行）が取得する収益をいう．

● **カレンシー・ボード**（Currency Board）

　カレンシー・ボードは，国内の通貨供給量を主要通貨（米ドル）の外貨準備高に応じて発行し，この交換比率を固定する制度である．厳格に運用されれば，政策運営の透明度を高め，ハイパーインフレを防止するといった効果が期待される．1849年に英領モーリシャスで導入されたのを契機としてイギリス植民地を中心に70以上の事例があり，近年では，香港（1983年），アルゼンチン（1991年），移行経済のエストニア（1992年），リトアニア（1994年），ブルガリア（1997年）などで採用された．メリットは，準備通貨の裏付けをもとに自国通貨の交換性を保証しており，通貨の無制限な乱発ができないため，マクロ経済運営上の規律が働くことである．デメリットは，交換比率を固定し，裏付けとした準備通貨の発行国の金融政策に左右されるため，独立した金融政策を取ることが不可能であり，金融危機に際して最後の貸し手機能が果たせない．

● **通貨同盟**（Currency Union）

　複数の国や地域で単一通貨を使用することを通貨同盟という．単一通貨を導入した国々では個々の為替レートが存在しないため，厳格な固定相場制となるが，域外の通貨に対しては変動するため，共同フロート制ともよばれる．近年の例としては，欧州の通貨統合で生まれたユーロがあるが，その他にも一部のアフリカ諸国などで通貨同盟が存在している[14]．

### 3.2.3　変動相場制のメリット・デメリット

　変動相場制は，為替市場の需要と供給によって為替レートが決まる制度であり，為替レートが日々変動することから，フロート制ともいわれる．ただし，為替相場が急変したときに通貨当局が市場介入して為替操作をすることもあり，これを完全に自由な変動相場制（フリー（クリーン）フロート）に対して管理変動相場制（管理フロート制）とよぶ．

　変動相場制の第1のメリットは，為替相場による国際収支調整機能である．

---

14）アラブ首長国連邦などの湾岸協力会議（GCC）諸国でも共通通貨を2010年に導入するという構想があったが，2023年時点でまだ実現していない．

すなわち，貿易不均衡がある場合に，為替相場が変動することによって調整することができる．たとえば，貿易赤字の場合には，自国通貨売り，ドル買い圧力が高まることで，通貨安になるが，その結果輸出が増え，輸入が減ることで，収支が改善する．第2に，金融政策の自由度が最も大きく，自国の景気動向に合った独立した（裁量的な）金融政策を行うことができる．第3に，固定相場と違い，狭い範囲内で介入をする必要がないので，外貨準備の節約ができる．

　一方，最大のデメリットは，為替相場の乱高下，すなわち為替リスクがあることである．為替市場の需給に任せて為替相場は変動するが，投機的な取引などにより，短期的に相場が乱高下することがある．また，長期的に経済ファンダメンタルズを反映した適正水準から乖離してしまう（ミスアラインメント）可能性もあり，中央銀行が為替介入により望ましい水準に相場を誘導することもある（管理変動相場制（管理フロート制））[15]．

## 3.2.4　中間的な為替相場制度とは

　発展途上国や新興国にとっては，厳格な固定相場制ではなく，ある程度の伸縮性を持ち，ある程度の安定性を持つ通貨体制が必要となる．たとえば，中南米諸国のように米国との経済関係が強い国ではドルペッグ政策が有効であるが，アジア諸国のように，米国や欧州のみならず，中国，日本などのアジア諸国との経済関係も強い国では，米ドルだけの安定をもたらすドルペッグでは為替レートの安定を図ることはできない．自国の貿易構造を考慮したうえで安定的な為替レートを維持するためには，自国通貨の対ドル為替レート（名目二国間為替レート）ではなく，実効為替レートを安定化させることが必要となる[16]．すなわち，貿易相手国通貨によって構成された**通貨バスケット**の価値に対して，狭い幅での固定ではなく，ある一定の幅を持つ範囲内（バンド）での安定性を保つようにする通貨体制が望ましい，ということになる．また，固

---

15) 新興諸国が変動相場制を採用している場合の多くは，中央銀行が為替介入を行う管理変動相場制となっている．

16) 実質為替レート，実効為替レートの詳細については，第5章を参照．

定相場制では，設定した公定レートがその後のインフレ格差の拡大などにより，実体経済に合致していないにもかかわらず固定を維持した結果，通貨危機が発生したという例が多い．したがって，公定レートをインフレ格差に基づいて定期的に再調整することも必要となる．このような中間的な為替相場制度の3つの特徴をまとめると，以下のようになる[17]．

● バスケット・ペッグ
  - 複数の相手国通貨の加重平均に対して，自国通貨の為替レートを変動させる制度
  - 実効為替相場の安定化に役立つ
● 為替バンド
  - 通貨当局があらかじめ決められた許容変動幅内で自国通貨を維持する制度
  - 変動幅を設けた分だけ，金融政策の裁量の余地がある
● クローリング・ペッグ
  - 主要な貿易相手国と自国との間のインフレ格差に基づいて，公定レートを定期的に調整する制度
  - 実質為替相場の安定化に役立つ

　以下，タイ・バーツを例にとって，具体的なバスケット・ペッグの仕組みを簡単に説明しよう．タイの日本と米国に対する貿易シェア（輸出＋輸入）が同等であると想定する．バーツのバスケット価値を考えるということは，ある一定のバーツが一定量の円と一定量のドルの価値の和に等しいということである．たとえば，160バーツを，200円の円と2ドルのドルの和と等しい，すなわち160バーツの価値が200円と2ドルで裏打ちされているものと考えよう．ここで，マーケットで成り立っている為替レートが1ドル100円であるとする．そ

---

17) この3つを合わせた制度は，Williamson（2000）により提唱され，バスケット（basket）のB，バンド（band）のB，クローリング（crawling）のCをとって，BBCルールとよばれている．

**表3-4　アジア各国の貿易相手国・地域別シェア（%）**

| | アジア合計 | 中国 | 日本 | その他アジア | オセアニア | 北米 | 欧州 | その他 |
|---|---|---|---|---|---|---|---|---|
| 中国 | 40.3 | - | 15.6 | 24.7 | 1.5 | 23.2 | 29.6 | 5.4 |
| 台湾 | 62.4 | 25.9 | 18.6 | 18.0 | 1.1 | 15.6 | 16.6 | 4.3 |
| 香港 | 64.6 | 13.6 | 11.8 | 39.2 | 1.9 | 9.1 | 21.2 | 4.2 |
| インドネシア | 66.2 | 16.0 | 15.6 | 34.6 | 1.2 | 11.9 | 16.5 | 3.5 |
| 韓国 | 57.6 | 27.0 | 16.2 | 14.4 | 1.2 | 15.5 | 20.9 | 4.8 |
| マレーシア | 60.7 | 16.9 | 13.0 | 30.7 | 1.9 | 16.5 | 17.9 | 3.0 |
| フィリピン | 64.6 | 14.3 | 17.8 | 32.5 | 0.9 | 16.4 | 15.9 | 2.1 |
| シンガポール | 62.5 | 16.6 | 10.9 | 35.1 | 1.4 | 14.5 | 18.7 | 2.8 |
| タイ | 63.4 | 17.3 | 20.3 | 25.8 | 2.8 | 12.2 | 17.4 | 4.2 |

出所：Weighting matrix for broad indices（based on 2017-2019 trade），BIS

　うすると，200円と2ドルの合計価値はドル建てでみると4ドル，したがって，バーツ・ドル為替レートは1ドル40バーツとなる．あるいは，200円と2ドルの価値を円建てでみると400円になるので，バーツ・円為替レートは，1円0.4バーツとなる．

　次に，円高が進行して円ドル為替レートが1ドル75円になった場合を想定する．同様の計算を経て，バーツの為替レートは，1ドル34.3バーツ（対ドルではバーツ高），1円0.457バーツ（対円ではバーツ安）となる．また，逆に円安が進行して1ドル120円になった場合には，1ドル43.6バーツ（対ドルではバーツ安），1円0.364バーツ（対円ではバーツ高）となる．このように，円がドルに対して増価（減価）すれば，バーツもドルに対して増価（減価）し，同時に円に対しては減価（増価）するが，その追随の程度はバスケットに入っている円とドルの比重によって決まる．貿易関係が密接な通貨をバスケットに入れることによって，バーツは対外的な競争相手の通貨（この場合ドルと円）に対してそれぞれの重要度に合わせて連動することができる．実際にどのようなウェイトに基づいて通貨バスケットを作ればいいのかについては，当該国の貿易シェアを用いて計算された実効為替相場のウェイトが参考になる．

　**表3-4**は，BISの実効為替相場算出のための貿易ウェイト（2017年〜2019

年）である．これによると中国・香港を除くアジア諸国の貿易相手国第1位は
日本，あるいは中国であり，域内貿易シェアは中国を除くすべてのアジア諸国
で60％前後と高くなっている．欧州との貿易シェアは中国・香港では20％台，
その他のアジア諸国でも15％前後である．米国を含む北米との貿易シェアは，
中国を除くと20％未満であり，それほど高くないことがわかる．したがって，
アジア諸国の実効為替相場を安定させるためには，ドルペッグ制よりもユーロ
や円，人民元などのアジア通貨の動きに注視した通貨バスケット制のほうが望
ましいことになる[18]．

## 3.2.5　国際金融のトリレンマ

それぞれの国はどのように為替制度を選択しているのだろうか．ここまで説
明してきたように，固定相場制を採用すれば，為替レートの変動を取り除くこ
とができる反面，金融政策は完全に縛られてしまう．また，金融政策を自由に
発動する権利を保持するためには，為替レートの変動を甘んじて受け入れるし
かない．しかし，固定相場制の下で，独立した金融政策を行う唯一の方法があ
る．それは，自由な資本移動を規制することだ．たとえば，2005年7月の人民
元改革以前の中国は，資本移動を厳格に規制することで，人民元をドルにペッ
グさせながら，独自の金融政策を維持していた．ただし，資本移動を規制して
しまうと，海外から臨機応変に投資を呼び込んだり，国内の投資家が海外に投
資を行うことができないという欠点がある．

為替制度選択には，**国際金融のトリレンマ**（Trilemma）が存在する[19]．こ
れは，**図3-4**が示すように①為替相場の安定，②自由な資本移動，③独立し
た金融政策という3つの政策目的を同時に実現するのは不可能であり，どれか
2つを達成しようと試みると，残りの1つが矛盾してしまう，というものであ

---

18）実際に，シンガポールでは長年通貨バスケット政策が採られている．また，2005年
　7月にドルペッグ制から管理フロート制への移行を発表した中国も，通貨バスケット
　を参照としている．
19）ジレンマ（dilemma，2つの中から1つしか選べない）に対して，3つの中から2
　つしか選べないのがトリレンマである．国際金融のトリレンマは，**インポッシブルト
　リニティ**（impossible trinity）ともよばれる．

図3-4　国際金融のトリレンマ

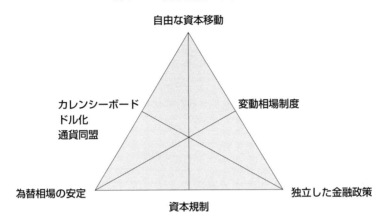

る．たとえば，日本は1973年以降変動相場制を選択しており，そのため為替相場の安定をあきらめ，自由な資本移動と独立した金融政策を選択していることになる．また，中国は，2005年7月の人民元改革（米ドルペッグ制から管理フロート制への移行）までは，資本規制により自由な資本移動はあきらめ，為替相場の安定と独立した金融政策を選択してきた．その後は，徐々に資本規制を解除するとともに，為替相場の柔軟性を高めている．

　1997年のアジア通貨危機は，アジア諸国が事実上米ドルにペッグした固定相場制度を採用しながら，独立した金融政策を行い，さらには資本移動を自由化した結果として発生した危機であり，国際金融のトリレンマを実証したものといわれる．ユーロの場合は，図3-4中では通貨同盟とよばれる究極の固定相場制度になる．ユーロ圏が完全に一つの国であれば，一国内の労働移動や財政移転によって国内の不均衡を是正することが可能であるが，あくまで財政主権を持った国々の集まりであるだけに，問題は複雑だ．欧州はユーロ導入により，域内で安定した為替相場と自由な国際資本移動を確保した代償として，各国ごとの金融政策の独立性を放棄した結果，ギリシャ危機以降深刻な財政危機に直面している．金融危機に対して独立した金融政策は行えず，財政危機に対しても自由な国債発行はままならず，本来ならばメリットである為替相場の安定が足かせとなり，為替レートによる調整機能を喪失しているため，域内での

**表3-5　世界各国の為替制度選択と金融政策のフレームワーク（IMF 報告ベース，2022）**

| 為替制度 | 金融政策のフレームワーク | | | | | | |
|---|---|---|---|---|---|---|---|
| | 為替レート・アンカー 81 | | | | マネーアグリゲート・ターゲット 25 | インフレーション・ターゲット 45 | その他 43 |
| | US ドル 37 | ユーロ 26 | バスケット 8 | その他 10 | | | |
| 固定相場制度 26 ｜ ドル化など 14 | エクアドル,パナマ,エルサルバドル | モンテネグロ,サンマリノ | | ツバル | | | |
| 固定相場制度 26 ｜ カレンシーボード 12 | 香港,ドミニカ | ブルガリア | | ブルネイ,マカオ | | | |
| 中間的制度 102 ｜ 伝統的な固定相場制（ソフトペッグ）40 | バーレーン,サウジアラビア,UAE | デンマーク,カメルーン,コンゴ | フィジー,リビア | ブータン,ネパール | サモア | | |
| 中間的制度 102 ｜ 安定化相場制度 23 | カンボジア,イラン | クロアチア,マケドニア | シンガポール | | ボリビア,タンザニア | グアテマラ,セルビア | エジプト,モンゴル |
| 中間的制度 102 ｜ クローリング・ペッグ制 3 | ホンジュラス,ニカラグア | | ボツワナ | | | | |
| 中間的制度 102 ｜ 準クローリング・ペッグ制 24 | | | ベトナム | | バングラデシュ,中国,エチオピア,ルワンダ | ケニア,スリランカ | アルゼンチン,ラオス,スイス |
| 中間的制度 102 ｜ バンド制 1 | | | モロッコ | | | | |
| 中間的制度 102 ｜ その他 11 | | | クウェート,シリア | | ミャンマー,シンガポール | | ハイチ,トンガ |
| 変動相場制度 66 ｜ 管理フロート制 36 | | | | | アンゴラ,イエメン | インド,ブラジル,フィリピン,韓国,タイ | マレーシア,パキスタン |
| 変動相場制度 66 ｜ フリーフロート制 31 | | | | | | 日本,カナダ,イギリス,オーストラリア,スイス,ロシア | 米国 EMU |

注1：為替レート・アンカーとは、固定相場制の対象となる通貨のことであり、例えば米ドルにペッグしているのであれば、米国の金融政策に従うことになる。

注2：マネーアグリゲート・ターゲットとは、通貨供給量を金融政策の目標として扱う政策である。

出所：The Annual Report on Exchange Arrangements and Exchange Restrictions (AREAER) 2022, IMF より作成.

71

貿易不均衡の是正ができないのが危機深刻化の背景となっている．上記の3つのどれを優先し，何を放棄すべきかは，難しい選択である．

**表3-5** は2022年末のIMF加盟国の為替相場制度である．ハードペッグ制やソフトペッグ制をはじめ，発展途上国では固定相場制の採用国が依然として多い．固定相場制を採用している国の中で，中南米や中東では対米ドルの為替レートを，中東欧諸国では対ユーロの為替レートを金融政策のアンカーとしている．また，中間的な為替制度や変動相場制度を採用している国では，為替レートではない新たな名目アンカーを作って金融政策運営の信認を高めるという目的から，**インフレ目標**（inflation target，**インフレーション・ターゲット**）を同時に採用している国も多くなってきている．

## 3.3　通貨危機の発生と国際協調政策

通貨危機とは，固定相場制を採用している国が，通貨価値の大幅な下落により固定相場制を維持できなくなり，変動相場制に移行することである．1990年代に入ってから，世界各地，特に新興市場国（emerging market）において通貨・金融危機が頻発している．1992年から1993年にかけての欧州，1994年末のメキシコ，1997年のアジア，1998年春から夏のロシア，さらに1998年から1999年のブラジル，2001年のトルコ，2001年から2002年アルゼンチン，そして2009年ギリシャの財政破綻から拡大したユーロ危機など世界経済に大きな影響を与える通貨危機が続いている．

通貨危機が発生する原因について，理論・実証面から多くの研究が行われてきた．メキシコ，アルゼンチンなどラテンアメリカ諸国での通貨危機の発生は，財政赤字や経常収支赤字の拡大，外貨準備の激減などが原因であった．ロシアでの通貨危機も，財政赤字を政府が通貨発行益（シニョレッジ）でファイナンスし続けたことが要因となった．一方，経済ファンダメンタルズが必ずしも悪化しておらず，外貨準備も十分あるにもかかわらず，為替市場での投機的行動が原因となって通貨危機に陥る場合もある．以下，それぞれの通貨危機の特徴と，その対応策についてまとめる．

### 3.3.1　ファンダメンタルズに基づく通貨危機（第一世代モデル）

　第一世代モデルは，経常収支赤字が解消されない国，財政赤字の拡大が続く国，インフレ率が非常に高い国など，経済ファンダメンタルズがあまり良くない国で発生する通貨危機である．たとえば，固定相場制の採用国で，慢性的な財政赤字がある場合には，財政赤字の資金調達のために国債を乱発する結果（国内信用の拡大），物価上昇と金利低下が起こり，自国通貨の減価圧力が高まる．これに対して，通貨当局が固定相場制維持のため為替市場で自国通貨買い介入を行うため，徐々に外貨準備が減少し，外貨準備が尽きた時点で固定相場制維持を放棄し，自国通貨の大幅な減価とともに変動相場制への移行を余儀なくされる．

　このタイプの通貨危機を避けるためには，以下の3点に注意する必要がある．まず，外貨準備高については，外貨準備高が短期対外債務残高を下回らないようにする．国内信用残高の成長率については，高ければ高いほど，通貨危機のタイミングが早まる．財政赤字については，大きければ大きいほど，国内信用残高の成長率を高め，通貨危機のタイミングが早まる．

### 3.3.2　自己実現的な通貨危機（第二世代モデル）

　1992年9月に発生した欧州通貨危機は，デンマークの国民投票で通貨統合の是非を問うマーストリヒト条約の批准が否決されたことに端を発す．経済通貨同盟（EMU）の先行きに不透明感が増した欧州では，ドイツ統一に伴う財政負担とインフレ圧力から，ドイツが高金利政策を維持し続けたことなどを背景に，投機筋によって独マルクが買われ，他の弱い通貨（特に英ポンドと伊リラ）が売られた．その結果，1992年9月13日に為替相場メカニズムは中心相場の再調整に追い込まれ，9月17日にはイギリスとイタリアがERMから離脱した．この欧州通貨危機に関しては，さほどファンダメンタルズが悪化していなかったにもかかわらず，ヘッジファンドによる英ポンドに対する投機攻撃が直接的な要因となったことから，必ずしも経済のファンダメンタルズを反映せずに投機によって通貨危機が「自己実現的」に発生したものといわれる[20]．

　自己実現的な通貨危機では，ヘッジファンドなどの投機家の群集行動が問題

となる．もし投機攻撃がマクロ経済のファンダメンタルズと無関係に民間経済主体の予想如何によって突如として発生するのであれば，通貨危機発生の先行指標はあらゆるものになり得る．言い換えれば，通貨危機の発生は「予測できない」ものであり，資本取引規制が唯一の通貨危機対応策となる

### 3.3.3　通貨危機と金融危機の同時発生（第三世代モデル）

アジア通貨危機の特徴の1つは，通貨危機と金融危機の併発（双子の危機）である．通貨危機以前のアジアでは企業の銀行依存度が高く，銀行の外貨建て借入れ比率が高かった．そのため，通貨危機の発生と同時に国内企業や銀行の財務状況が悪化し，国内に流入していた外資の資本逃避がみられた．さらに通貨危機による通貨価値の下落は，外貨建て借入れの返済額を膨らませてしまう．このように，通貨価値の下落が金融機関の財務状況の悪化を招く（通貨危機→金融危機）と同時に，金融機関の財務状況の悪化が海外から流入していた資本を流出させ，通貨危機になる（金融危機→通貨危機）という2つの因果性から双子の危機が発生する，というのが第三世代モデルの特徴である[21]．

さらに，アジア通貨危機のもう一つの特徴は，近隣諸国に伝播したことである．1996年以降，通貨投機の標的となっていたタイ・バーツに対して，タイ政府はバーツ防衛に努めたが抗し切れず，ついに1997年7月ドルペッグ制を放棄して変動相場制へ移行した．その影響はインドネシア，韓国をはじめとする周辺諸国へ波及し，東南アジアの多くの通貨も大幅に減価した（**図3-5**）．通貨危機によって深刻な経済停滞に直面したタイ，インドネシア，韓国の3カ国は，IMFの支援を受け入れた．

---

20) もし誰も投機攻撃をしないと多くの投機家が予想するならば，誰も投機攻撃をしないので，固定為替相場制度が維持される．しかし，もし他の投機家が投機攻撃をすると多くの投機家が予想するならば，皆で投機攻撃をすることになるので，自己実現的に固定為替相場制は崩壊する．

21) アジア通貨危機の発生原因としては，「通貨と期間のダブル・ミスマッチ」すなわち，短期の外貨建て調達資金を長期の現地通貨建て資金で運用したため，急激な外貨の大量流出と為替相場暴落による金融危機を引き起こした，といわれる．

図3-5 アジア通貨危機直後の為替レート推移（1995年第1四半期＝100）

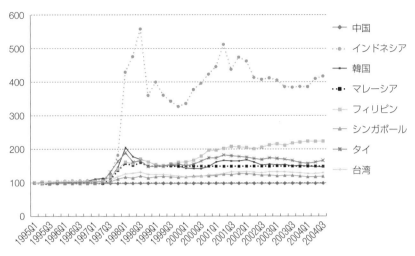

出所：各国中央銀行の為替データより計算.

### 3.3.4 IMFと域内金融協力

第一世代モデルの通貨危機は，原因がファンダメンタルズの悪化であること
が明らかである．したがって，IMFには，定期的に参加国の経済ファンダメ
ンタルズのデータを収集するとともに，ファンダメルズが慢性的に悪化してい
る国に対しては，財政赤字の削減や，外貨準備を積み増すなどファンダメンタ
ルズ改善策を指導するという役目がある[22]．IMFのもう一つの重要な役割は，
通貨危機を防ぐ，あるいは発生した危機を激化しないよう，適切なマクロ政策
の採用を条件（コンディショナリティ）に資金を貸し付けることである．こう
した**最後の貸し手機能**（Lender of Last Resort：LLR）としてのIMFの信用供
与は，通貨危機を収束させ，為替市場の安定を図るために必要不可欠ではある
が，一方で，危機国の個別事情を十分に考慮せず，危機国に対して厳しいコン
ディショナリティ（たとえば，緊縮的な財政金融政策や不良債権処理など）を

---

22) たとえば，外貨準備の量は，従来は輸入の3カ月分といわれたが，アジア通貨危機
後は短期の外貨建て債務1年分相当が妥当とされている.

求めたため，危機国の経済停滞をさらに深刻化させたとの批判も強い[23]．

　アジア通貨危機後は，IMF に頼らないアジア域内での協調体制が必要との認識のもとに，ASEAN 諸国に日中韓を加えた ASEAN ＋ 3 で域内金融協力が進められている．2000年 5 月の第 2 回 ASEAN ＋ 3 財務大臣会議（タイ・チェンマイ）にて，外貨準備を使って短期的な外貨資金の融通を行う二国間の通貨スワップ取極のネットワークである **CMI（チェンマイ・イニシアティブ）** が合意された．その後，2010年には，CMI のマルチ化（**CMIM**）が図られ，一本の契約の下で，通貨スワップ発動のための当局間の意思決定の手続きを共通化し，支援の迅速化・円滑化を図り，CMIM の資金規模はそれまでの1,200億ドルから2,400億ドルに倍増された[24]．また，アジア通貨危機発生の原因となった通貨と期間のダブル・ミスマッチ問題を解消するために，アジアでの現地通貨建て長期債券市場を育成する枠組みとして，**アジア債券市場育成イニシアティブ**（Asian Bond Markets Initiative：**ABMI**）も進められている．

　経済危機や通貨危機を根本から防ぐには，持続的な経済発展と盤石な経済基盤の構築が欠かせない．こうした経済開発支援に対するニーズは経済発展が急速に進むアジア地域において急速に高まっていた．そのため2013年，中国によって新たな国際機関であるアジアインフラ投資銀行（Asian Infrastructure Investment Bank, AIIB）の設立が提唱された．

　これまで，アジアにおける地域支援および開発支援は，世界銀行（World Bank）およびアジア開発銀行（Asian Development Bank, ADB）が中心となって行われてきたが，従来の開発支援の枠組みでは十分に満たすことができなかったアジア地域におけるインフラ整備の資金需要を補完する目的が掲げられ，59の国や地域が参加して2016年から事業が開始された．2023年現在，AIIB にはアジア域外を含めた93の国や地域が参加し，これまで233件の投資案

---

23) 事実，アジア通貨危機では IMF 支援が決まったというニュースの後，IMF の厳しいコンディショナリティにより危機国の経済はさらに不況が深刻化するという予想から，危機国の通貨はさらに下落した．

24) さらに，CMIM の実効性を高めるために，**ASEAN ＋ 3 マクロ経済・リサーチ・オフィス（AMRO）** が2011年 4 月にシンガポールに設立され，各国の経済に対するサーベイランス活動が開始されている．

件に対して450億ドルのインフラ投資が行われてきたが，設立当初，従来から
ある国際機関との競合が懸念されていたため，日本や米国は2023年現在でも
AIIBには参加していない．

　しかしながら，ADBがアジア地域にある国と地域のみを対象としているこ
とからも，ADBの単独支援対象にならない国や地域に向けて，AIIBが補完的
な役割を担う意義が強くなっており，現在では両者の協調が模索されるように
なっている．

　近年は，国際金融市場におけるグロスの資本取引の拡大とともに，市場にお
ける投資家の期待形成，ミクロレベルでの経済・金融システム（金融機関や金
融商品，市場構造など）はより複雑なものへと移りつつある．したがって，危
機の予知・予防も難しくなってきており，さらに，いったん危機が起こると，
その対処はさらに難しくなっている．

　また，国と国同士の資金貸借である政府間の借款は，本来，市場を通じ民間
の資本流入と比べて，対象国の支援に資するよう，無利子や低利，かつ，長期
にわたるよう融資されてきた．しかし，援助国側の複雑な政治的思惑と結び付
き，被援助国の対外債務を膨張させ，財政破綻させるケースが近年再び散見さ
れるようになっている[25]．こうした経済・財政・金融危機の潜在性を排除す
べく，IMFのみならず，国際政策協調や域内金融協力の重要性はますます高
まるだろう．

### 参考文献

財務省「国際的な資金フローに関する研究会」報告書（財務総合政策研究所）「昭和46年
　年次世界経済報告–転機に立つブレトンウッズ体制」経済企画庁.
清水順子「アジア通貨を巡る課題と展望」，小川英治（編著）『グローバル・インバランス
　と国際通貨体制』第5章，東洋経済新報社，2013年.
清水順子「ユーロ圏危機がアジア通貨にもたらした影響」，小川英治（編著）『ユーロ圏危
　機と世界経済：信認回復のための方策とアジアへの影響』第7章，東京大学出版会，

---

25）スリランカは中国から受けたインフラ整備のための巨額融資が膨張して，2022年に
　は財政破綻した．その結果，スリランカは土地や施設の一部が中国国営企業に99年間
　にわたり貸与せざるを得なくなるなど，「債務の罠」に嵌まったとされ，国際的な問題
　となっている．

2015年.

世界経済の潮流2012年II〈2012年下半期世界経済報告〉，第2章「欧州通貨統合の評価と課題」，内閣府，平成24年.

橋本優子「通貨危機のモデルおよびIMF支援のインプリケーション」開発金融研究所報，2006年8月号.

三重野文晴「アジア金融・通貨秩序と中国：AIIBをどう捉えるか」『USJI Voice』Vol. 13, 2016年.

Friedman, M., "The Case for Flexible Exchange Rates," *Essays in Positive Economics*, University of Chicago Press, 1953（鈴木浩次編『国際流動性論集』，第14章，東洋経済新報社，1964年）

Williamson, J., *Exchange Rate Regimes for Emerging Markets: Reviving the Intermediate Option*, Institute for International Economics, Washington, D. C., 2000.

## 練習問題

3-1　「国際金融のトリレンマ」の観点から，ギリシャ危機以降，ユーロ参加各国が直面している問題点についてまとめよう.

3-2　固定相場制を採用している国は，どのような通貨に対して自国通貨を固定しているのだろうか？　その実例と，その通貨に固定する理由について考えてみよう.

3-3　（応用問題）　中国は世界各国と積極的に人民元スワップ協定を締結しながら，人民元の国際化を進めているが，これはどのような目的があるのかについて考えよう.

3-4　（応用問題）　欧州における為替市場で中心的な役割を果たしていたドイツが自国通貨独マルクを捨ててまでユーロ統合を推進した理由について考えてみよう.

第**2**部

# 国際収支と国際金融市場の動向

# 第4章 国際収支と為替取引

## はじめに

　経常収支をはじめ，テレビ・新聞の経済ニュース，特に日本と外国の取引に関するニュースで「……収支」に関するものは多い．これらのほとんどは，この章で取り扱う「国際収支」の項目である．国際収支の見方を知ることで，それらの黒字・赤字という言葉にどのような意味があるのか，それぞれの項目が日本経済にとってどのような意味があるのかをより深く理解することができる．

　本章ではまず，国際収支の各構成項目について説明する．続いて「国際収支の発展段階説」とよばれる，一国の国際収支がどのように変遷していくのかを歴史的に観察した議論を紹介する．そして経常収支，その中でも貿易収支と為替レートの関係について，いくつかの理論を説明する．最後に第二次世界大戦後から現在までの日本の国際収支の推移および，それにかかわるマクロ経済学のいくつかの理論を紹介する．

## 4.1　国際収支統計の構成

　**国際収支**（Balance of Payment）とは，1年間など一定期間における一国の外国との経済的な取引，すなわちその国の居住者と他国の経済主体（非居住者）との間の経済取引を貿易・金融その他すべてにわたって集計してまとめたものをいう．なお，居住者・非居住者とは必ずしも経済取引にかかわる個人の

国籍，あるいは企業の本社の所在国の問題ではない．個人・企業などがその国の領域内に拠点を設け，一定期間を超えて経済活動を行った場合，これを居住者とよぶ．IMF（国際通貨基金）国際収支マニュアルでは「1年以上」が居住者の基準である．

　日本をはじめとする多くの国ではIMF国際収支マニュアルに準じて国際収支統計（国際収支表ともいう）を作成しており，日本では財務省および日本銀行（日銀）が作成・公表を行っている[1]．日本の国際収支統計についてはIMF国際収支マニュアルの改訂に伴い（最新版は第6版），2014年1月より大幅な見直しが行われた．このため，過去の統計と比較する際には項目や個々の取引についての数字の計上の仕方の変更などに注意が必要である[2]．

　国際収支統計は大きく分けて以下の4つの項目からなる．各項目の数値はすべてフロー の数値であることに注意が必要である．たとえば後述の通り，「外貨準備」はその残高（ストック）ではなく，その期間の増減である．

　(1)経常収支：財・サービスの取引状況などを示したもの

　(2)金融収支（旧　資本収支および外貨準備の増減）：

　　対外資産・負債の取引などについてまとめたもの

　(3)資本移転等収支（旧　資本収支の「その他資本収支」）

　(4)誤差脱漏

以下の説明において（旧……）とあるのは，2013年12月までの国際収支統計の枠組みでの項目である．項目名と並び重要であるのが，各項目に含まれる個々の取引が，その国の国際収支統計においてプラス・マイナスどちらの符号で計上されるかである．本節では各取引の計上時の符号も合わせて解説する．上記の4項目のうち特に重要であるのが(1)経常収支と(2)金融収支である．以下，順に見ていく．

---

1）国際収支統計の期間は年（暦年・年度）の他，月，半年（暦年・年度）の単位でも公表されている．

2）最新の国際収支統計と変更前の統計の違いについては，日本銀行国際局（2013）を参照されたい．

## 4.1.1　経常収支

**経常収支**は以下の4つの項目からなる.
　①貿易収支
　②サービス収支
　③第一次所得収支（旧　所得収支）
　④第二次所得収支（旧　経常移転収支）

　①貿易収支は目に見える商品の輸出と輸入についてである. 輸出はプラス, 輸入はマイナスで計上する. 国際収支統計の貿易収支と並び, 日本の貿易データで多く利用されているものに, 財務省「貿易統計」がある. 貿易統計についても輸出額と輸入額の差を貿易収支とよぶことがあるが, 国際収支統計の貿易収支と貿易統計には元となる貿易データに大きな違いが2点ある. 違いの一つは各取引での輸出額あるいは輸入額の計上の仕方である. 貿易取引において輸入業者が輸出業者に対して支払う品物1単位当たりの代金を建値（たてね）という[3]. 建値には品物の価格以外に何が含まれるかでいくつか種類があるが, ここでは FOB （Free on Board の略：建値に含まれるのは品物の価格のみ）と CIF （Cost, Insurance, and Freight の略：品物の価格に加えて品物1単位当たりの海上保険料および海上運賃が建値に含まれる）の区別が重要となる[4]. 国際収支統計においては輸出・輸入各取引はすべて FOB 建てで計上されるが, 貿易統計においては輸出は FOB 建て, 輸入は CIF 建てでそれぞれ計上される. もう一つの重要な違いは各統計に含まれる取引の種類である. 国際収支統計では国境を越えて所有権の移転が起こる取引のみが計上されるが, 貿易統計では所有権の移転の有無に関係なく, 国境を越えて税関を通過した輸出・輸入取引すべてが含まれる. 貿易統計は「通関統計」ともよばれる. 通関統計という呼称は貿易統計が扱う取引の性質をよく表している. しかし実際には2つの

---

3) 建値という言葉はいろいろな意味で使われる. ここでは第1章などで取り上げるドル建て・円建てなどの通貨での違いではない.
4) それぞれアルファベットをそのまま「エフ・オー・ビー」「シー・アイ・エフ」と読む.

統計における輸出額・輸入額それぞれの合計額に極端に大きな違いはない．た
とえば後述の通り，国際収支統計における貿易収支は東日本大震災が起こった
2011年から赤字であるが，同じことが貿易統計についてもいえる．

　どちらの統計でも合計の輸出額が合計の輸入額よりも大きい場合を「貿易黒
字」，逆の場合を「貿易赤字」という．ここで黒字・赤字という用語を取り上
げたのは，よくいわれる「国際収支の黒字または赤字」といういい方は厳密に
は正しくないことを指摘するためである．本節の最後に示すように，国際収支
の 4 つの項目の間には，金融収支の前にマイナスを付けた値と他の 3 つの項目
の値の合計がゼロになるという関係がある．ゼロはプラスでもマイナスでもな
いから，定義上，黒字も赤字もあり得ない．それにもかかわらず国際収支の黒
字・赤字といういい方をする理由の一つは，高度成長期に日本経済の大きな足
かせとなった「国際収支の天井」と呼ばれた問題の存在が大きいといわれてい
る（詳しくは4.4節で説明する）．

　②サービス収支は目に見えないサービスの国を超えた取引を集計したもので
ある．輸送（海上輸送および航空輸送）・旅行・その他サービス（建設，保険，
金融，知的財産権等使用料，通信・コンピュータ・情報サービス，個人・文
化・娯楽サービス等）と幅広い項目を含む．貿易収支と同様にサービス収支に
おいても輸出はプラス，輸入はマイナスで記入する．しかし貿易収支とサービ
ス収支では，「輸出・輸入」が意味するところが一部違う場合があることに注
意が必要である．たとえば「日本からアメリカへの輸出」といった場合，貿易
収支では日本からアメリカにモノが輸送される．同様の場合はサービス収支で
もあるが，アメリカ人観光客に対する日本の観光サービス輸出（旅行収支に含
まれる）といった場合，日本からアメリカに観光サービスが海を越えて提供さ
れるわけではない．代わりに観光サービスを輸入する側が，すなわちアメリカ
の居住者が日本に来て，観光サービスの消費を行う．

　③第一次所得収支は外国との利子や配当などの受け払いの勘定が主な項目で
ある．たとえば日本の居住者が外国企業の株式や社債を保有していた場合，こ
れに伴う外国からの配当や利子の受領はプラスで計上される．逆に外国の居住
者が日本企業の株式や社債を保有していた場合，これに伴う外国への配当や利
子の支払いはマイナスで計上される．注意すべき点は，第一次所得収支は過去

の外国株式・社債等の購入から得られる収益であり，現在の株式・社債等の購入に関するものではないことである（後者は4.1.2項で取り扱う「金融収支」に含まれる）．その点で第一次所得収支に含まれるのは「外国への過去の投資から得られる収益」ということができる．第一次所得収支にはこの他，「雇用者報酬」という項目がある．たとえば在日外国公館から日本の居住者が受け取る給与が含まれる．

　最後に④第二次所得収支は対価を伴わない一方的な財・サービスの受け取りあるいは移転のうち，経常収支の対象となるものをいう（これ以外は後述の「資本移転等収支」に含まれる）．民間・政府による食料・衣料品などの消費支出に関係する無償援助や，外国人労働者の本国送金等が第二次所得収支に含まれる．

## 4.1.2　金融収支

　国際収支統計において経常収支と並んで重要な項目である**金融収支**とは，政府・日銀以外の民間部門が行う対外資産・負債の取引をすべて集計した勘定および外貨準備の増減を指す．後述するように，旧・資本収支での「その他資本収支」（非金融非生産資産の取得・処分および資本移転を計上する項目）は，現在の国際収支統計の枠組みでは「資本移転等収支」という独立した項目になった点に注意が必要である．金融収支のうち外貨準備以外は，以下の4つの項目からなる．
　①直接投資
　②証券投資
　③金融派生商品
　④その他投資

　①直接投資という用語は一般には企業の海外進出に伴う様々な投資を指す（詳細は第12章を参照のこと）が，国際収支統計では外国企業の株式10％以上（議決権ベース）の取得を指す．議決権ベース10％未満の株式の取得は②証券投資に含まれる．証券投資には外国債券など，外国株式以外の外国資産の購入も含まれる．①直接投資に対して②証券投資は資産運用のための外国資産の購

入という色彩が強い．③金融派生商品（financial derivatives）は，日本ではカタカナ英語のデリバティブとよばれることが多い．先物・オプションなど，様々な取引が含まれる．④その他投資は，上述の①〜③および外貨準備増減以外のすべての金融取引が含まれる．たとえば国際機関への出資は④その他投資に含まれる．最後に外貨準備増減は政府・日銀が保有する対外資産（外貨や外国債などの外貨建て資産）のその期の増減を示すものである．

　統計表への記入方法についても，新しい枠組みではそれまでと一部異なる点がある．古い枠組み（旧　資本収支）では資金の流出入というフローに着目し，流入をプラス，流出をマイナスとしていた．このルールに従うと，大まかにいって外国からの借金は資金の流入のためプラスに計上されることになる．これに対して新しい枠組みでは資産・負債というストックの増減に着目し，資産または負債の増加をプラス，減少をマイナスとする．この結果，負債（すなわち対内投資）側の符号は古い枠組みと同じであるが，資産（すなわち対外投資）側の符号が古い枠組みと逆になる．

## 4.1.3　資本移転等収支および誤差脱漏

　国際収支統計における残りの 2 つの項目のうち資本移転等収支は，「資本移転」と「非金融非生産資産の取得処分」の 2 つからなる．資本移転は居住者の部門によって「一般政府」と「一般政府以外」に分けられる．前者の例として，途上国への無償資金協力を挙げることができる．後者の例として，民間部門における債務免除が挙げられる．非金融非生産資産の取得処分は，天然資源の鉱業権や商標権といった権利の売買が計上される．

　最後の「誤差脱漏」とは，一種の調整項目である．国際収支統計は複式簿記の原理で作られている（練習問題 4–2 を参照）．たとえば日本の輸出企業の得た輸出代金が，輸出企業が輸出先の国に設けた銀行口座に振り込まれると，日本の経常収支ではプラスに計上されると同時に，日本の対外資産の増加を反映して金融収支にもプラスに計上されるといった具合である．複式簿記の原理から，国際収支の 4 つの構成項目(1)から(3)のうち(1)経常収支，(2)金融収支，(3)資本移転等収支の間で原則，以下の恒等式が成り立つ．

　　　　経常収支 − 金融収支 + 資本移転等収支 = 0

実際には各項目の元となっている統計間の不突合（集計時期の違い等）のために，上記の恒等式は成り立たない．そこで誤差脱漏を加えた以下の恒等式が，実際の国際収支統計では成り立つ．

経常収支 − 金融収支 ＋ 資本移転等収支 ＋ 誤差脱漏 ＝ 0

## 4.2　国際収支の発展段階説

前節では国際収支統計の各項目を概観した．一国の時間を通じての対外資産の増減という観点からは，経常収支の黒字・赤字，そして金融収支の黒字・赤字が重要である．ここで一国の中長期的な対外資産の水準と経常収支・金融収支の黒字または赤字の関係の議論としてよく用いられる，「国際収支の発展段階説」（Crowther 1957）を紹介する[5]．これは一国の国際収支が以下の6つの段階を経るという考え方である（各段階の詳細は**表4−1**参照）．債務国または債権国とはその国の対外資産の蓄積がどの水準にあるのかを示すものであり，債務国とは対外債務残高が対外債権残高を上回る国，債権国とはその逆の国である．

第1段階（未成熟な債務国）：

経常収支は赤字であり，外国から資本を輸入する．

第2段階（成熟した債務国）：

貿易・サービス収支は黒字化するが，経常収支は依然赤字である．

第3段階（債務返済国）：

経常収支は黒字化し，黒字が対外債務の返済に充てられる．

第4段階（未成熟な債権国）：

第一次所得収支が黒字化し，対外純資産がプラスとなる．

第5段階（成熟した債権国）：

貿易・サービス収支は赤字化するが，経常収支は依然黒字である．

第6段階（債権取り崩し国）：

経常収支は赤字であり，対外債権の取り崩しおよび資本の輸入を行う．

---

5）各段階の日本語訳は，通商白書2017を参考にした．

## 表4-1　国際収支の発展段階説

| 段階 | 第1段階<br>(未成熟な<br>債務国) | 第2段階<br>(成熟した<br>債務国) | 第3段階<br>(債務返済<br>国) | 第4段階<br>(未成熟な<br>債権国) | 第5段階<br>(成熟した<br>債権国) | 第6段階<br>(債権取り<br>崩し国) |
|---|---|---|---|---|---|---|
| 貿易・サービス収支 | 赤字<br>(-) | 黒字<br>(+) | 黒字<br>(++) | 黒字<br>(+) | 赤字<br>(-) | 赤字<br>(--) |
| 第一次<br>所得収支 | 赤字<br>(-) | 赤字<br>(-) | 赤字<br>(-) | 黒字<br>(+) | 黒字<br>(++) | 黒字<br>(+) |
| 経常収支 | 赤字<br>(-) | 赤字<br>(-) | 黒字<br>(+) | 黒字<br>(++) | 黒字<br>(+) | 赤字<br>(-) |
| 対外純資産<br>残高 | マイナス<br>(-) | マイナス<br>(-) | マイナス<br>(-) | プラス<br>(+) | プラス<br>(++) | プラス<br>(+) |
| 概要 | 貿易・サービス収支,経常収支は赤字である.資本を外国から輸入し,第一次所得収支も赤字. | 貿易・サービス収支が黒字化する.第一次所得収支,経常収支は依然赤字. | 貿易・サービス収支の黒字がさらに増えて第一次所得収支を上回るため,経常収支が黒字化する. | 貿易・サービス収支は黒字が継続し,対外資産の増加のため第一次所得収支も黒字化する.対外債務の返済を終え,対外純資産がプラスとなる. | 貿易・サービス収支は赤字化するが,第一次所得収支の黒字により経常収支の黒字は継続する.対外純資産がさらに積みあがる. | 貿易・サービス収支の赤字が拡大して第一次所得収支の黒字を上回るため,経常収支が赤字化. |

出所：Crowther（1957），通商白書2017を元に筆者改変

　国際収支の発展段階説は，かつて世界最大の債権国であったイギリス・アメリカを念頭に生み出されたものである．たとえば現在のイギリスは第6段階にあるといって良いだろう．日本についてはどうだろうか．後述の通り日本の経常収支，特に貿易収支は近年赤字を計上しており，その意味では第5段階から第6段階に差し掛かるところかもしれない．この説は必ずしも理論的な裏付けが十分あるわけではないが，各国の対外資産の蓄積や経常収支・金融収支の状況を長期的に見る上での目安となるものといえるだろう．

# 4.3　為替レートが経済に与える影響

　本節では為替相場と経常収支の関係，特に為替レートと貿易収支の関係について，その理論と実際の状況を概観する．たとえば日本のアメリカに対するドル建て貿易収支を式で表すと以下のようになる．

　日本のドル建て貿易収支

　＝ドル建て輸出額－ドル建て輸入額

　＝ドル建て輸出価格×輸出量－ドル建て輸入価格×輸入量

　＝（円建て輸出価格÷円建て円ドルレート）×輸出量

　　－ドル建て輸入価格×輸入量

この式から為替レート（円ドルレート）が輸出入価格そして輸出（入）量の両面から日本の貿易収支に影響することが予想できる．

　本節の前半では，以下のそれぞれの場合について，為替レートの変化が貿易収支にどのように影響するかを見ていく（カッコ内は項の番号）．

- 輸入価格・数量ともに自由に動く場合（4.3.1項）
- 輸入価格は自由に動く一方で，輸入数量は変化しない場合（4.3.2項）
- 輸入価格も為替レートに100％反応しない場合（4.3.3項）

それぞれのケースは必ずしも短期・長期といった時間の観点だけでなく，実際の貿易にかかわる制度上の問題や，（輸出）企業の行動などとも関連している．そして本節の最後では「交易条件」とよばれる指標を説明することにより，上記の議論とは別の観点から為替レートまたは財の国際価格の変動が一国経済に与える影響を議論する．

## 4.3.1　貿易収支均衡条件（マーシャル・ラーナーの条件）

　そもそもなぜ為替レート，すなわち2国の通貨の交換比率が経常収支に影響するのだろうか．以下，特に断らない限り，為替レートと貿易収支の関係を考える．貿易収支は形あるモノの輸出額から輸入額を引いた値である．よって為替レートがその国の輸出額，輸入額それぞれにどのように影響するのかを見る必要がある．輸出品あるいは輸入品の生産国での価格が一定である場合，円高

は日本の輸出品の外貨建て価格を上昇させる一方，輸入品の円建て価格を下げる効果を持つ．よって他の条件が一定であれば，円高は日本の輸出品の外貨建て価格の上昇を通じて外国における需要量を減らす一方，輸入品の日本における需要を増やす効果を持つ．

　円高が日本の輸出・輸入それぞれに上記のような効果を持つ場合に，円高が日本の貿易収支黒字を減らす条件，同様に円安が日本の貿易収支赤字を減らす条件が，以下の「マーシャル・ラーナーの条件」とよばれるものである．

　経常収支（貿易収支）均衡（黒字・赤字が最終的になくなる）条件
（マーシャル・ラーナーの条件）：

　　自国の輸入量の価格弾力性　＋　外国の輸入量の価格弾力性　＞　1

ここで輸入量の価格弾力性とは，輸入品の価格が1％変化したとき輸入量が何％変化するかを示した値である．輸入量，つまり数量についての概念であり，輸入額，すなわち金額についてではないことに注意が必要である．マーシャル・ラーナーの条件が成立すれば，変動為替相場制の下では，経常収支が一時的に黒字・赤字になっても，為替レートが外国為替市場の需給を反映して伸縮的に変化することで，経常収支の不均衡は最終的には解消される．たとえば貿易黒字の場合，その国の通貨は増価する．その結果輸出額が減少する一方で輸入額は増加するので，貿易黒字は縮小する．

　マーシャル・ラーナーの条件の直感的な説明は以下の通りである[6]．本節最初の式を考えよう．為替レートが円高になると日本の輸出品のドル建て価格（ドル建て輸出価格）は高くなる（円建て輸出価格は一定を仮定）．そのためアメリカの日本の輸出品に対する需要量が減少，すなわち日本の輸出量が減少する．一方円高は日本の輸入品の円建て価格（円建て輸入価格）を安くする（ドル建て輸入価格は一定を仮定）．そのため日本のアメリカの輸出品に対する需要が増加し，その結果日本の輸入量が増加する．

　ここで以下の2つのケースを考える．一つはアメリカにおける日本製輸入品の輸入価格弾力性および，日本におけるアメリカ製輸入品の輸入価格弾力性が

---

6）以下の議論の図による説明やより厳密な議論については，高木（2011）の第9章を見よ．

共に高い場合である．たとえばアメリカにおける日本製輸入品の輸入価格弾力性が1より大きい場合，円高は日本の輸出額を減少させる．なぜなら円高でドル建て輸出価格が1％上昇すると，アメリカの輸入量は1％以上減少するからである．一方円高により日本のアメリカからの輸入額は必ず増加する．以上の結果，アメリカにおける日本製輸入品の輸入価格弾力性が高い場合，日本の輸出額が減少して輸入額は増加するため，日本のアメリカに対する貿易黒字が減少する．

もう一つはアメリカにおける日本製輸入品の輸入価格弾力性および，日本におけるアメリカ製輸入品の輸入価格弾力性が共に低い場合である．たとえばアメリカにおける日本製輸入品の輸入価格弾力性が1より小さい場合，円高は日本の輸出額を増加させる．なぜなら円高でドル建て輸出価格が1％上昇しても，アメリカの輸入量は1％未満しか減少しないからである．一方円高により日本のアメリカからの輸入額は必ず増加する．しかし日本の輸入価格弾力性が小さい場合，輸出額の増加分を上回るほどの輸入額の増加にはならない．以上の結果，アメリカにおける日本製輸入品の輸入価格弾力性が低い場合，日本の輸出額の増加分が輸入額の増加分よりも大きくなるため，日本のアメリカに対する貿易黒字が増加する．以上の2つのケースで，前者はマーシャル・ラーナーの条件が成り立つ場合，後者は成り立たない場合である．

### 4.3.2　Jカーブの理論：円高で日本の経常黒字は減少したのか？

上述の通り，マーシャル・ラーナー条件においては自国・外国それぞれの輸入量の価格弾力性がカギとなる概念である．マーシャル・ラーナー条件についての議論の前提は，「輸入価格・数量ともに自由に動く」であった．しかし実際には，為替レートの変化によって輸入価格が変化しても，輸入数量は（大きくは）変化しない場合が多々ある．その場合，円高または円安が起こった直後では，マーシャル・ラーナーの条件が成り立たない可能性がある．

一例として，1985年9月のプラザ合意後の日本の貿易収支を見てみよう（プラザ合意の詳細については5.1.2項を参照のこと）．プラザ合意後急速に円高が進んだが，ドル建てで見た日米間の貿易黒字額は，当初縮小するどころかむしろ拡大した．しかしプラザ合意から1年以上経過すると，日本の対米黒字は極

## 図4-1　Jカーブ効果

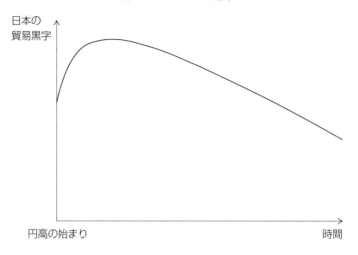

日本の
貿易黒字

円高の始まり　　　　　　　　　　　　　　　　　時間

めて緩やかながら縮小を始めた[7]. **図4-1**は横軸にプラザ合意後の時間の流れ，縦軸に日本のアメリカに対する貿易黒字額を取り，上記の動きを模式的に表したものである．曲線がアルファベットのJを逆さにした形をしているため，円高（円安）に対する日本の貿易黒字（赤字）の反応を表す曲線をJカーブとよぶ．そして円高のような為替レート切り上げが短期的には黒字を縮小させるどころか拡大させる現象をJカーブ効果とよぶ．

　ここでJカーブ効果の発生メカニズムを考えてみよう．重要なのは，はじめに日本のドル建て貿易収支の式を挙げて示したように，経常収支，特に貿易収支を左右するのは輸出や輸入の「数量」だけではなく，それらの「金額」，すなわち価格×数量となる点である．日本企業の対米自動車輸出の例で考えてみよう．為替レートが1ドル＝100円の時，1台200万円の自動車のドル建て価格は

　　　200万円÷100円／ドル＝2万ドル

となる．ここで円高が進み，１ドル＝80円になったとしよう．この時１台200万円の自動車のドル建て価格は上記と同様の計算から，2.5万ドルに値上がりする．しかし輸出台数（数量）が変わらなければ，アメリカへの自動車の輸出額は増加する．

このように輸出入数量が変わらずに，為替レートの変化が外貨建ての輸出入価格を変化させることで外貨建て貿易収支黒字を増加させてしまう効果を「マギー効果」とよぶ．一方為替レートの変化に輸出入数量が反応しないのは価格弾力性の議論に加えて，輸出入の通関手続きに時間がかかることや，為替レート変化後も輸出入契約が変更されずに続くことなどが要因として挙げられる．

### 4.3.3　価格転嫁率と数量効果

Ｊカーブ効果は貿易黒字拡大の「短期」の効果であるが，現実の貿易収支不均衡は長い期間にわたって持続している．たとえば次節で見るように，日本の貿易黒字は30年にわたって続いてきた．対米黒字は現在も持続している．このような状態をどう考えればよいのだろうか．

上記の貿易収支不均衡の理由の一つとして，日本企業をはじめとする多国籍企業（本国だけでなく複数の国で活動する企業）の輸出市場における行動がある．日本企業を含む世界の企業は，最近は先進国だけでなく新興国の企業も加わり，アメリカ市場をはじめとする世界各国の市場で激しい競争を行っている．特に価格競争において，円高だからといって現地での販売価格を上昇させると競争に負けるおそれがあり，Ｊカーブ効果での数値例のように，円高の影響をそのまま輸出価格に転嫁できるわけではない．為替レートが変化したときドル価格または円価格がどの程度変化したかを示す指標は転嫁率とよばれる[8]．日本企業の対米自動車輸出の例では円高後のドル建て価格が2.5万ドル，これは転嫁率が100％で5,000ドルの値上げであり，アメリカ市場でアメリカ企業や外国企業（韓国・欧州の企業など）との価格競争を考えれば大幅な客離れのおそれがある．そこで転嫁率を半分の50％に抑えれば2.25万ドルとなり，

---

8）為替レートの価格への転嫁は，「為替レートのパススルー（pass-through）」ともよばれる．詳しくは11.3節を見よ．

2,500ドルの値上げになる．転嫁率を抑えても輸出価格は引き上げるので，輸入量の価格弾力性がゼロでない限り，やがて輸出数量は減少する．それでも価格引き上げのタイミングを遅らせるなどして効果を最小限度に抑制している．このようにして日本企業をはじめ各国企業は100％よりも低い転嫁率での輸出により，海外市場の確保に努力している．

　上記の転嫁率の議論は，各国の輸入量も含めた各財に対する需要の価格弾力性と密接に関連している．需要の価格弾力性が高い場合，値上げは大幅な需要量の減少並びに企業の売り上げの減少につながる可能性が高い．そこで輸出企業は各国の市場における需要の価格弾力性の違いを考慮しながら，市場ごとにきめ細かく円高時の輸出価格の引き上げ率を変えている（このような価格設定行動は「価格差別化」とよばれる）．具体的には同じ製品であっても需要の価格弾力性の高い国には低い価格，価格弾力性の低い国には高い価格を付けるというものである．あるいは円高の場合，前者では小さい転嫁率，後者では大きい転嫁率で対応するといった具合である．このような企業の価格設定行動をプライシング・トゥ・マーケット（Pricing-to-Market）行動という．

　たとえばアメリカの自動車市場では，消費者は様々な選択肢（アメリカ車，日本車を含む外国メーカーの自動車，さらに各社は様々な種類の自動車を販売している）を持つため，日本車の一方的な値上げは代替財である他社の車への需要シフトを引き起こす可能性がある．つまりアメリカの自動車市場における需要の価格弾力性は（他国の市場に比べて）極めて高いと考えられ，日本の自動車メーカーはそれを考慮して為替レートの変動に対処しなければならない．

## 4.3.4　交易条件

　今までの議論とは別の視点から，為替レートまたは財の国際価格の変動が経常収支の水準を通じて日本の経済厚生に影響を与える場合がある．**交易条件**とは輸出財の価格を輸入財の価格で割ったものである．この値は輸出財1単位の収入で輸入財を何単位買えるかを表すものであり，その値の増加は「交易条件の改善」とよばれる．たとえば輸出品の価格が500円，輸入品の価格が100円であったとしよう．この時交易条件は500円÷100円＝5であり，輸出品1単位の輸出で輸入品を5単位購入できることを表している．交易条件の改善（悪化）

図4-2　日本の交易条件　1970〜2021年（2015年＝100）

出所：経済協力開発機構（OECD）ウェブサイト　https://data.oecd.org/

には2つの可能性がある．一つは輸出品の価格上昇（下落），もう一つは輸入品の価格下落（上昇）である．たとえば輸入品の価格は100円のままで輸出品の価格が800円に上昇したとしよう．この時交易条件は800円÷100円＝8へと改善する．

　図4-2は1970年から2021年までの日本の交易条件の推移を示している．交易条件に関する上記の定義および数値例は，議論を簡単にするために輸出財・輸入財共に1種類だけとしている．実際には日本をはじめ多くの国はたくさんの財を輸出・輸入している．そのため輸出財価格・輸入財価格，そしてこれらの比率である交易条件はすべて指数で表される（図4-2では2015年の交易条件を100に基準化している）．過去50年の間，傾向として日本の交易条件は悪化を続けた．特に原油をはじめとする資源価格が上昇した時に，日本の交易条件は大きく悪化している．

　交易条件については為替レート，財の国際価格（特に輸入財について，国際

市場で決まる価格）それぞれに影響を受ける．前者についてはマーシャル・ラーナーの条件の議論で見たとおり，円高は輸入財の円建て価格を下げるため，輸出財価格が変わらなければ交易条件の改善につながる．一方輸入財の国際価格の下落は，為替レートの水準が一定であれば，交易条件の改善につながる．原油価格の下落は典型的な例である．資源の多くを輸入に頼る日本は，資源の国際価格の変動の影響を輸入量の増減を通じてだけでなく，交易条件の変化でも受けることになる．

　最後に交易条件および4.3.1項での議論と関連して，円高・円安の効果の各経済主体への効果は，その主体がどのような対外取引にかかわるかによって違ってくることを改めて指摘しておきたい．円高は日本の輸出品の現地通貨建ての価格を上げると同時に，日本の輸入品の円建て価格を下げる．よって輸出企業であっても原材料等の輸入が生産コストに占める割合が高い場合は，円高が常に収益に悪い影響を与えるとは限らない．外国からの輸入品を日本で販売する企業（輸入企業）にとっては，円高はまさに交易条件の改善であり，収益改善要因となる．そして輸出・輸入のどちらにもかかわらない企業，たとえば日本国内でのみ活動するサービス産業の企業などは，生産コストが輸入企業のように輸入に大きく依存しない限り，円高・円安のいずれも収益に直接は影響しない．ただし円高・円安がGDPや物価といったマクロ経済変数に影響する場合は，これらの変数を通じた間接的な影響はありうる．

## 4.4　日本の国際収支の推移

### 4.4.1　第二次世界大戦後の日本の国際収支

　日本が第二次世界大戦後に国際社会に復帰した1952年から71年8月までの約20年間，為替レートは1ドル＝360円の固定レートであった．現在の為替レートの水準（第5章図5−1参照）からすればはるかに円安であるが，第二次世界大戦から復興途上の，当時の日本の経済力を考慮する必要がある．日本はこの為替レートを維持する義務を負ったため，国際収支に関して様々な制約に直面することとなった．その一つが1950年代・60年代に主に発生した「国際収支の天井」とよばれた現象である．国際収支の天井とは，日本国内の景気拡大が

原材料などの輸入の増大ひいては貿易収支の悪化につながり外貨準備が底を突く恐れから，政府・日銀が金利引き上げや公共支出抑制などの景気引き締め策を採って，輸入の抑制を図らざるを得なかった状況を指す．高度成長期の日本は鉄鋼・化学などの重化学工業が（輸出）産業の中心であり，これらの産業での生産が盛んになれば資源のない日本は鉄鉱石・原油等の輸入が増えることとなった．国際収支の天井の問題は，日本の経常収支，特に貿易収支が黒字基調となる1960年代の終わりまで続いた．

　なお，国際収支の天井については，1 ドル＝360円の固定レート維持が大きな制約となった点が強調されることがある．景気拡大により原材料の輸入が増えると，そのためのドル需要も増える．そのため外国為替市場においてドル高・円安圧力がかかるため，日本の通貨当局は固定レート維持のためにドル売り・円買いの市場介入を行わざるをえず，外貨準備が十分でない日本にとって固定レート維持が大きな負担になったという点である．確かに固定レート維持が日本にとって負担になったのは事実であるが，仮に固定レート維持が必要でなくても，景気拡大時に輸入の増加と外貨準備の不足が問題になるような経済においては同様の問題は起こりうる（実際に今日でも多くの途上国が同様の問題に直面している）．よって日本についても貿易収支が黒字基調になったこと，そして外貨準備が十分な額となったことが，国際収支の天井の問題解消につながったと考えるべきである[9]．

　国際収支の天井の問題が終わりを迎える時期にそれと入れ替わるように日本にとって大きな問題となりつつあったのが，日本の経常収支黒字（経常黒字），特に対米貿易黒字が急拡大したことによる「日米貿易摩擦」である．日米貿易摩擦は1950年代・60年代の繊維・鉄鋼製品に始まり，60年代・70年代のカラーテレビ，70年代からの自動車・半導体というように中心となる品目が日米の比較優位構造の変化と共に変わっていったが，日本の輸出超過という構造は共通のものであった．日米貿易摩擦に伴うアメリカの日本に対する様々な要求（自動車の輸出自主規制や日本市場の開放など）は，1990年代まで続いた．

　為替レートについては1971年 8 月のニクソン・ショック後，日本は固定レー

---

9）4.2節での国際収支の発展段階説に関する議論も参照のこと．

ト制を事実上放棄した．そして1973年2月に円も含めた先進各国の通貨は変動
為替レート制へと移行した．

　1970年代にはもう一つ，日本をはじめ多くの国の経常収支に大きな影響を与
えた出来事が起こった．2度の石油危機（Oil Crisis）である．第一次石油危
機は1973年，イスラエルとアラブ諸国の間の第四次中東戦争に際し，アラブ諸
国が主要メンバーであるOPEC（石油輸出国機構）が原油生産量を大幅に削
減したため，原油価格が大幅に上昇した．この時世界的なインフレ（ーショ
ン）と不況の同時進行（スタグフレーション stagflation）が起こった．第二次
石油危機は1979-80年にイラン・イスラム革命を発端とする中東地域の政治的
不安定が要因で原油相場が高騰した．2度の石油危機において，日本の経常収
支は原油輸入額が大幅に膨らんだため，一時的に赤字になった．その後1981年
からの30年間は恒常的な黒字が続いた．しかし2011年から貿易収支が赤字とな
る年が多くなっている．

## 4.4.2　ISバランスと日本の経常収支の今後

　今後の日本の経常収支，特に貿易収支は日本の輸出産業の競争力，中国ほか
新興国の経済，原油価格など様々な要素に依存するとみられるが，ここでは一
国のマクロ経済と貿易収支（経常収支）の関係についての代表的な考え方であ
る貯蓄・投資バランス（ISバランス）の視点から，日本の少子高齢化が貿易
収支に与えると考えられる長期的な影響を見てみよう．

　経常収支に関するISバランスからの視点とは，経常収支（BP）は国内で発
生した貯蓄（S）と投資（I）との差額（ISバランス）で表されるというもの
である（厳密にはこれに政府部門が加わる）．すなわち国内の過剰な貯蓄は海
外に資本の輸出として供給され，同時に当該国の経常（貿易）収支黒字として
計上される．ここでマクロ経済学の教科書でおなじみの国民所得（厳密には異
なるがGDPと考えてよい）の定義式を考える．それぞれの記号の意味は(1)式
の下に示した通りである．

$$Y = C + I + G + (X - M) \tag{1}$$

所得　消費　投資　政府支出　　輸出　輸入

⑴式の右辺最後の輸出額Xと輸入額Mの差は，マクロ経済学では純輸出とよばれる．国民所得の定義式において，Xは海外から発生する需要なのでプラスで，Mは海外への所得の漏れなのでマイナスでそれぞれ勘定される．XとMの差がプラス（マイナス）の場合は経常（貿易）収支黒字（赤字）となる．⑴式より

$$Y - (C + I + G) = X - M \tag{1'}$$

となる．⑴式の左辺第2項，すなわち一国全体の消費・投資・政府支出の合計は，その国で供給された財・サービスのうち国内で需要されるもの，すなわち国内供給のうち国内で需要されるものという意味で，アブソープション（absorption「吸収」の意）とよばれることがある．次に貯蓄（S）の定義式，すなわち貯蓄は可処分所得（所得から税金Tを差し引いたもの）のうち消費しなかった分，を考える．

$$Y - T - C = S \tag{2}$$

⑴'⑵の2式より，以下の⑶式が導出される．

$$BP = (S - I) + (T - G) \tag{3}$$

⑶式の右辺第1項は民間部門における貯蓄と投資（企業の設備投資や住宅投資など）の差，すなわち貯蓄・投資バランス（ISバランス）である（「民間部門の純貯蓄」ともいう）．第2項は税収と公共事業などの政府支出の差額，すなわち政府の財政収支である（「政府部門の純貯蓄」ともいう）．よって⑶式は，一国の経常収支（貿易収支）はその国の民間・政府合わせた純貯蓄と等しくなることを表している．

　⑶式を現在の日本に当てはめると何がいえるだろうか．日本の経常収支は，貿易収支についてみれば永年の黒字基調が変化しつつあるが，第一次所得収支上の黒字を合わせて考えれば，黒字であるといってよい（BP > 0）．右辺については，第1項（民間部門）は家計・企業合わせればプラスであり，第2項（政府部門）は逆にマイナスである．しかし第1項のプラス幅が第2項のマイナス幅よりも大きいため，全体として純貯蓄がプラスになっているといえる．ところで日本の経常収支黒字は今後も続くといえるだろうか．政府の財政赤字は恒常的なものであるため，民間部門の正の純貯蓄が政府の負の純貯蓄を上回ることが，日本が今後も経常収支黒字を維持するために必要となる．民間部門

のうち企業は黒字主体であるが，企業が今後もプラスの純貯蓄を維持するかは不確実である．

　一方民間部門におけるもう一つの主要な主体である家計については，日本にとってすでに深刻な問題である少子高齢化，特に高齢化から，仮にプラスの純貯蓄が維持できるとしてもその大きさが小さくなっていくことが中長期的には予想される．なぜだろうか．それを考えるために，有力な貯蓄理論の一つであるライフサイクル仮説を紹介する．ライフサイクル仮説によれば，社会の高齢化が進むと貯蓄率（消費者が可処分所得のうち貯蓄に回す割合）が下がる可能性がある．ライフサイクル仮説では通常，人の一生を3つの期間に分ける．産まれてから学校を卒業して働き始めるまでの期間は「若年期」であり，若年期の所得はゼロである．働き始めて定年その他の理由で仕事から引退するまでの期間は「壮年期」であり，毎年一定の所得を得る．最後に引退してから亡くなるまでの期間は「老年期」であり，老年期も働いていないため所得はゼロである．

　若年期と老年期はともに所得ゼロであるため，個々人は壮年期に老後に備えて貯蓄を行い，老年期になるとそれまでに貯めた貯蓄を取り崩すことになる．ライフサイクル仮説に従う個人の貯蓄および消費行動は**図4-3**で表される．図4-3で横軸と平行な直線は毎年の消費水準を表す（ここでは一定を仮定している）．一方壮年期のみ毎年一定の所得があるので，所得の線は壮年期のみプラス，若年期と老年期はゼロの線となる．貯蓄は所得と消費の差であるので，壮年期はこの値がプラスになる一方，若年期と老年期はマイナスとなる点に注意せよ．壮年期に個人が貯める貯蓄の総額（図4-3でグレーの部分）は，若年期と老年期の消費の合計と等しくなる．

　今までは各個人の一生における貯蓄・消費行動を見てきたが，社会全体での貯蓄，特に高齢者の多い社会での貯蓄はどうなるであろうか．現在の日本のように人口の構成が高齢化すれば，社会全体として貯蓄を積み増す世代（壮年期）よりも，それを取り崩す高齢者世代（老年期）の方が数で勝るため，社会全体として貯蓄率が下がる．実際に日本の貯蓄率はここ数十年で急速に減少している．日本のGDP推計のための統計的枠組みである内閣府「国民経済計算」によれば，日本の家計貯蓄率は1994年の12.3%から下がり続け，2014年にはマイナス1.3%を記録した（**図4-4**参照）[10]．2010年代後半は上昇し，新型

## 図4-3　ライフサイクル仮説

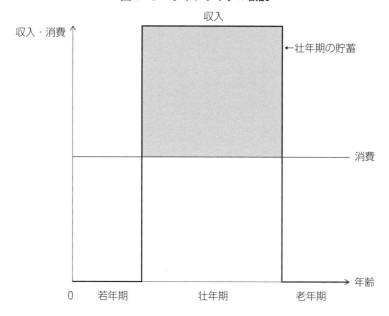

コロナウイルス感染症拡大の2020年および21年はそれぞれ11.0％，7.2％という高い値となったが，コロナ後に貯蓄率がどのような傾向を示すかは不確実である．

　ここで再び(3)式に戻ってみよう．ライフサイクル仮説が示唆する人口構成と貯蓄率の関係および日本の貯蓄率の推移，そして日本の高齢化の進展は，日本の民間部門のうち家計の貯蓄が今後も減少する可能性を示している．よって現在はプラスである民間部門の純貯蓄が小さくなっていくことが予想される．経常収支黒字は減少し，政府部門の赤字次第では経常収支が赤字になる可能性を，(3)式とそれぞれの変数に関する今後の予測は示している．

---

10) 貯蓄率は分母である所得と分子にマイナスで入る消費，すなわち景気変動の影響を受けるため，1990年代，2000年代のいわゆる「失われた20年」の景気停滞が，貯蓄率にマイナスに働いた可能性も否定できない．失われた20年やその背景については第5章を見よ．

## 図 4 − 4　日本の家計貯蓄率（1994〜2021年）

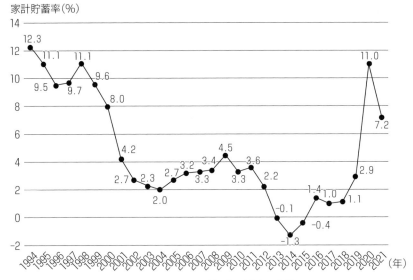

注及び出所：内閣府「国民経済計算」における（家計）貯蓄率の定義は
貯蓄率＝貯蓄（純）÷（可処分所得（純）＋年金基金年金準備金の変動（受取））

### 4.4.3　1990年代中盤からの日本の国際収支の推移

　**表 4 − 2** は1996年からの日本の国際収支（暦年）の推移を示したものである．表から最近25年あまりの日本の経常収支や国際収支のその他の項目に関する傾向をいくつか読み取ることができる．第 1 に経常（収支）黒字が2010年代に入って急速に縮小した（ピークは2007年の約24.9兆円）．貿易黒字も2004年の約14.4兆円をピークに大幅に減少した．貿易黒字の2008年の大幅な落ち込みはリーマン・ショックとそれに続く世界的な金融危機および不況の影響，2011年からの赤字は主に東日本大震災の影響，そして2022年の大幅な赤字は新型コロナウイルス感染拡大の影響と考えられる．しかしこれら一時的な要因に加えて，2010年代からは各年の輸入額の水準が輸出額と大きな差がなくなっている点に注意すべきである．一方2015年から10兆円以上の経常黒字が維持されてきたが，これは第一次所得収支の大幅な黒字のためである．

　**表 4 − 3** は表 4 − 2 を補足する形で，1996年からの日本のサービス収支（暦

表４−２　日本の国際収支の推移（1996～2022年）

（単位：兆円）

| 年 | 経常収支 (a)+(b)+(c) Current account | (a)貿易・サービス収支 (a) Goods & services | 貿易収支 Goods | 輸出 Exports | 輸入 Imports | サービス収支 Services | (b)第一次所得収支 (b)Primary income | (c)第二次所得収支 (c)Secondary income | 資本移転等収支 Capital account | 金融収支 Financial account | 直接投資 Direct investment | 証券投資 Portfolio investment | 金融派生商品 Financial derivatives (other than reserves) | その他投資 Other investment | 外貨準備 Reserve assets | 誤差脱漏 Net errors & omissions |
|---|---|---|---|---|---|---|---|---|---|---|---|---|---|---|---|---|
| 1996 | 7.5 | 2.3 | 9.0 | 43.0 | 34.0 | -6.7 | 6.2 | -1.0 | -0.4 | 7.3 | 2.9 | 3.7 | 0.8 | -4.0 | 3.9 | 0.1 |
| 1997 | 11.6 | 5.8 | 12.4 | 48.9 | 36.5 | -6.6 | 6.9 | -1.1 | -0.5 | 15.2 | 2.6 | -4.1 | 0.7 | 15.3 | 0.8 | 4.2 |
| 1998 | 15.0 | 9.5 | 16.1 | 48.3 | 32.2 | -6.5 | 6.6 | -1.1 | -1.9 | 13.6 | 2.2 | 5.8 | -0.1 | 6.7 | -1.0 | 0.6 |
| 1999 | 13.0 | 7.9 | 14.1 | 45.3 | 31.1 | -6.3 | 6.5 | -1.4 | -1.9 | 13.1 | 1.1 | 3.0 | 0.3 | -0.1 | 8.8 | 2.0 |
| 2000 | 14.1 | 7.4 | 12.7 | 49.0 | 36.3 | -5.3 | 7.7 | -1.1 | -1.0 | 14.9 | 3.7 | 3.8 | 0.5 | 1.6 | 5.3 | 1.8 |
| 2001 | 10.5 | 3.2 | 8.8 | 46.0 | 37.2 | -5.6 | 8.2 | -1.0 | -0.3 | 10.6 | 3.7 | 5.6 | -0.2 | -3.5 | 4.9 | 0.5 |
| 2002 | 13.7 | 6.5 | 12.1 | 48.9 | 36.8 | -5.7 | 7.8 | -0.6 | -0.4 | 13.4 | 2.4 | 13.1 | -0.3 | -7.7 | 5.8 | 0.1 |
| 2003 | 16.1 | 8.4 | 12.5 | 51.3 | 38.9 | -4.1 | 8.6 | -0.9 | -0.5 | 13.7 | 3.0 | 11.5 | -0.6 | -21.7 | 21.5 | -2.0 |
| 2004 | 19.7 | 10.2 | 14.4 | 57.7 | 43.3 | -4.2 | 10.3 | -0.9 | -0.5 | 16.1 | 3.6 | -2.3 | -0.3 | -2.2 | 17.3 | -3.1 |
| 2005 | 18.7 | 7.7 | 11.8 | 63.0 | 51.2 | -4.1 | 11.9 | -0.8 | -0.5 | 16.3 | 5.2 | 1.1 | -0.3 | 6.8 | 2.5 | -1.8 |
| 2006 | 20.3 | 7.3 | 11.1 | 72.0 | 61.0 | -3.7 | 14.2 | -1.2 | -0.6 | 16.0 | 7.0 | -14.8 | -0.3 | 20.4 | 3.7 | -3.7 |
| 2007 | 24.9 | 9.8 | 14.2 | 80.0 | 65.8 | -4.4 | 16.5 | -1.4 | -0.5 | 26.4 | 6.0 | -8.3 | -0.3 | 24.6 | 4.3 | 1.9 |
| 2008 | 14.9 | 1.9 | 5.8 | 77.6 | 71.8 | -3.9 | 14.3 | -1.4 | -0.6 | 18.7 | 8.9 | 28.2 | -2.5 | -19.2 | 3.2 | 4.3 |
| 2009 | 13.6 | 2.1 | 5.4 | 51.1 | 45.7 | -3.3 | 12.6 | -1.2 | -0.5 | 15.6 | 5.7 | 19.9 | -0.9 | -11.6 | 2.5 | 4.3 |
| 2010 | 19.4 | 6.9 | 9.5 | 64.4 | 54.9 | -2.7 | 13.6 | -1.1 | -0.4 | 21.7 | 6.3 | 12.7 | -1.0 | 0.0 | 3.8 | 2.8 |
| 2011 | 10.4 | -3.1 | -0.3 | 63.0 | 63.3 | -2.8 | 14.6 | -1.1 | 0.0 | 12.6 | 9.3 | -13.5 | -1.3 | 4.4 | 13.8 | 2.2 |
| 2012 | 4.8 | -8.1 | -4.3 | 62.0 | 66.2 | -3.8 | 14.0 | -1.1 | -0.1 | 4.2 | 9.4 | 2.4 | 0.6 | -5.1 | -3.1 | -0.5 |
| 2013 | 4.5 | -12.3 | -8.8 | 67.8 | 76.6 | -3.5 | 17.7 | -1.0 | -0.7 | -0.4 | 14.2 | -26.6 | 5.6 | 2.5 | 3.9 | -4.1 |
| 2014 | 3.9 | -13.5 | -10.5 | 74.1 | 84.5 | -3.0 | 19.4 | -2.0 | -0.3 | 6.3 | 12.6 | -4.8 | 3.8 | -6.1 | 0.9 | 2.6 |
| 2015 | 16.5 | -2.8 | -0.9 | 75.3 | 76.2 | -1.9 | 21.3 | -1.9 | -0.3 | 21.9 | 16.1 | 16.0 | 2.1 | -13.1 | 0.6 | 5.6 |
| 2016 | 21.4 | 4.4 | 5.5 | 69.1 | 63.6 | -1.1 | 19.1 | -2.1 | -0.7 | 28.6 | 14.9 | 29.6 | -1.7 | -13.7 | -0.6 | 8.0 |
| 2017 | 22.8 | 4.2 | 4.9 | 77.3 | 72.3 | -0.7 | 20.7 | -2.1 | -0.3 | 18.8 | 17.4 | -5.7 | 3.5 | 0.9 | 2.7 | -3.7 |
| 2018 | 19.5 | 0.1 | 1.1 | 81.2 | 80.1 | -1.0 | 21.4 | -2.0 | -0.2 | 20.1 | 14.9 | 10.1 | 0.1 | -7.6 | 2.7 | 0.8 |
| 2019 | 16.0 | -0.9 | 0.2 | 75.8 | 75.6 | -1.1 | 21.6 | -1.4 | -0.4 | 24.9 | 23.9 | 9.4 | 0.4 | -11.5 | 2.8 | 6.0 |
| 2020 | 19.3 | -0.9 | 2.8 | 67.3 | 64.5 | -3.7 | 19.4 | -2.6 | -0.2 | 14.1 | 9.4 | 4.4 | 0.8 | -1.7 | 1.2 | -1.7 |
| 2021 | 21.5 | -2.5 | 1.8 | 82.4 | 80.6 | -4.2 | 26.4 | -2.4 | -0.4 | 16.8 | 19.2 | -21.9 | 2.2 | 10.5 | 6.9 | -4.3 |
| 2022 | 11.5 | -21.2 | -15.7 | 98.8 | 114.5 | -5.4 | 35.2 | -2.5 | -0.1 | 6.5 | 17.0 | -19.3 | 5.1 | 10.7 | -7.1 | -4.9 |

出所：財務省ウェブサイト https://www.mof.go.jp/（原表では単位億円）

注：貿易・サービス収支は貿易収支とサービス収支の合計.

## 表4-3　日本のサービス収支（1996～2022年）

（単位：兆円）

| 年 | サービス収支 | 旅行収支 | その他サービス | 知的財産権等使用料 |
|---|---|---|---|---|
| 1996 | -6.7 | -3.6 | -2.1 | -0.3 |
| 1997 | -6.6 | -3.5 | -2.2 | -0.3 |
| 1998 | -6.5 | -3.3 | -2.6 | -0.2 |
| 1999 | -6.3 | -3.3 | -2.3 | -0.2 |
| 2000 | -5.3 | -3.1 | -1.4 | -0.1 |
| 2001 | -5.6 | -2.8 | -1.9 | -0.1 |
| 2002 | -5.7 | -2.9 | -2.0 | -0.1 |
| 2003 | -4.1 | -2.3 | -1.2 | 0.1 |
| 2004 | -4.2 | -2.9 | -0.6 | 0.2 |
| 2005 | -4.1 | -2.8 | -0.8 | 0.3 |
| 2006 | -3.7 | -2.1 | -1.0 | 0.5 |
| 2007 | -4.4 | -2.0 | -1.5 | 0.8 |
| 2008 | -3.9 | -1.8 | -1.4 | 0.8 |
| 2009 | -3.3 | -1.4 | -1.0 | 0.5 |
| 2010 | -2.7 | -1.3 | -1.0 | 0.7 |
| 2011 | -2.8 | -1.3 | -0.9 | 0.8 |
| 2012 | -3.8 | -1.1 | -1.8 | 1.0 |
| 2013 | -3.5 | -0.7 | -2.1 | 1.3 |
| 2014 | -3.0 | 0 | -2.3 | 1.8 |
| 2015 | -1.9 | 1.1 | -2.3 | 2.4 |
| 2016 | -1.1 | 1.3 | -1.8 | 2.1 |
| 2017 | -0.7 | 1.8 | -1.8 | 2.3 |
| 2018 | -1.0 | 2.4 | -2.4 | 2.6 |
| 2019 | -1.1 | 2.7 | -2.9 | 2.2 |
| 2020 | -3.7 | 0.6 | -3.5 | 1.6 |
| 2021 | -4.2 | 0.2 | -3.7 | 2.0 |
| 2022 | -5.4 | 0.7 | -5.2 | 2.5 |

出所：財務省ウェブサイト　https://www.mof.go.jp/（原表では単位億円）
注：2014年1月の改定において，特許等使用料が知的財産権等使用料へと項目名が変更された（内容は変更なし）．

年）および一部の項目（旅行収支，その他サービス，知的財産権等使用料）の推移を示したものである．サービス収支はずっと赤字であるが，2019年までは赤字幅が縮小してきたことがわかる．表4-3から，サービス収支赤字の縮小の要因として，旅行収支の赤字縮小・黒字化および，知的財産権等使用料の黒字化そして黒字拡大が大きいことの2点が読み取れる．前者は円安や，アジア諸国に対するビザ免除プログラムの拡大等の日本の観光政策強化などを反映しての，訪日外国人観光客の増加が大きいとされている[11]．後者は第一次所得収支に加えて，日本企業が開発した技術を武器に海外で稼ぐようになっていることの表れと見ることができる．

　ところでなぜ経常収支，特に貿易収支の黒字・赤字が問題にされるのであろうか．それは経常収支の黒字（赤字）がその国の対外純資産の増加（減少）を意味するからである（詳しくは6.2.1項の(1)式をめぐる議論を参照）．経常収支の中でも特に貿易収支の黒字・赤字が日本で問題とされてきたのは，かつては経常収支のかなりの部分を貿易収支，つまり形あるモノの取引が占めていたからである．しかし日本の対外取引が多様化し，上述のように第一次所得収支が経常収支に占める割合が高くなっており，貿易収支のウェイトは下がりつつある．それでも貿易収支が問題とされるのは，製造業の輸出が依然日本経済にとって重要であると考える人が多いためであろう．なお，2022年の経常収支はロシア・ウクライナ危機の影響から資源高で輸入がかさみ，貿易収支が過去最大の赤字となった一方で，第一次所得収支は過去最大の黒字になった．これは，日本企業が海外に進出したり，海外企業への積極的なM&A（合併・買収）などを行ったりした成果である．2000年代以前の日本は，もともと輸出主導で多額の貿易黒字を計上していたが，現在は世界一位の対外純資産残高を背景に投資で稼ぐ姿が鮮明となっている．

　表4-2において資本移転等収支に関しては2011年を除きすべて赤字である．第二次所得収支および資本移転等収支の恒常的な赤字は，日本の対外援助が大

---

11) 訪日外国人観光客はインバウンド（inbound：日本の国境内に入ってくる外国の居住者の意）ともよばれる．インバウンド消費は訪日外国人観光客がもたらす経済効果として注目されている．詳しくは観光庁ウェブサイト https://www.mlit.go.jp/kankocho/ を見よ．

きいことの反映である．金融収支の中で直接投資は2009年に落ち込みがあるものの，2000年代初めからの増加傾向が続いている（直接投資についての詳細は第12章を参照）．なお，4.1.3項で示した恒等式が，四捨五入の関係から起こるわずかなずれを除いて，すべての年について成り立っていることを確認されたい．

## 参考文献

高木信二『入門　国際金融　第3版』日本評論社，2011年．
中北徹『エコノミクス　入門　国際経済』ダイヤモンド社，2005年．
日本銀行国際局「国際収支関連統計の見直しについて」2013年10月．
Crowther, G., *Balances and Imbalances of Payments*, Harvard University Press, 1957.

## 練習問題

4-1　最新の国際収支統計（財務省ホームページからダウンロード可）で，国際収支の各項目がそれまでの年と比べて大きな変化があるか，あるとすればその理由は何か考察せよ．

4-2　下記の項目を国際収支表の複式簿記の原理を使って記帳し，以下の式が成り立つことを確認しよう：経常収支 − 金融収支 ＋ 資本移転等収支 ＝ 0．

①日本の自動車会社が米国に輸出して代金4000万円を受け取った．
　（貸方）貿易収支（輸出）　×××
／（借方）金融収支・その他投資（現・預金）　×××
②日本の企業が中国から衣類を2000万円輸入した．
　（貸方）金融収支・その他投資（現・預金）　×××
／（借方）貿易収支（輸入）　×××
③日本人が海外旅行先でホテル宿泊費10万円を払った．
　（貸方）金融収支・その他投資（現・預金）　×××
／（借方）サービス収支・旅行（輸入）　×××
④日本の金融機関が保有する米国債の利子1500万円を受け取った．
　（貸方）第一次所得収支（証券投資収益）　×××
／（借方）金融収支・その他投資（現・預金）　×××
⑤日本政府が途上国に300万円分の無償資金協力を行った．
　（貸方）金融収支・その他投資（現・預金）　×××
／（借方）資本移転等収支（資本移転）　×××
⑥日本企業が8000万円で海外に工場を建設し，資金を送金した．
　（貸方）金融収支・その他投資（現・預金）　×××
／（借方）金融収支・直接投資（株式資本）　×××

⑦日本政府が500万円の円売り・ドル買い介入を行った.
　（貸方）金融収支・その他投資（現・預金）　×××
／（借方）金融収支（外貨準備）　×××
⑧米国人投資家が日本企業の株3000万円を買った.
　（貸方）金融収支（証券投資）　×××
／（借方）金融収支・その他投資（現・預金）　×××
⑨日本人投資家がオーストラリアの国債5000万円を買った.
　（貸方）金融収支・その他投資（現・預金）　×××
／（借方）金融収支（証券投資）　×××
⑩アメリカで活躍する野球選手が，日本の家族に200万円送金した.
　（貸方）第二次所得収支（個人間移転）　×××
／（借方）金融収支・その他投資（現・預金）　×××

国　際　収　支　表

| 収支項目 | 貸方 | 借方 | 収支尻 | |
|---|---|---|---|---|
| 貿易収支 | | | | 経常収支 |
| サービス収支 | | | | |
| 第一次所得収支 | | | | |
| 第二次所得収支 | | | | |
| 資本移転等収支 | | | | 資本移転等収支 |
| 直接投資 | | | | 金融収支 |
| 証券投資 | | | | |
| その他投資（現・預金） | | | | |
| 外貨準備 | | | | |
| 誤差脱漏 | | | | 誤差脱漏 |

経常収支 − 金融収支 ＋ 資本移転等収支 ＝ 0

**4-3**（応用問題）　アベノミクス（第5章参照）など政府の政策，特に少子高齢化に対する政策が日本の経常収支にどのような影響を与えると考えられるか説明せよ.

# 第5章 主要通貨の動向とその背景（1）： 円相場の推移

## はじめに

　テレビや新聞のニュースで，円相場について報道されない日はないといって
よいだろう．報道では東京市場や外国市場における円ドル相場，円ユーロ相場
についてだけでなく，政府・日銀関係者の円相場に関する発言などもあったり
する．第1部で見たように外国為替市場における取引は巨額で一国政府・中央
銀行が操作できるものではない．それにもかかわらず，なぜ政策担当者の円相
場に対する発言が相次ぐのだろうか．本章では主要通貨の動向と各国経済への
影響，さらに経済政策の為替レートへの効果などについて，主に円相場と日本
経済について見ていく．

　以下，為替レートの種類について説明した後，1980年から現在までの円・ド
ル相場の推移および，80年代に主要先進国の間で合意された円相場に関する2
つの合意（プラザ合意とルーブル合意）について概観する．そして80年代の2
つの合意の際に行われた中央銀行による外国為替市場への介入の国内経済への
影響と，それを考慮した金融政策について説明する．続いて80年代後半から
2008年に起こった世界的な金融危機までの日本経済および各時期の財政・金融
政策について概観し，リーマン・ショック後から2012年末の安倍政権誕生まで
の日本経済および円相場を説明する．最後に安倍政権の経済政策，いわゆるア
ベノミクスと円相場について，日銀の大規模金融政策とその効果を中心に見て
いく．

## 5.1　円相場の推移と1980年代の日本の為替政策

### 5.1.1　円相場の推移

　円をはじめとする主要通貨の推移を見る前に，為替レートの種類を整理しておこう．まず GDP など他の経済変数同様に，為替レートにも「名目」と「実質」の違いがある．私たちがテレビ・新聞などの報道でよく目にする「1ドル＝100円」などの為替レートは，対象の2国の物価水準の（変化の）違いを考慮していないため，**名目為替レート**である．一方，2国の物価水準の違いを考慮する為替レートを**実質為替レート**という．さらに2国の通貨の交換比率である為替レート（通常は名目レート）に加えて，**実効為替レート**とよばれるものがある．実効為替レートはある国の主要な貿易相手国それぞれの通貨との為替レートを当該国との貿易額でウェイト付けし，基準時の値が100になるように指数化したものである．実効為替レートにも名目レートと実質レートがあり，違いは通常の為替レートと同じである．

　**表5-1**の数値例を使って，（名目）実効為替レートを計算してみよう．簡単化のため，日本の貿易相手国としてアメリカとユーロ圏のみを考え，それぞれの貿易額のシェアが6割，4割であるとする[1]．実効為替レートを計算する時は日本でよく使われる円建ての為替レートではなく，外貨建ての為替レートを用いる．たとえば表の中で先月の円ドルレートは，円建てならば1ドル＝100円だが，ドル建てだと1円＝0.01ドルとなる（円建て円ドルレートの式の両辺を100で割ることで求められる）．表5-1の数値例ではドルは円に対してこの1カ月で20%高くなり，ユーロは円に対して6％高くなっている[2]．よってドルおよびユーロの円に対する変化率の貿易額シェアによる加重平均は，

---

1）実際の日本の実効為替レートについて日銀は，国際決済銀行（Bank for International Settlements：BIS）公表の Broad ベースのレート（日本の貿易相手国を65カ国として算出）を利用している（2023年1月時点）．BIS のホームページ https://www.bis.org/ も参照のこと．

2）正確にはユーロは円に対して6.25%高くなっているが，計算を簡単にするため，小数点以下は切り捨てている．

### 表5-1　（名目）実効為替レートの数値例

| 貿易相手国 | 先月の為替レート（外貨建て） | 今月の為替レート（外貨建て） | 為替レートの変化率 | 貿易額シェア |
|---|---|---|---|---|
| ドル | 1円＝0.0100ドル | 1円＝0.0080ドル | -20% | 60% |
| ユーロ圏 | 1円＝0.0080ユーロ | 1円＝0.0075ユーロ | -6% | 40% |

（出所）大和投資信託（2013）の例を参考に筆者作成

　　　（0.6×マイナス20％）＋（0.4×マイナス6％）＝マイナス14.4％

となる．実効為替レートは通常基準時を100とし，変化分が累積されていく．よって先月の実効為替レートが100の場合，今月の実効為替レートは

　　　100－14.4＝85.6

である．

　**図5-1**は1980年から2023年までの名目為替レート（円ドル）および実効為替レート（名目・実質）を示したものである．まずグラフの見方として，名目レート（左軸）は円建てのため値が小さくなるほど円高である一方，実効レート（右軸）は上の計算例と同様外貨建ての名目レートを元に算出されているため，値が大きくなるほど円高であることに注意が必要である．名目レートを見ると，1980年代前半は1ドル＝200〜270円という円安が続いていたこと，その後1985〜88年の3年間で大幅な円高が進んだことがわかる．円高の進行は後述のプラザ合意以降であるが，1980年代は外国為替及び外国貿易法（外為法）改正等，日本の対外資本取引に対する規制の緩和が進んだ時期でもある（**表5-2**参照）．

　名目レートについては1990年代中盤まで円高傾向が続き，その後は1998年初めまでの円安期，2007年途中までの安定期，5年以上にわたる円高期を経て，2012年末からはアベノミクスにおける大規模金融緩和（5.5節参照）を反映した円安期となっている．

　一方実効レートについては，名目実効レートが名目円ドルレートと似た動きを示している一方で，実質実効レートは1990年代中盤から2000年代後半にかけて下落し，他の2つのレートとはこの時期異なる動きを示した．名目実効レートと名目円ドルレートの似た動きは，アメリカが日本にとって最も重要な貿易

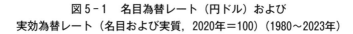

## 図 5 - 1　名目為替レート（円ドル）および
### 実効為替レート（名目および実質，2020年＝100）（1980〜2023年）

出所：日本銀行ホームページ　https://www.boj.or.jp/

相手国の一つであることを反映している．一方実質実効レートが一時期名目円ドルレートと異なる動きを示したのは，実質実効レートは日本と貿易相手国の間の物価水準（の変化）の違いを反映するため，後述する日本の失われた20年，特に90年代終わりからのデフレ（ーション）を反映していると思われる．

　図 5 - 1 からも明らかな1985年からの大幅な円高進行の契機になったのが，G5での1985年 9 月のプラザ合意と，1987年 2 月のルーブル合意である[3]．以下，これら 2 つの合意について見てみよう．

---

3）G5とは Group of Five の略であり，当時の西側先進 5 カ国であるアメリカ・日本・イギリス・旧西ドイツ・フランスおよびこれら 5 カ国の首相，財務相等による会合を指す．

### 表5-2　外為法改正と資本規制緩和の主な動き（1980〜1985年）

| 年・月 | 事項 |
|---|---|
| 1980年12月 | 外為法の全面改正（原則自由の法体系に転換） |
| 1983年11月 | 日米円・ドル委員会設置 |
| 1984年4月 | 実需原則（先物為替取引を輸出入等の実需に基づく場合のみ認める）の撤廃 |
| 同　5月 | 日米円・ドル委員会報告書,「金融の自由化, 円の国際化についての現状と展望」 |
| 同　6月 | 円転規制（直物外国為替持高規制）の撤廃 |
| 同　6月 | ユーロ円貸付の自由化（居住者向け, 短期） |
| 同　12月 | ユーロ円債主幹事の外国業者への開放 |
| 1985年4月 | 居住者ユーロ円債に対する源泉課税の廃止 |
| 同　9月 | プラザ合意 |

出所：財務省外国為替等審議会報告書「21世紀に向けた円の国際化」1999年4月
注：日米円ドル委員会とは1983年11月のレーガン米大統領の訪日を契機として設置されたもので, 日本の金融・資本市場の自由化, 円の国際化, および外国金融機関の日本の金融・資本市場への参入等の改善について合意された.

## 5.1.2　プラザ合意

　4.4.1項で見た通り, 日本の対米貿易黒字は1970年代から日米間の大きな政治問題となっていた. アメリカ政府は日本政府に対して黒字縮小のための様々な方策を求めたが, その一環として1980年代前半に円安基調であった円ドルレートを円高基調に是正することが, 1985年9月にニューヨークのプラザホテルで開かれたG5の財務相・中央銀行総裁会議で合意された. これがいわゆる**プラザ合意**である. プラザ合意後, G5各国はドル売り・円買いの協調介入を行い, その結果図5-1が示すように円高が急激に進んだ. 図5-1から, 1980年代前半は1ドル200円〜270円くらいの円安が続いていたのが, プラザ合意以降の2年ほどの間に1ドル＝120円くらいまで円高が進んでいったことがわかる. しかし対米黒字が大きな縮小に至らなかったのは, 4.3.2項のJカーブ効果の議論の中で指摘した通りである.

## 5.1.3　ルーブル合意

　続いて1987年2月にG7（G5およびカナダ・イタリア）の間で, ドル安防止

についての合意がなされた．会合がパリのルーブル宮殿で行われたため，この時の合意は**ルーブル合意**とよばれる．プラザ合意からルーブル合意までの約1年半の間に円は対ドルですでに100円以上上昇していたが，ルーブル合意後も円高基調は続き，1ドル＝120円近くまで円高が進んだ（図5-1）．日本はプラザ合意・ルーブル合意で実現した円高局面のために不況に陥ったが（いわゆる「円高不況」），日銀の低金利政策をはじめとする景気刺激策により，経済は回復に向かう．しかし日銀の長期にわたる低金利政策などにより，後述のバブル経済，そしてそれに続く失われた20年という長期停滞を迎えることになる．

　ところで中央銀行による外国為替市場への介入は，為替レートの水準だけでなくその国の通貨供給量（貨幣ストック）にも影響を与える場合がある．次節ではこの観点から外国為替市場介入の効果を議論する．

## 5.2　不胎化介入

　プラザ合意の下で日銀をはじめとするG5各国の通貨当局は円高誘導のため，ドル売り・円買いの市場介入を行った．通貨当局による市場介入は，そのままではその国の通貨供給量を変化させるため，その国の物価水準に影響を与える可能性がある．そのため通貨当局は，貨幣ストック（マネーストック）を変化させない金融政策を合わせて取ることがある．そのような政策を伴う市場介入を**不胎化介入**とよぶ．表5-3はドル売り・円買いの市場介入について，

　(a)市場介入前の通貨当局（中央銀行）のバランスシート

　(b)不胎化しない介入後のバランスシート

　(c)不胎化介入後のバランスシート

を示したものである[4]．

　通貨当局のバランスシートにおいて，左側の資産は国内信用（対政府および対民間信用）と，通貨当局が保有する外貨（建て資産）である外貨準備から成る．右側の負債は支払準備（民間銀行が預金の一部を通貨当局に預ける預金）

---

　4）バランスシート（Balance Sheet, B/S）は貸借対照表ともよばれ，企業などの資産・負債の状況を複式簿記の原理で一つの表にまとめたものである．

## 表5-3　通貨当局（中央銀行）のバランスシートと市場介入

(a)市場介入前

(b)不胎化しない
　　ドル売り・円買い介入

(c)不胎化する
　　ドル売り・円買い介入

通貨当局のバランス
シート

| 資産 | 負債 |
|------|------|
| 国内信用 | 支払準備 |
|  | 現金通貨 |
| 外貨準備 |  |

通貨当局のバランス
シート

| 資産 | 負債 |
|------|------|
| 国内信用 | 支払準備 |
|  | 現金通貨 |
| 外貨準備 |  |

通貨当局のバランス
シート

| 資産 | 負債 |
|------|------|
| 国内信用 | 支払準備 |
|  | 現金通貨 |
| 外貨準備 |  |

および現金通貨から成る．現金通貨と預金通貨の和が貨幣ストック（マネース
トック）であることに注意されたい．通貨当局がドル売り・円買いの市場介入
を行うと，ドル売りのため通貨当局が保有する外貨準備が減少する．同時に円
買いにより，現金通貨も減少し，ハイパワードマネーおよび貨幣ストックが減
少する[5]．市場介入前の表5-3(a)と比べて，介入後の表(b)では資産の中の外
貨準備と負債の中の現金通貨の両方が減少していることに注意せよ．表(b)のよ
うに市場介入の影響をそのままにしておくと貨幣ストックの減少により物価水
準の減少をもたらす可能性がある．5.3節で議論するデフレ等の問題につなが
る可能性もあり，このように市場介入の影響を貨幣ストックに反映させないこ
とが望ましい場合がある．

　表(c)は通貨当局が不胎化介入を行った場合の，通貨当局のバランスシートを
示している．ドル売り・円買いの市場介入を行った場合，そのままでは現金通
貨が減少しているので，この効果を相殺する金融政策を行えばよい．たとえば
通貨当局が国債を購入（買いオペレーション：買いオペ）すれば，購入した国
債は資産の中の国内信用に入り，同時に国債購入のために市場に流通する現金
通貨も増加する．よって市場介入前の表(a)と比べて現金通貨の大きさは同じで

---

　5）ハイパワードマネーはマネタリーベースともよばれ，流通現金（日本銀行券発行高
　　と貨幣流通高の和）および日銀当座預金の合計である．詳しくは日本銀行調査統計局
　　（2013）を見よ．

あるが，資産の構成で国内信用の割合が増え，全体として資産および負債の大きさは市場介入前と同じとなる．特に現金通貨の大きさが変わらないので，市場介入の効果が貨幣ストック（マネーストック）に及ばないことになる．これが不胎化介入の効果である．

## 5.3　円相場と経済ファンダメンタルズ

本節では1980年代後半のバブル経済からその後のいわゆる失われた20年へと続く日本経済の歩みを，その時々の経済政策に注目しながら振り返る．なおタイトルの（経済）ファンダメンタルズは「経済の基礎的条件」ともよばれ，経済成長率，物価水準，財政収支などの経済指標で表される一国の経済状況を指す．よって本節は日本経済の最近40年間のファンダメンタルズの推移とファンダメンタルズからの一時的乖離，すなわちバブル経済に関する説明でもある．

### 5.3.1　バブル経済

プラザ合意後の急速な円高により，日本経済は不況に陥った．しかしその後は日銀の長期にわたる金融緩和の効果などにより，長期にわたる好景気，いわゆる**バブル経済**が1990年代初めまで続いた．バブル経済の時期は日本企業，特に製造業の国際競争力がかつてなく大きかった時期とも重なり，世界の日本企業あるいは日本経済に対する関心が，今日の中国企業あるいは中国経済に対する関心のように非常に高かった時期である．そしてバブル経済とよばれたのは，地価その他の資産価格の高騰および急落が起こったためである（**図5-2**参照）．たとえば日経平均株価（東京証券取引所（東証）プライム市場上場企業のうち225社の株価の平均）は1989年の大納会（その年の取引最終日）に最高値38,915円を記録したが，その翌年には20,221円まで下がった．

### 5.3.2　失われた20年

バブル経済が終わった1990年代から，日本経済は長期の停滞期，いわゆる**失われた20年**が始まったといわれる[6]．**図5-3**は1978-2021年までの日本・米国・中国のドル建て名目GDPの推移を比較したものである．1995年，日本の

**図5-2　日経平均株価（各年の最高値）および住宅地価格指数の推移（1980〜2022年）**

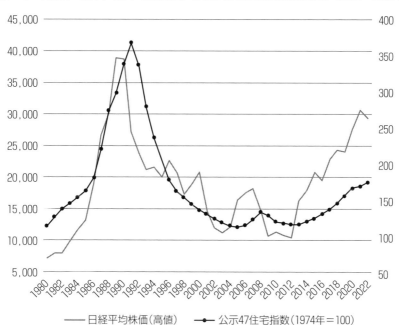

出所：日経平均資料室　https://indexes.nikkei.co.jp/nkave/archives/data
　　　および国土交通省　https://www.mlit.go.jp/index.html

名目 GDP はアメリカの7割強であったのに対し，2013年にアメリカの名目 GDP は日本の4倍以上となっている．同様に1995年では日中間の名目 GDP の格差は7倍以上あったが，2010年に中国は日本を追い抜き，世界第2位の経済大国となった．為替レートの影響もあるとはいえ，図からもこの期間に日本経済はほとんど成長しなかったことがわかる．

　日本のバブル崩壊前後の為替レートの動きはどのようであったろうか．図5-1から，1980年代中盤のプラザ合意・ルーブル合意後の円高基調が，1989年からいったん円安基調に向かったことがわかる．この時期は金融機関以外の

---

　6）バブル経済後の長期停滞は当初「失われた10年」といわれたが，1990年代終わりからのいわゆる「デフレ経済」が続いたことで，停滞期が90年代だけでなく2000年代まで続いたと一般には認識されている．

図5-3　日本・米国・中国の名目 GDP の推移（1978〜2021年，単位100億ドル）

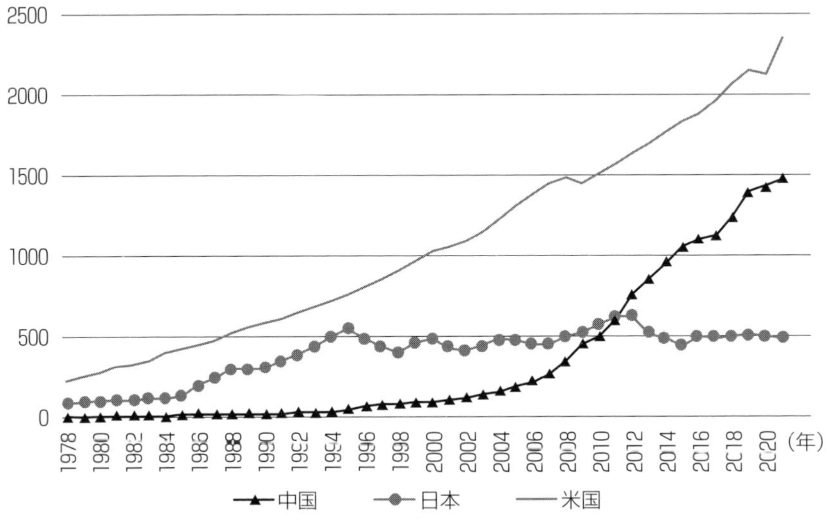

出所：世界銀行オープンデータウェブサイト　https://data.worldbank.org/

企業を含む多くの日本企業が，不動産投資を中心に海外にさかんに投資をした時期に当たる．日本の海外投資拡大はドル需要を高めるため，先述の日本の資本取引規制緩和や日銀の金融緩和の効果と合わせて，一時的な円安基調になったと思われる．しかし1990年代に入ると，為替レートは再び円高基調に向かう．一つの要因として，海外に投資していた日本企業，特に金融機関が投資を引き上げたこと，つまり投資の国内回帰が挙げられる[7]．円高は政府・日銀による円売り・ドル買い為替介入が度々行われた1995年初めまで続いた（為替介入については**コラム**を参照）．

　1980年代後半のバブル経済期の金融機関そして民間企業による過大な投資の結果，1990年代に不良債権（回収不能な債権，たとえば銀行の融資のうち借り手が返済不能なものを指す）問題が顕在化した[8]．銀行は不良債権の処理のた

---

　7）5.4節で取り上げるように，日本の投資家の国内回帰は，2008年の金融危機後にも見られた．為替レートはこの時も円高基調となった．

　8）不良債権問題は当初，銀行以外の金融機関（いわゆるノンバンク）による融資において問題となった．

め，新規の融資の凍結や，既存の融資の引き揚げを行った（いわゆる「貸し渋り・貸しはがし」）．これにより特に中小企業は銀行からの融資が受けられず，資金繰りに苦しむこととなった．一国の金融システムはよく人間の体で血管・血流に例えられる．お金（血液）を必要とする主体（体の各部分）にお金がスムーズに行き渡らなければ，お金が必要なのに得られない経済主体（体の各部分）あるいは経済（体）全体に悪い影響を及ぼす．

　そして不良債権問題等のため融資を受ける企業だけでなく金融機関の多くも経営難に陥り，特に1997年には山一證券，北海道拓殖銀行などの大手金融機関の破綻が相次いだ．金融機関以外の（大手）企業はバブル期の経営多角化や過剰投資のツケを払う形で，リストラ（クチャリング）を行った[9]．4.4.2項でISバランスとの関連で日本の企業は黒字主体であると述べたが，これは主に大手企業が1990年代・2000年代のリストラの中で負債の削減や内部留保の増加に努めたためである．この時期には個別企業のリストラだけでなく，業界再編も進んだ．業界再編は時に国境を超えるものにまで及んだ．日産自動車のフランス・ルノーとの提携は象徴的なものであった．よって企業は財務内容の改善だけでなく，競争力の回復にもこの時期務めたわけである．

　1990年代には政府による経済対策も多く行われたが，日本経済はなかなか回復しなかった．その要因として以下で取り上げる日銀の金融政策（いわゆる「ゼロ金利政策」）に加え，二点指摘しておきたい．一点目は1997年以降の停滞の要因としてよく取り上げられる，1997年4月の消費税率の引き上げである．この時それまで3％であった消費税率が5％に引き上げられた．この時期すでに度重なる経済対策（公共事業の拡大等）から日本の財政は国・地方共にかなり悪化しており，大蔵省（現財務省）は財政再建の観点から税率引き上げを強く推し進めたといわれる．確かに消費税率の引き上げ以降消費の落ち込み等が見られたが，これは2014年4月の5％から8％への消費税率引き上げ時にも見られた引き上げ前の住宅等の駆け込み需要の反動に加え，同時期にアジア通貨

---

　9）リストラという用語はしばしば「企業における人員整理」の意味で使われる．しかし元の用語（英語のrestructuring）は「（事業の）再構成」を意味し，人員整理以外も事業の絞り込みや部門の再構成などもリストラに含まれる．

## コラム

# 為替介入の効果

　各国の通貨当局は，為替市場メカニズムを通じて為替レートに影響を与えることを目的に為替介入を行う．為替介入の目的は，それぞれの相場制度によって異なる．一般的に，固定相場制を採用する国は，外国為替市場における需給ギャップを埋め，固定相場を維持するために為替介入を行う．一方，変動相場制は，原則として為替レートを為替市場の需給関係に任せて決定する制度だが，過度な為替変動を避けるための為替相場安定化（スムージング）のため，あるいは為替レートをある目標に誘導するために為替介入を行う場合がある（管理フロート制）．

　たとえば，日本では，過度な円高ドル安の場合は，円売り・ドル買い介入が，過度な円安ドル高の場合は，円買い・ドル売り介入が行われてきた．財務省が公表している為替介入データに基づいて作成した図によれば，財務省は1997-98年のアジア通貨危機時にドル売り・円買い介入をした以降は円高に対してドル買い・円売り介入をしていることが多かったが，2022年の急激な円安進行で25年ぶりにドル売り・円買い介入をしていることがわかる．

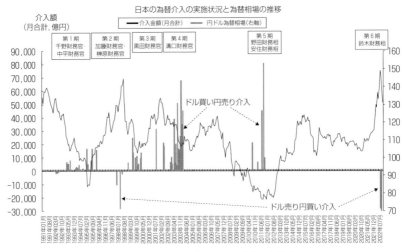

日本の為替介入の実施状況と為替相場の推移

出所：財務省「外国為替平衡操作の実証状況（月次ベース）」より作成

　為替介入により，外貨準備高が増減するとともに，国内のハイパワードマネーも増減する．たとえば，ドル買い介入の場合は，反対取引として円売りをしていることから，市場に円を供給する＝ハイパワードマネーの増加をもたらす．この影響を取り除くために，公開市場操作（オペレーション）で売りオペを実施し，増加した円資金を吸収する．この操作を不胎化政策という（不胎化政策については5.2節参照）．

　不胎化政策を伴わない為替介入の場合は，介入による貨幣供給残高の変化を通じて為替相場に影響を与えることができる．たとえば，円高抑制の為替介入（＝ドル買い介入）を行うと，ハイパワードマネー（貨幣供給量）の増加から，金利低下，または物価上昇が起こり，その結果として円安ドル高になる．

　しかし，不胎化政策を伴う為替介入の場合は，貨幣供給残高の変化がないため，金利や物価の変化は生じない．こうした不胎化介入が為替レートに与えるチャネルとしては，シグナリング・チャネル（アナウンスメント効果）とポートフォリオ・バランス・チャネルの2つが考えられる．シグナリング・チャネルは，為替介入が将来の金融政策の変更を示唆するシグナルとして市場が受け取り，それに反応するというものである．ポートフォリオ・バランス・チャネルは，国内資産と外貨資産の代替性の有無に依存する．すなわち，両者が完全代替的でない場合のみ，不胎化介入はポートフォリオ・バランス効果を通じて，為替レートに影響を与えうる．たとえば，円売り・ドル買い介入における不胎化政策で円債の売りオペをすると同時に，ドル買いで増えた外貨準備でドル建て債券を買うことになる．これは，円建て債券からドル建て債券へ需要が移ることを意味する（ポートフォリオ・バランスの変化）．その結果，ドル建て債券に対する円建て債券のリスク・プレミアムが上昇し，ドル高円安がもたらされる．不胎化政策を伴う為替介入の効果については，様々な実証研究があるが，たとえば複数の中央銀行が同時に為替介入を行う協調介入の場合に，シグナリング・チャネルを通じた効果が高いことが示されている．

危機など世界経済での問題も，すでにアジアへの進出を進めていた企業の業績に悪影響を与えたといわれる[10]．よって1997年4月の消費税率引き上げをそれ以降の日本経済停滞の主因と見る専門家は少ない．

　失われた20年のもう一つの要因としてよく指摘されるのが，日本企業の生産性の伸びの鈍化である[11]．経済成長の源泉として特にマクロ経済学で重視されるのが，資本・労働などの生産要素の投入量（の増加）および技術進歩である．前者のうち労働者数については少子高齢化の影響が2010年代に入って本格的に懸念されるようになったが，失われた20年の少なくとも前半ではまだ顕在化していたとはいえない．問題は企業による資本蓄積のための設備投資や，新製品・技術の研究・開発（いわゆる「R&D（Research & Development）」）投資である．「選択と集中」という掛け声の下で，企業の投資も削減された[12]．一方1990年代からインターネットの普及に代表されるIT革命がアメリカを中心に起こった[13]．しかし日本では2000年代初めのいわゆるネットバブルの時期を除いてIT革命は大きな盛り上がりを見せず，企業の生産性にも大きなプラスとはならなかったといわれる．企業による投資の問題に加えて，政府の規制による起業・イノベーションの停滞なども指摘されるが，いずれにせよ日本企業の生産性の問題は，失われた20年の問題を考える上だけでなく日本企業の競争力とも関連して，今後の日本経済にとっても重要な問題である．

---

10）アジア通貨危機については第3章を参照のこと．

11）この問題の詳細な分析としては，金・深尾・牧野（2010）および，経済産業研究所（RIETI）ホームページ（https://www.rieti.go.jp/jp/index.html）でのこの論文の解説を見よ．

12）この時期電気機械産業など製造業で研究・開発部門の縮小が広く行われた．そのため多くの日本人技術者が日本国内の他の企業だけでなく外国企業にも移籍し，それが結果として日本企業からアジアのライバル企業への技術移転につながったことが指摘されている．

13）日本ではInformation & Technologyを略してITという用語を使うことが多いが，日本以外の国ではInformation & Communication Technologyの略であるICTを使うことが多い．

図5-4　日米のGDPデフレータの推移（1994〜2022年，1994年＝100）

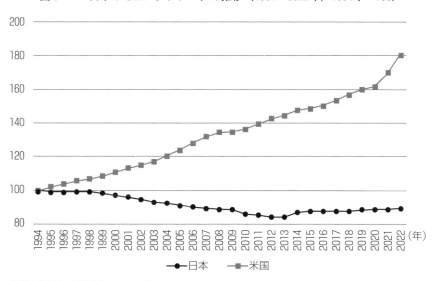

出所：（日本）内閣府ホームページ　https://www.cao.go.jp/
　　　（米国）IMFデータウェブサイト　https://www.imf.org/en/Data

### 5.3.3　ゼロ金利政策

　上述の通り，1990年代の政府の経済対策は抜本的な景気回復にはつながらなかった．さらに日本経済がデフレ（ーション）に陥っているのではないかという懸念が強まった．**図5-4**は1994-2022年までの日米のGDPデフレータ（名目GDPと実質GDPの比率で，物価水準の指標としてよく用いられる）を示したものである．アメリカではこの期間ずっと物価上昇が続いていた一方で，日本では1998年から2013年まで10数年にわたってGDPデフレータで測った物価が下落し続けたことがわかる．

　デフレはインフレの逆で，様々な財・サービスの価格が全般的に低下する状況を指す[14]．物価の低下が続くと，消費者は消費を将来に先送りする．将来購入した方が安く買えるからである．しかし同時に債務者の実質的な負担が重くなる．同じ金額のおカネで買える財・サービスの量が増えるためである．そのため，デフレは景気の低迷につながる．このような状況の中で日銀の金融政

策の重要性が高まった．1999年2月，日銀は政策金利の一つである無担保コール翌日物金利（金融機関の間で無担保・翌日返済で行われる貸借の際の金利）を0％にまで引き下げた．これが**ゼロ金利政策**の始まりである．ゼロ金利政策は2000年8月に終了したが，日銀は続いて銀行の日銀当座預金残高を増加させる量的緩和政策に踏み切った[15]．これらの政策により銀行貸出等の金融面から日本経済を刺激し（図5-1からゼロ金利政策の期間は円安基調であったことがわかる），デフレ懸念の払しょくを目指したが，その達成には至らなかった．

　2000年代前半から中盤にかけては小泉純一郎政権の下での規制緩和等の構造改革や，上述のようにリストラを進めた企業の業績回復などにより，日本経済は一時回復の兆しを見せた．この期間の為替レートは2004年から5年にかけて一時円高基調となるものの，1ドル－120円前後でほぼ安定していた．しかし，その後，日本経済は後述の金融危機やそれに続く円高，不安定な国政の影響などにより再び低迷が続くこととなった．

## 5.4　金融危機と円相場

　2000年代，世界経済は新興国を中心に拡大を続けた．1978年から始まった改革・開放政策により1990年代から経済成長が本格化した中国が2001年にWTO（世界貿易機関）に加盟し，中国だけでなく日本も含めた他国も中国経済の急速な拡大の恩恵を受けた．中国をはじめとする主にアジアの（新興）国や産油国の貿易黒字はアメリカを中心とする先進国に投資され，この時期はモノだけでなくおカネの世界的な循環もうまくいっているように見えた．しかしアメリカのサブプライム問題（低所得などで本来住宅ローンを組めなかった消費者に

---

14）デフレの懸念が最も高かった2000年代に，低価格を売り物とする財・サービスを提供する企業の多くが高い業績を上げた．これらの企業の商品の名前を取って「○○デフレ」などといわれたが，上述の通りデフレとは特定の財・サービスの価格についてのことではなく，かつ特定の財・サービスの価格が下がったからといってデフレになるわけではない．

15）後述の図5-5は日本と欧米諸国の政策金利の推移（1999-2022年）を比較している．

も提供されたローンの焦げ付きが発端となった）に端を発した金融危機は，2008年9月のリーマン・ショック（大手金融機関リーマン・ブラザーズの経営破綻）から日本も含めた世界中に広がった．これがいわゆるアメリカ発の金融危機（詳しくは6.2.1項を参照）である．

2000年代は金融危機が本格化するまで，キャリートレードとよばれる取引がヘッジファンドなどの機関投資家によりさかんに行われた．**キャリートレード**とは金利の低い国で資金調達し，その資金を金利の高い国で運用することで利ザヤを稼ぐことをいい，特に日本円での資金調達を行う場合を円キャリートレードという（詳しくは8.2.2項を参照）．リーマン・ショックまでは，金利の高いオーストラリア・ドル等で運用する円キャリートレードが盛んに行われた．その理由は日本の低い（政策）金利にあった．

図5-5は1999年から2022年までの欧米諸国と日本の政策金利の水準および推移を比較したものである．図から1999年から2007年まで，日本の政策金利が他国と比べて極端に低かったことがわかる[16]．政策金利以外の様々な金利もすべて政策金利の影響を受けるので，この時期は日本（円）での資金調達が他国と比べてかなりの低金利で行えたことを図は示している．しかし2008年のリーマン・ショックとそれに続く世界的な金融危機で状況は一変する．2008年に，すでに低金利であった日本以外のすべての国が政策金利を大幅に引き下げた．2009年以降，すべての国の政策金利が1％以下の状態が2016年まで続いた．それ以降は図にはないが日本でゼロ金利状態が続いた一方で，日本以外の国々との金利差は広がった[17]．

図5-1が示すように，リーマン・ショックが起こる1年以上前から2012年末までの5年以上にわたって円高が進んだ．円キャリートレードは調達した円

---

16）日本の政策金利が2001年から2005年までと2013年から示されていないことについては，図の注を参照されたい．

17）FRBは2013年から量的緩和政策の縮小を開始し，いち早く金融政策の正常化に向かった．ユーロ圏の政策金利は2010年代も低い水準が維持されたが，世界的な新型コロナウイルス感染症拡大等の影響で，2020年以降欧米でインフレが深刻化した．このため，FRB，ECBともに大幅な利上げを行った．世界金融危機以降の欧米の金融政策については第6章を参照されたい．

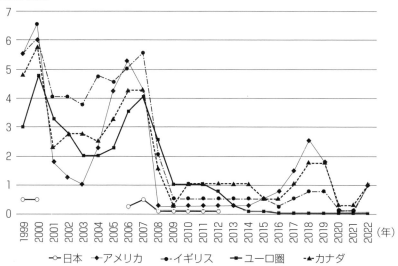

図5-5　政策金利の国際比較

政策金利(%)

出所：財務省「財政金融統計月報」
注：各国の政策金利は以下の通りである．一年のうちに複数回政策金利を変えた場合は，最後に変えた日の政策金利を示している．政策金利に幅を持たせていた場合は，目標値の上限値を示している．
●アメリカ：FF（フェデラルファンド）金利誘導目標レンジ
●ユーロ圏：主要リファイナンス・オペ・レート
●イギリス：バンクレート
●カナダ：翌日物金利の誘導目標水準
●日本：無担保コールレート・オーバーナイト物
　日銀は2001年から2006年まで量的緩和政策を実施し，金融市場調節の操作目標を上記金利から日本銀行当座預金残高に変更したため，政策金利に該当する金利はなかった．同様に2013年からは量的・質的金融緩和を実施したため，政策金利に該当する金利はなかった．

　を米ドルに換えて，すなわち円を売って米ドルやその他の通貨で運用したため，円キャリートレード自体に為替レートを円安にする効果があったとする見方もある．円で資金調達することのメリットが小さくなったのも円キャリートレードが衰退した理由といえよう．円キャリートレードが行われなくなったことにより1990年代前半と同様に資本の国内回帰が起こったり，外国の投資家が取引解消のために外貨を円に戻すなど取引を行ったりしたことが，上記の円高の要因として指摘されている（このような動きは「（円）キャリートレードの

巻き戻し」とよばれる）．

## 5.5　最近の円相場：アベノミクスと円安誘導

　リーマン・ショック後4年以上にわたる円高は日本経済にとって，輸出産業
を中心に大きな負担となった．同時にこの時期に50年以上にわたって政権を担
ってきた自由民主党（自民党）から民主党への政権交代が起こった（2009年9
月）[18]．2012年末に安倍晋三政権が誕生し，民主党から再び自民党に政権が移
った．安部政権が打ち出した経済政策，いわゆる**アベノミクス**は，特に日銀の
金融政策の大きな変化を通じて，為替レートを円高基調から円安へと誘導する
効果をもたらした．本節ではアベノミクスとその（金融）政策の為替レートへ
の効果を概観する．

　アベノミクスは以下のいわゆる「3本の矢」からなるとされている[19]．

　　第1の矢：大胆な金融政策

　　第2の矢：機動的な財政政策

　　第3の矢：（民間投資を喚起する）成長戦略

第1の矢は日銀による「大規模金融緩和」を指し，以下取り上げる．第2の矢
は民主党政権だけでなくその前から抑制傾向にあった公共事業の拡大などの財
政政策である．これはある程度経済浮揚効果があったとされている．第3の矢
は規制緩和等で外国からの投資も含めた民間投資の拡大や企業活動の活性化を
目指したものであるが，他の2本の矢と比べその効果については議論が分かれ
ている．安倍政権は2020年9月までの7年8カ月にわたる長期にわたって続い
たため，アベノミクスも長期間にわたって実施された．その評価については以
下の日銀による大規模金融緩和の効果と合わせて，今後の検証を待つ必要があ
る．

---

18)　この時期の政治的混乱，たとえば衆議院と参議院で多数を持つ政党が違うことによ
　るいわゆる「ねじれ国会」が，経済に与えた影響も否定できない．

19)　3本の矢とは戦国時代の武将毛利元就が3人の子供たちに矢1本では折れてしまう
　が3本に束ねれば折れないことを示し，兄弟3人で結束することの大切さを諭した故
　事が元とされる．

### 5.5.1　インフレターゲットと大規模金融緩和

アベノミクスの第1の矢（大規模金融緩和）は金融政策であるので，詳細の策定や実施は日銀による．2013年4月4日の政策委員会・金融政策決定会合において，日銀は以下の政策の実施を決定した（日銀ホームページより）[20]．

- マネタリーベース・コントロールの採用：金融市場における操作目標を，それまでの金利からマネタリーベース（ハイパワードマネー）に変更する．その上でマネタリーベースが年間60〜70兆円のペースで増加するよう金融調節を行う．

- 長期国債買入れの拡大と年限長期化：長期国債の保有残高が年間約50兆円のペースで増加するよう買入れを行う．さらに長期国債の買入れ対象を，40年債を含む全ての期間の国債とした上で，買入れの平均残存期間を3年弱から国債発行残高の平均並みの7年程度に延長する．

- ETF，J-REIT の買入れの拡大：上場投資信託（ETF：上場して株価指数などの指標への連動を目指す投資信託）および J-REIT（日本版不動産投資信託）の保有残高が，それぞれ年間約1兆円，年間約300億円増加するよう買入れを行う．

ところで日銀が2013年から実施してきたこれらの金融政策が目標としているのが，消費者物価の前年比上昇率2%の「物価安定の目標」である．日銀のこのような政策はインフレターゲット（インフレ目標）とよばれ，ニュージーランド・カナダ・イギリスなど導入する国が増えている金融政策である[21]．

さらに日銀は2016年9月の金融政策決定会合において，金融緩和強化のための新しい枠組みである「長短金利操作付き量的・質的金融緩和」を導入した．新たな量的・質的金融緩和の政策枠組みは，以下の2つの要素から成り立っている．

- イールドカーブ・コントロール：金融市場調節によって長短金利の操作を行う[22]．

---

20）日銀自身はこれらの政策を「量的・質的金融緩和」とよんでいる．
21）インフレターゲットの詳細については，大野ほか（2007）の第11章を見よ．

- オーバーシュート型コミットメント：生鮮食品を除く消費者物価指数の前年比上昇率の実績値が安定的に2％を超えるまで，マネタリーベースの拡大方針を継続する．

なお，上記の大規模金融緩和は，主に黒田東彦総裁（2013年〜23年）の下で実施された．黒田総裁を引き継いだ植田和男総裁の下で，日銀は1990年代後半以降からの自らの政策について，多角的なレビューを行うとしている（日銀ホームページより）．

## 5.5.2　マンデル・フレミング・モデル

アベノミクスにおける金融緩和をはじめ，金融政策そして財政政策のマクロ経済および為替レートへの影響を分析する最も基本的なモデルが，マンデル・フレミング・モデルである．マンデル・フレミング・モデルはIS-LMモデル，すなわち閉鎖経済（外国との取引がない経済）の財市場および貨幣市場についての基本的なマクロ経済モデルに，貿易や為替レートといった開放経済の要素を取り入れたものである．図5-6はマンデル・フレミング・モデルにおける財市場・貨幣市場・貿易収支の同時均衡（貿易収支についてはゼロ）を表したものである．右下がりのIS曲線は，財市場を均衡させる利子率（縦軸 $i$）とGDP（横軸 $Y$）の組み合わせを表す．これに対して右上がりのLM曲線は，貨幣市場を均衡させる利子率とGDPの組み合わせを表す[23]．水平なBP曲線は，国際収支の恒等式（4.4.2項の(3)式）を表している．マンデル・フレミング・モデルでは通常，国家間の資本移動が完全であること，すなわち資本移動が自由に行われることを想定する．よって，BP曲線は自国と外国の利子率が等しい（$i = i^*$）状態で任意のGDPの値を取るため，水平となる．

ここで変動相場制下における金融政策の効果，具体的には金融緩和（ここでは貨幣ストックの増加）の効果を考える．金融緩和前，自国経済は点 $E_0$ の状

---

22) 日銀ホームページによれば，イールドカーブとは「横軸に（国債の）残存期間，縦軸に金利水準をとり，異なる残存期間の金利水準を並べることにより，残存期間と金利の関係を表した曲線」である（カッコ内は筆者加筆）．

23) IS曲線・LM曲線の導出については入門レベルのマクロ経済学の教科書，たとえば福田・照山（2016）を見よ．

## 図5-6　マンデル・フレミング・モデルと金融緩和の効果

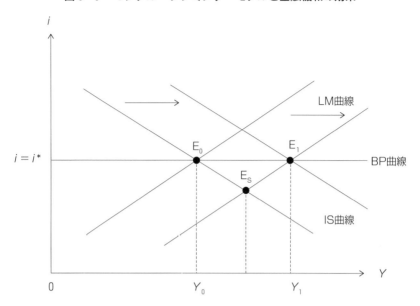

態であるとする．ここで金融緩和により貨幣ストック（マネーストック）の増
加が起こると LM 曲線が右にシフトし，自国経済は短期的には点 $E_S$ に移動す
る．しかし点 $E_S$ では自国の利子率 $i$ が外国の利子率 $i^*$ を下回るため，資本が
自国から外国に流出する．外国への資本流出は外国資産への需要増加を意味
し，それにより為替レートが減価する．為替レートの減価はこの国の輸出品の
需要量増加，輸入品の需要量減少をもたらし，その結果輸出額と輸入額の差で
ある純輸出が増加する．純輸出の増加の結果，今度は IS 曲線が右にシフトし，
最終的に自国経済は点 $E_1$ の状態となる．よって変動相場制の下では金融緩和
の結果，自国の GDP は増加する．

　マンデル・フレミング・モデルは3.2.5項で議論した「国際金融のトリレン
マ」にかかわる重要な結果を示唆している．ここでは結果だけ紹介するが，マ
ンデル・フレミング・モデルにおいて，2つの為替制度（固定相場制および変
動相場制）と2つの経済政策（財政政策および金融政策）の効果について，**表
5-4**のような関係がある．

　図5-6による説明および表5-4からわかるように，変動相場制，すなわち

表5-4　マンデル・フレミング・モデルにおける為替制度と経済政策の効果の関係

| 為替制度／経済政策 | 財政政策 | 金融政策 |
|---|---|---|
| 固定相場制 | 効果あり<br>（独立した財政政策） | 効果なし |
| 変動相場制 | 効果なし | 効果あり<br>（独立した金融政策） |

為替相場の安定を放棄した状態では，独立した金融政策（貨幣ストックの増加がGDPの増加をもたらす）を行うことができる．一方財政政策は無効となる（たとえば政府支出の増加はGDPの増加につながらない）．同時に表5-4から，固定相場制（為替相場の安定）では独立した金融政策を行うことができない一方で，独立した（すなわち有効な）財政政策を取ることができることがわかる．よって国際金融のトリレンマはマンデル・フレミング・モデルにおいても成り立っている．

## 5.6　最近の円相場：新型コロナ感染期とその後の急激な円安

最後に2020年からの円相場について触れておきたい．2020年2月からの新型コロナウイルス感染症（以下新型コロナ）の世界的な流行は，多くの国で経済活動の大幅な停滞につながった．そして2022年2月に始まったロシアのウクライナ侵攻は，原油・穀物をはじめ多くの資源価格の上昇につながり，日本も資源の輸入額上昇などを通じて貿易収支を大きく悪化させた．

図5-7は2000年から2022年までの円ドル相場と原油価格（WTI）を示したものである．図からわかるように，原油価格は2000年代後半にも大きく上昇したが，この時には円高が進行したため，原油高の日本の輸入（額）への影響は相殺された．2010年代はアベノミクスによる円安や，東日本大震災の影響による日本の原油・天然ガスの需要増があった．一方原油価格は2010年代前半には世界金融危機後の世界的需要回復による上昇があったものの，後半は低下した．しかし2020年代はロシア・ウクライナ危機の影響などから原油価格が再び上昇し，図が示すように急激な円安も同時進行している．原油価格については

## 図 5-7　円相場と原油価格（2000〜2022年）

リーマンショック後：原油
価格は最高値を付けたが、
急激な円高が相殺

ロシア・ウクライナ危機
を背景に原油高と円安が
急激に進行

アベノミクス後円安が
進行したが、原油価格は
低下していった

―― 円ドル相場（左軸）　―― 原油価格：WTI（右軸，ドル）

出所：CEIC　https://www.ceicdata.com/ja

世界的な脱炭素の流れから，長期的には原油をはじめとする化石燃料への需要
が減少していくことが予想されるが，短期的にはロシア・ウクライナ危機など
のさまざまな不安定要因が存在する．一方円安については欧米との金利差およ
び日本の貿易赤字に加え，中長期的には今後の日本経済の競争力等にも左右さ
れることが予想される[24]．

### 参考文献

大野早苗・小川英治・地主敏樹・永田邦和・藤原秀夫・三隅隆司・安田行宏『金融論』有
　斐閣，2007年.

金榮愨・深尾京司・牧野達治「「失われた20年」の構造的原因」RIETI Policy Discussion

---

24）長期の為替レート決定理論である購買力平価については，第7章を参照されたい．
　円安が日本の輸出（額）増加に必ずしもつながらないことについては，12.5節を見よ．

Paper Series 10-P-004，2010年5月．

大和投資信託「Word's Worth（キーワード解説）No.9　実効為替レート」
　2013年6月　https://www.daiwa-am.co.jp/

日本銀行企画局「日銀レビュー　「量的・質的金融緩和」：2年間の効果の検証」2015年5月．

日本銀行調査統計局「マネタリーベース統計のFAQ」2013年8月
　https://www.boj.or.jp/statistics/outline/exp/faqbase.htm/

橋本優子・小川英治・熊本方雄『国際金融論をつかむ【新版】』有斐閣，2019年．

福田慎一・照山博司『マクロ経済学・入門　第5版（有斐閣アルマ）』有斐閣，2016年．

## 練習問題

**5-1**　以下のデータおよび手順1〜3で，2000年2月の円の実効為替相場を計算せよ．

1通貨が何円かという相場（自国通貨建て相場）

| | ドル円 | ユーロ | 英ポンド | 中国元 | 韓国ウォン | シンガポールドル | タイバーツ | 香港ドル | 台湾ドル |
|---|---|---|---|---|---|---|---|---|---|
| 2000年1月 | 106.90 | 104.67 | 173.57 | 12.91 | 0.0952 | 62.68 | 2.8514 | 13.74 | 3.4822 |
| 2000年2月 | 110.27 | 107.12 | 175.63 | 13.32 | 0.0975 | 64.32 | 2.9057 | 14.17 | 3.5855 |

**（手順1）** 上記の自国通貨建ての為替相場を外国通貨建ての為替相場に計算し直す．

$$外国通貨建て相場 = \frac{1}{自国通貨建て相場}$$

**（手順2）** 手順1で計算された外国通貨建て相場を用いて，2000年1月が100となる為替指数を計算する．

$$為替相場 = \frac{外国通貨建て相場}{基準相場（2000年）} \times 100$$

| 実効為替相場のウェイト | 米国 | ユーロ地域 | イギリス | 中国 | 韓国 | シンガポール | タイ | 香港 | 台湾 | 合計 |
|---|---|---|---|---|---|---|---|---|---|---|
| | 0.27 | 0.15 | 0.04 | 0.17 | 0.1000 | 0.05 | 0.0500 | 0.08 | 0.0900 | 1 |

**（手順3）** 手順2で計算された為替指数に各通貨のウェイトをかけて足し合わせ，実効為替相場を計算する．各通貨のウェイトは上記の数値である．

$$実効為替相場 = \begin{pmatrix}米国の\\ウェイト\end{pmatrix} \times \begin{pmatrix}ドル円の\\為替指数\end{pmatrix} + \begin{pmatrix}ユーロ地域の\\ウェイト\end{pmatrix} \times \begin{pmatrix}ユーロ円の\\為替指数\end{pmatrix} + \cdots\cdots$$

**5-2**　不胎化するドル買い・円売りの市場介入を行った場合，中央銀行のバランスシート

およびその国の貨幣ストック（マネーストック）にどのような変化が起こるか説明せよ.

**5-3**　アベノミクスの第3の矢, すなわち（民間投資を喚起する）成長戦略についての具体的な政策やこれまでの実施状況を調べてみよ.

第**6**章 | 主要通貨の動向とその背景（2）：
ドルとユーロの行方

## はじめに

　世界金融危機以降，主要各国では大胆な金融緩和政策が実施された．日本においても金融緩和が実施されたが，マネタリ－ベースの伸びが相対的に低かった円の価値は増価した．

　2013年には，日本においても，アベノミクスの下で大胆な金融緩和政策が実施され，あらゆる通貨に対して円の価値が下落した．一方，米国ではリーマン・ショック後の雇用情勢の悪化がかなり緩和されたことから，**量的金融緩和政策**（Quantitative Easing：QE）の終了が発表され，また経済環境の改善を背景に利上げに対する根強い期待が形成されたことから，米ドルはあらゆる通貨に対して全面高の傾向を呈した．ユーロ圏では，様々な緩和的政策がとられてきたものの，量的金融緩和政策を実施するには至っていなかったが，リーマン・ショック，ギリシャ危機を経て高まったデフレ懸念を払拭するため，2015年，ついにユーロ圏においても量的金融緩和政策が実施された．

　ここ最近では米ドルの全面高の状況が続いている．しかし，ブレトン・ウッズ体制が崩壊した1971年以降を一望すると，米ドルは減価傾向で推移してきた．また米ドルの減価トレンドの背景として，長らく「双子の赤字」問題があった．

　ユーロは米ドルに代わる第二の基軸通貨として，発足直後から注目を集めてきた．しかし，ギリシャ危機，欧州ソブリン危機の勃発により，発足以来，最も深刻な事態に陥った．

135

　主要 3 通貨のうち，円については第 5 章で詳述したので，本章では主に米ド
ルとユーロを取り上げ，歴史的経緯を振り返る．まず，6.1節では円と比較し
ながら，ドルとユーロの実効為替レートがどのような推移をたどってきたかを
概観する．6.2節ではドル為替レートの変動の背景として双子の赤字問題を取
り上げる．6.3節では欧州ソブリン危機の経緯を概観するとともに，その背景
を考察する．

## 6.1　主要 3 通貨の推移

### 6.1.1　ブレトン・ウッズ体制崩壊以降の主要 3 通貨の推移

　まず，**図 6-1** を見て頂きたい．図 6-1 はブレトン・ウッズ体制崩壊時以降
の主要 3 通貨の名目実効為替レートである．第 5 章で詳述した通り，名目実効
為替レートとは，2 国間の名目為替レートを加重平均したものである．ここで
は，1971年の数値を100と基準化し，数値が上昇すると通貨価値が減価するよ
うに作図している[1]．

　図 6-1 を見てわかるとおり，ブレトン・ウッズ体制崩壊時との比較で最も
通貨価値を高めたのは円である．また，1971年対比で減価傾向で推移してきた
のは米ドルであるが，近年は増価傾向を強めている．ユーロは，ユーロ参加国の
通貨の平均的な価値を表しているが，1971年からの変化はユーロが最も小さい．

　米ドルは一本調子で下落してきたわけではなく，上下のスイングを繰り返し
ながら推移してきた．米ドルが大幅な増価を経験した局面はいくつかあり，
2000年以前であれば，一つは1980年代の前半であり，もう一つが1990年代後半
から2000年代初頭にかけての時期である．まずは，主要 3 通貨の推移の背景と
してどのようなことがあったのか，1980年代，1990年代を中心にみていきた
い．

---

　1）なお，ユーロは1999年に誕生したが，ユーロ参加国の通貨から合成された ECU が
　　1973年 3 月から1998年12月まで使われていたため，1979年から1998年までは ECU のレ
　　ートを用いている．それ以前は，ECU の算出方法に基づき，各国通貨間の為替レート
　　を適用して計算している．なお，ここでは国際決済銀行（BIS）の狭義の実効為替レー
　　トを採用している．

図6-1　主要3通貨の名目実効為替レート（1971年1月のレートを100と基準化）

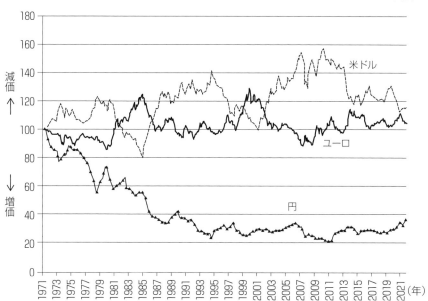

注）国際決済銀行（BIS）より取得したデータを用いて筆者作成．1971年1月の数値を100として基準化している．なお，ここでは数値の上昇が通貨価値の減価を示すように作図している．

　1980年代のドル高トレンドは，いわゆる「**レーガノミクス**」による産物であり，**オイルショック**を起因とする高インフレーションを解消するためにとられた高金利政策によるものである．当時は，金融引締政策に加えて，財政拡張政策も実施されたが，2つの政策が相俟って高金利をもたらした．また，1980年代初頭になると，国際的な資金取引の自由化もかなり進んだことから，内外金利差の拡大で大量の資金が国境を越えて移動するようになった．そのため，米ドルの高金利に引きつけられた世界のマネーが米国に流れ，その過程で米ドルが買われるため，円や欧州通貨を含めたあらゆる通貨に対して米ドルは全面高となった．その後，インフレーションが収まったことから，1982年には米国連邦準備制度理事会（Federal Reserve Board of Governors：FRB）が金融緩和政策へと舵を切り，米ドルとの金利差が縮小した時点ではドル高のペースは若干遅くなったが，その後，再び米ドルは増価した．

　一方，米ドル高の進行の裏では，米国の経常赤字が急拡大するとともに対外

純資産が急減した．このとき，米国の経常収支の持続可能性に関する懸念が高
まった．「仮に，米国が対外純債務国に陥り，さらに債務不履行状態に陥るよ
うなことがあれば，それが世界に及ぼす影響も計り知れない[2]．しかも，経常
収支の赤字が拡大しているにもかかわらず，米ドルは再び増価気味に推移して
いる[3]．」ドル高を放置しておくことは，米国経済だけではなく，世界経済に
とっても悪影響を及ぼしかねないとの認識が主要各国間で共有され，ドル高是
正に向けての行動が始まった．それが，1985年9月の**プラザ合意**から始まった
一連の政策協調である．大規模な**協調介入**を為替市場で実施し，ドル安誘導を
図った．

　政策協調が始まった当初の目的はドル高是正であったが，ドルの急落は止ま
らず，次第に政策協調の目標はドル安誘導からドル安抑制へと変化していく．
また，ドルの安定化に向けて，為替介入だけではなく，金融政策による内外金
利差の調整も，ドル安定化のための政策手段として採用された[4]．1987年2月
の**ルーブル合意**，1987年12月の**クリスマス合意**など，主要各国の首脳はドルの
安定化に向けた声明を次々と打ち出し，ドル暴落の防止に努めた．特に，1987
年10月に起こった世界同時株安，いわゆる**ブラック・マンデー**の後には，さら
なるドル下落への懸念が一層高まり，株安，ドル安防止に向けての対策が取ら
れた．度重なる利下げ政策を実施してきた主要各国は利上げを検討していたも
のの，世界の株式市場の不安定化により利上げの見送りを迫られる．日本の場
合にはそれが過剰流動性をもたらす原因となり，1980年代末の資産価格高騰お
よび1990年代のバブル崩壊へとつながっていくことになる．

　1980年代末には米ドル急落が収まるものの，累積債務状態に陥った中南米諸
国向けに融資を行っていた米国の金融機関が大量の不良債権を抱えることにな
り，さらに国内の不動産バブルの崩壊による不動産融資の焦げ付きが加わった

---

2）米国の対外純資産は1989年にマイナスに陥り，それ以降，米国の対外純債務は拡大
　　の一途を辿った．

3）この時のドル高は経済ファンダメンタルズでは説明し難く，ドル・バブルの状況に
　　あったとの指摘もあった．

4）ドル安を食い止めるためには，米ドル金利との金利差を拡大させる必要があり，外
　　国の通貨当局は金利引き下げを迫られた．

　ことから，米国国内では金融不安が高まる．1990年代に入ると，金融不安の影響を緩和するために FRB が順次金利を引き下げたため，金利差を反映して米ドルの実効為替レートが減価気味に推移するようになる．

　米ドルが再びドル高に転じるのは1990年代後半である．この頃になると，米国の金融不安も峠を越え，逆にインフレ防止が重要課題になったため，金融政策は引き締め政策へと転換する．さらに，1990年代後半には米国で IT 革命が顕著となり，IT 関連企業向けの投融資が拡大したことから，米国の民間セクター向けの海外資本流入が急増した．こうしたことも米ドル高を演出することにつながったと考えられる．

　ユーロは1999年に誕生した通貨であるため，1998年以前のユーロの実効為替レートの推移はユーロ圏参加国の通貨の平均的な推移を示していることになる．まず，ユーロの実効為替レートの推移を確認してみると，米ドルの変動の表裏の現象として，ユーロは1980年代前半には減価し，1980年代後半には増価傾向で推移している．また，**欧州通貨危機**が発生した1992年，93年頃にも，ユーロの価値は若干下落している．ユーロ圏加盟国の中では（旧）イタリア・リラ，（旧）スペイン・ペセタ，（旧）ポルトガル・エスクード，（旧）フィンランド・マルカなどがとりわけ激しい投機攻撃を受けた．また，欧州通貨危機の際に，イギリス・ポンドは通貨同盟を離脱し，現在に至るまで独自通貨を維持している．

　前述したとおり，ユーロの価値は1971年から2022年に至るまで，1971年水準から大きく乖離せずに推移してきたが，各加盟国の通貨の価値を見てみると，この間にかなりのばらつきが生じている．**図6-2**は，ユーロ圏中心国の6カ国の通貨に関する名目実効為替レートを示している．1971年以降，増価トレンドで推移してきたのが，（旧）ドイツ・マルク，（旧）オランダ・ギルダー，（旧）オーストリア・シリング，（旧）ベルギー・フランである．最も価値が上昇したのは（旧）ドイル・マルクであり，1971年水準と比較するとマルクの価値は約2倍になっている．一方，（旧）フィンランド・マルカと（旧）フランス・フランは1971年水準よりも減価している．

　**図6-3**は対象通貨を拡大して，1971年以降の名目実効為替レートの推移を示したものである．南欧諸国にまで対象を拡大すると，通貨価値のばらつきは

図6-2　ユーロ圏中心国の名目実効為替レート（1971年の値を100として基準化）

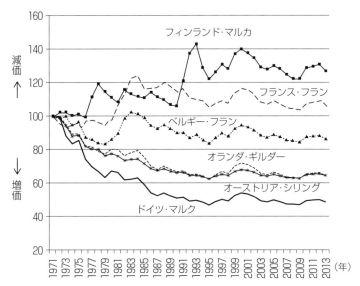

データ出所：国際決済銀行（BIS）

さらに顕著となり，北欧諸国の通貨と比べて，南欧諸国の通貨価値が大幅に下落してきたことがわかる．ギリシャ以外の国は1999年にユーロ圏に参加し，ギリシャも2001年に共通通貨圏に参加したため，それ以降のこれら諸国の名目実効為替レートはほぼパラレルに推移しているが，ギリシャ危機を発端とする欧州ソブリン危機がなぜ起こったのか，その遠因を図6-3からも窺い知ることができる．

## 6.1.2　最近における主要3通貨の動向

より最近の動向を詳しく見るために，1999年を100と基準化して3通貨の名目実効為替レートを掲載したのが**図6-4**である．図6-4はユーロ誕生以降の動向を示している．直近の数値を見ると，米ドルとユーロは1999年の水準近辺に戻っているが，円は1999年対比で27％ほど減価している．直近1，2年の円安の進行速度はかなり早いが，それ以前でも，内外金利差が拡大した2007年までの時期やアベノミクスがスタートした2013年以降の数年間でも円安が進んだ

図6-3　ユーロ参加国の名目実効為替レート（1971年の値を100として基準化）

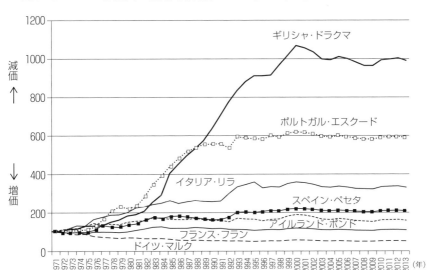

データ出所：国際決済銀行（BIS）

局面がみられる．一方，2007年から2012年にかけては円高が進んだ．とりわけ2008年には急速に円高が進行しており，円安のピークを付けた2007年7月から2008年末までの17カ月間で円は31％ほど増価している．

　また，ユーロ誕生後2年ほどは，米ドル高・ユーロ安で推移していた．ユーロ発足直後のユーロ安は，欧州中央銀行（European Central Bank：ECB）による金融政策が11カ国からの代表の合議によって運営されることに対する懸念を反映したものである．米ドル，ユーロの実効為替レートにおいて，2つの通貨は互いに大きなウェイトを占めていることから，米ドル高とユーロ安が対照的に現れている．

　2002年以降になると，米ドル安・ユーロ高の傾向が鮮明になる．その背景の一つには，ITバブル崩壊後のデフレ懸念を払拭するために実施された迅速かつ大胆なFRBによる利下げ政策の結果，米ドルとユーロの金利差が縮小したことが挙げられるが，その他に，米国の経常赤字および対外純債務の拡大が挙げられるだろう．米ドルは基軸通貨であるが，世界最大の対外純債務国の通貨でもある．はたして米ドルは基軸通貨の地位を維持し続けることができるか否

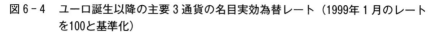

図6-4　ユーロ誕生以降の主要3通貨の名目実効為替レート（1999年1月のレート
　　　　を100と基準化）

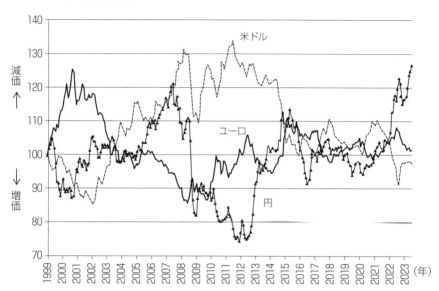

注）国際決済銀行（BIS）より取得したデータを用いて筆者作成．1999年1月の数値を100として基準
　　化している．なお，ここでは数値の上昇が通貨価値の減価を示すように作図している．

かという議論が再燃し，第二の基軸通貨としてユーロへの関心がにわかに高ま
った．第3章3.1節でも取り上げたように，2000年代前半には，通貨当局の外
貨準備に占めるユーロ建て資産の比率が高まるなど，ユーロ建て資産に対する
需要の高まりがみられたのもこの頃である．

　米ドル安・ユーロ高トレンドは，2008年の前半まで続く．このトレンドが反
転を開始するのが2008年の秋である．2008年の後半，ユーロは若干減価気味に
推移するとともに，米ドルは著しく増価した．この時期，米ドルは円に対して
は減価方向で変化したが，ユーロを含めたほとんどの通貨に対しては増価し
た．ユーロは他の欧州通貨に対しては水準を維持したが，米ドルに対しては大
幅に減価した．

　米国は2008年の金融危機の発端となった国であり，当該国の金融市場および
不動産市場を含めた実体経済は大きな打撃を受けた．それにもかかわらず，こ
の時期に米ドルの実効為替レートが大幅に増価したのは，実体経済以外の要因

も作用したためかもしれない.

　一つの要因が, 世界金融危機の発生時にヨーロッパの金融機関向けのドルの**資金流動性**（funding liquidity）の供給が突如消滅し, 米ドルへの需要が急激に増大したことが挙げられる. ここで, 「（資金）流動性」という用語は, 通貨とほぼ同義である.

　世界金融危機の契機は, 米国の不動産市場におけるバブル崩壊であったことから, 当初は米国の金融機関がとりわけその影響を色濃く受けると考えられていた. もちろん, 米国の金融機関も予想通り深刻な影響を受けたが, 実は, 米国だけではなく欧州の金融機関も大打撃を受けることになった. それは, 欧州の金融機関も, 米国で組成された証券化商品に多額の投資を行っていたが, その証券化商品の価値が大きく毀損したためである（証券化商品については後述）. 不良債権を負った欧州の金融機関に対する貸し渋りがインターバンク市場で顕著になった. また, 欧州の金融機関だけではなく, それ以外の国の金融機関, 非金融機関にとっても, 米ドルはグローバルな事業展開に欠かせない基軸通貨であり, 米国の金融機関が貸出余力を低下させると, 彼らもグローバル事業に必要な資金を調達できなくなる.

　通常, 金融不安の高まりによりインターバンク市場が逼迫すると, 当該国の通貨当局が流動性を供給して事態の鎮静化を図ろうとする. ただし, この時に問題となったのは, 当該国の通貨当局は自国通貨の流動性は供給できるものの, 外貨の流動性は供給できないことである. ドルの貸し借りを行うインターバンク市場ではドル需要一色となり, これが急激なドル高につながったものと考えられる.

　もう一つが, 米ドルの**市場流動性**（market liquidity）に関するものである. 米ドルは外国為替市場において絶対的な取引高を誇っており, 最大の流動性を有している. ここでの「（市場）流動性」とは, 売買可能性を意味し, 翻って市場規模を含意する[5].

---

5）市場流動性とは売買可能性, 換金性という意味だが, 最も換金性の高い資産は通貨である. 流動性という用語が資金流動性, 市場流動性のどちらを意味するのか, 文脈から読み手が解釈する必要があるが, 両者は密接に関連する概念でもある. また, 市場流動性については10.2節も参照.

米ドルの売買は膨大であり，日々，米ドルを相手通貨とする為替取引が頻繁に行われている．こうした市場では，売り・買いの一方が優勢となり，下落あるいは上昇が加速する事態が起こる可能性は，他の通貨と比べて相対的に小さい．すなわち，米ドルは高い市場流動性を有するが故に価格が安定するのである．そのため2008年秋には，安全資産である米ドルへの逃避現象として，米ドルを買う動きが強まった可能性がある．

不動産市場の市況低迷による実体経済の悪影響と，証券化商品市況の急変が金融機関に及ぼす影響を抑制するために，FRBは大胆な金融緩和政策を実施する．2008年11月には，第1弾量的金融緩和政策（**QE1**）が実施された．2008年12月，米国の政策金利は0％まで引き下げられ，日米の金利差はほぼゼロとなる．さらに，2010年11月に第2弾（QE2），2011年9月に第3弾（QE3）の量的金融緩和政策が実施された．こうした大胆な金融緩和政策は，主要通貨に対する米ドルの為替レートだけではなく，新興国通貨や資源国通貨に対する為替レートにも影響を及ぼしたものと推測される．リーマン・ショック直後の2008年後半では米ドルの実効為替レートが急激に増価したが，すぐに減価しているのは，米国の大胆な金融緩和政策で資金が米国から新興国や資源国に流れ，これらの国々の通貨が増価したためと考えられる．

2009年中盤になると，リーマン・ショックの影響も収束したが，2009年後半にはギリシャの財政赤字に関する不正会計問題が浮上する．ギリシャ問題を端にした混乱は，その後ユーロ圏全体に拡散し，ユーロ安をもたらすことになる（詳細については後述）．

2014年から数年間，米ドルとユーロは対称的な動きを見せるが，その一因は米欧の金融政策の相違によるものと考えられる．2013年に入るとFRBはテーパリング（量的金融緩和の縮小）を開始，2014年10月にはテーパリングを終了させ，マネタリーベース残高の削減を始める．一方，ECBは2015年に量的金融緩和を開始する．米国が先行して大規模金融緩和を変更したことが2014年以降の米ドル高・ユーロ安につながるが，2010年代の終盤になるとECBも資産規模のペースを減速させる．2019年には景気の減速に対応して緩和気味の金融政策に修正，2020年3月にはパンデミック宣言の発表を受けて大規模金融緩和政策を再開させるなど，FRBとECBは同質的な金融政策を採用したことか

ら，その後の米ドル，ユーロの実効為替レートには大きな変動は見られない．2021年からのインフレの進行を受けてFRB，ECBはそれぞれ金融引締政策へと舵をきるが，FRBの利上げ幅が大きく，ドル高につながった．

## 6.2　米ドルの動向とその背景

### 6.2.1　双子の赤字と過剰消費

**双子の赤字の決定**

　前述したように，ブレトン・ウッズ体制崩壊以降の米ドルは減価トレンドを辿ってきた．その背景として，米国の**双子の赤字**問題が挙げられる．双子の赤字とは，財政赤字と経常赤字の2つを指す．

　**図6−5**は，米国の財政収支と経常収支の推移を示している．両者は1980年代前半に拡大しており，米国の双子の赤字問題が初めてクローズアップされたのがこの頃である．経常赤字は1980年代終盤には縮小するが1990年代に入り再び拡大し，財政赤字も1980年代後半にいったん減少するものの1990年代初頭に再び拡大している．ただし，拡大傾向にあった財政赤字は1990年代を通じて縮小し，1990年代末には，ついに財政収支が黒字化する．財政収支が改善した背景には，当時のクリントン政権下で進められた財政再建策が寄与した面もあるが，1990年代後半のIT事業の勃興・発展等に支えられた景気回復による税収増大と旧ソ連の崩壊による軍事的脅威の喪失により軍事費支出を抑制できたことも大きく寄与している[6)]．ただし，経常収支に関しては，1990年代を通じて一貫して拡大傾向にあり，改善の兆しはみられない．

　2000年代に入ると，経常赤字はさらに拡大するとともに，黒字化した財政収支も赤字に転じる．財政収支が赤字に転じた背景には，ITバブル崩壊による景気低迷で税収が落ち込んだこと，景気対策として減税政策が実施されたこと，またアフガニスタン侵攻やイラク戦争など新たな軍事費支出の必要に迫られるようになったことなどが挙げられる．2000年代中盤には財政収支が若干改

---

　6）軍事脅威の消滅によって財政再建が図られたことは，「平和の配当」とよばれている．

## 図6-5　米国の双子の赤字（財政赤字・経常赤字）

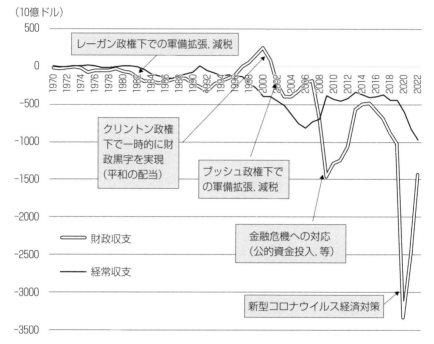

（10億ドル）

レーガン政権下での軍備拡張，減税

クリントン政権下で一時的に財政黒字を実現（平和の配当）

ブッシュ政権下での軍備拡張，減税

金融危機への対応（公的資金投入，等）

新型コロナウイルス経済対策

財政収支

経常収支

注）Refinitiv 社，Datastream より取得したデータを用いて筆者作成．数値の単位は10億ドル．

善するも経常赤字は拡大の一途を辿った．この頃に，再び双子の赤字問題がクローズアップされることになる．

　2007年以降の時期や2020年以降の時期には，財政赤字が急拡大する．前者は金融危機の影響によるものであり，米国政府は金融機関等への多額の公的資金注入や各種の財政出動の実施を迫られるとともに，急激な景気低迷による税収の落ち込みに直面した．後者は新型コロナウイルスの大流行による移動の制限により経済活動が停止し，税収が減少する一方で，経済対策として家計等への給付金支給や失業保険の積み増し，ワクチン接種のための予算などの巨額の財政出動を行った結果である．一方，景気が落ち込むと経常収支は改善する傾向にあるが，それでも依然として巨額の赤字が発生している．

　双子の赤字問題の裏側にあるのが，**過剰消費問題**である．それを説明するた

めに，ここで，経常収支の決定要素について説明する．

　第4章でも詳述したように，経常収支は，輸出と輸入の差額として表現できるが，GDP の三面等価を利用すると，以下のようにも表現できる[7]．

$$経常収支　＝　輸出　－　輸入 \tag{1}$$
$$＝　国内生産　－　国内支出$$
$$＝　国内貯蓄　－　国内投資　－　財政赤字$$
$$＝　対外純資産の増分$$

　(1)式の2行目に基づくと，経常収支は国内生産と国内支出の差額として表され，国内で生産される額以上の支出を行っている国では経常収支が赤字になる．すなわち，国内生産だけでは賄えない財・サービスの支出を海外からの輸入で賄うことを意味する．

　(1)式の3行目の式に基づくと，経常収支は国内の資金の過不足によって決ま

---

7）GDP の三面等価とは，「生産総額＝支出総額＝分配総額」を意味するが，これを式で表すと，

$$GDP　＝　国内消費　＋　国内投資　＋　政府支出　＋（輸出－輸入） \tag{A-1}$$
$$＝　国内消費　＋　国内貯蓄　＋　税金$$

となる．1行目の等式が，「生産総額＝支出総額」を表すものであり，2行目の等式が「生産総額＝分配総額」を表すものである．

　国内で生産された財・サービスは消費者，企業，政府，海外主体のいずれかの主体に支出されるが，国内の支出には輸入された財・サービスに対する支出が含まれるため，右辺から輸入を差し引いた上で等式が成立する．1行目の等式を，経常収支（＝輸出－輸入）を求める式に書き換えると，

$$経常収支　＝　GDP　－（国内消費＋国内投資＋政府支出） \tag{A-2}$$

となり，国内生産＝GDP，国内支出＝国内消費＋国内投資＋政府支出，とおくと，(1)式の2行目の式が成立する．

　労働や資金の提供などで国内生産に寄与した主体は，賃金や利子・配当といった所得を受け取り，生産への寄与に対する分配を受ける．所得を受け取った主体は，まず税金を支払い，残りの所得（可処分所得）を消費および貯蓄に充てる．したがって，(A-1)式の2行目の式が成立する．(A-1)式の1行目の等式と2行目の等式より，以下の式が成立する．

　　国内消費＋国内投資＋政府支出＋経常収支＝国内消費＋国内貯蓄＋税金

これを整理すると，

$$経常収支　＝　国内貯蓄－国内投資－（政府支出－税金）$$

となる．財政赤字＝政府支出－税金，とおくと，(1)式の第3行目の式が導出される．

147

ることとなり，国内貯蓄による資金の供給よりも資金の需要（国内投資と財政
赤字の総和）が上回る国では，海外から資金を借り入れた上で海外からの輸入
をまかなうこととなる．その結果，対外債務が増大する．経常収支が継続的に
赤字となれば，対外債務が累増することになる．

　対外純資産とは，対外資産と対外債務の差額である．通常は対外資産と対外
債務の両方を保有しており，対外資産が対外債務を上回れば，対外純資産はプ
ラス，対外資産が対外債務を下回れば対外純資産はマイナス（対外純債務はプ
ラス）となる．米国も対外資産を保有しているが，それを大きく上回る対外債
務を負っているため，米国の対外純資産は世界最大規模のマイナスとなってい
る．

　経常収支が赤字の国であれば，必ず過剰消費問題が発生しているわけではな
い．たとえば，経済発展が未成熟な国には，生産設備が不足しているため，海
外からの輸入に頼らざるを得ない国もある．しかし，輸入した機械などを使っ
て生産力を増強すると同時に生産設備を蓄積すれば，いずれは国内支出を国内
生産で賄える日が訪れる．このような場合の経常赤字は，むしろ経済発展を促
進させるために必要不可欠な赤字であるともいえる．

　しかし，輸入で賄われた国内支出の多くの部分が資本蓄積として後世に残る
ものではなく，その時限りで消滅してしまうような消費財で占められれば，過
剰消費として判断される状況となる．なぜならば，海外からの借入を増やして
輸入を行っても，輸入で調達した財が消費されて消滅してしまうのであれば，
将来の債務返済の糧が残らないためである．

　国内資金の需要主体の一つが企業であるが，政府が大きな財政赤字を抱えて
おり，国債発行によって赤字を埋め合わせる状況にあれば，資金供給のかなり
の部分が政府部門に吸収されることになる．また，(1)式より，財政赤字が過剰
消費の一因にもなり得ることがわかる．

## 過剰消費の背景

　2000年代に米国の経常赤字は急増するが，とりわけ政府部門と家計部門の消
費が拡大した．政府部門では軍事費などが増大し，家計部門では住宅投資や耐
久消費財を含めたあらゆる消費が増大していた．

　民間部門の住宅投資が拡大した背景にはいくつかの要因があるが，これらは大別して国内要因と海外要因に分けられる．

　国内要因としてはまず，ITバブル崩壊への対応として実施された大規模な低金利政策があげられ，これが住宅ローン金利を引き下げ，個人の住宅購入を促すことになった．

　また，米国の金融市場における構造的な変化も個人の住宅取得の拡大に寄与したといえる．日本でもそうだが，1980年代になると大企業の銀行離れが顕著になった．そこで，銀行の新たな融資対象として住宅が注目された．また，住宅金融会社など，住宅融資を専門に扱う金融業者も登場し，住宅融資が拡大していった．住宅融資の拡大の背景には，審査基準の緩和や住宅ローン商品の多様化があり，所得や資産がない人も住宅ローンの対象者となったり[8]，住宅取得後の返済負担を低く抑え返済負担を徐々に引き上げるような商品も登場したりした．こうしたことを受けて，低所得層向けローン（**サブプライム・ローン**）が拡大するようになった．

　また，サブプライム・ローンの拡大を支えたのが金融テクノロジーの革新であった．1990年代初頭に多くの金融機関が不良債権問題に直面することとなるが，その対策として，**証券化**（Securitization）の活用が試みられた．この証券化の技術は，様々な分野にも活用されることになり，特に，住宅ローンを裏付けとする証券化商品の組成が急速に拡大していった．

　2000年代，証券化商品は，低金利で運用先の発掘に喘いでいた機関投資家にとって，魅力的な投資対象として選択されるようになる．証券化商品は，数多くの住宅ローンなどの資産をプールし，それを裏付けとして発行される証券である．商業銀行などの金融機関が住宅取得者に対する融資を決定した直後は，住宅ローンの債権者である商業銀行に返済利息が支払われるが，返済期間の途中で金融機関は住宅ローンを別の業者に転売する．証券化商品を組成する業社は，集めた住宅ローンをプールして発行した証券化商品を世界中の機関投資家に販売する．したがって，住宅ローンの返済利息は，商業銀行ではなく，証券

---

　8）無収入，無職，無資産である人に貸し付けられた住宅ローンは，「忍者ローン」とよばれた．

化商品を購入した機関投資家に支払われることになる.

　住宅取得者の中には自己破産などで債務不履行に陥る者も出てくる可能性が
あるが，すべての住宅取得者が債務不履行に陥るわけではなく，他の返済者の
利息支払いで補われることになる.　しかも，住宅ローン・プールの中に返済利
息が高いサブプライム・ローンが含まれていれば，証券化商品の利回りも高く
なる.　景気が良い時期には，サブプライム・ローンの債務不履行の件数も低位
にとどまったため，証券化商品は，リスクは限定されるがある程度の高いリタ
ーンが見込めるローリスク・ミドルリターン商品として，販売を伸ばした[9].

　サブプライム・ローンが拡大した背景には，不動産価格の上昇があった.　米
国の不動産価格は，1990年代後半から上昇傾向が著しくなったが，ITバブル
崩壊で株価が大きく値下がりした時期にも上昇を続けた.　金融機関は住宅融資
の担保となる不動産の価格の上昇を根拠にサブプライム・ローンを含めた住宅
融資を拡大させたが，債務者の中には定職を持たない低所得者も含まれた.　さ
らに，自宅の正味価値を担保とするホームエクイティーローンという融資も拡
大した.　自宅の正味価値とは自宅の時価と住宅ローンの金額の差額であるが，
不動産価格が上昇している場合には自宅の時価が上昇するため，その正味価値
も上昇する.　そのため，不動産価格が上昇すれば，ホームエクイティーローン
も増えることになった.　ホームエクイティーローンの使途は原則自由であり，
自宅の修繕費や医療費，教育費，あるいは自動車購入費や旅行費など，様々な
使途に用いられた.　これらは不動産価格が上昇すれば成立するシステムであ
り，当然ながら，不動産価格が下落すればホームエクイティローンもサブプラ
イム・ローンも成り立たない.　不動産価格の上昇に支えられた過剰消費は不動
産価格の下落によって終焉を迎え，証券化商品市場の崩壊は世界金融危機へと
発展することになった.

---

　9）機関投資家は，内外の株式，債券，その他のアセット・クラスを組み合わせて保有
　　しているが，証券化商品は債券の括りに入れられる.　一般の機関投資家に販売された
　　のは，主には最上格付けが付与された証券化商品である.　債券の括りとしての運用資
　　産としては，国債，地方債，社債などが他にあるが，他の債券と比較して証券化商品
　　は，同等の格付けをもつ債券よりも高いリターンが期待できる資産とみなされたため，
　　機関投資家は積極的に証券化商品への投資を拡大させた.

　ITバブル崩壊以降の低金利政策，金融テクノロジーの発達や規制緩和，大企業の銀行離れなど，様々な要因が複合的にかかわり，2000年代の住宅投資やその他の消費の拡大をもたらしていったものといえる．ただし，米国の過剰消費を支えていたのは，米国側の要因だけではなく，海外要因も絡んでいた．

　政策金利を1％に据え置く超低金利政策も，2004年には解除され，その後，政策金利は順次引き上げられていく．しかし，米国の国債利回りは低位で推移し続けた．しかも，米国の財政赤字が拡大し，公的債務残高が拡大の一途を辿ったにもかかわらずである．この現象は，「**長期金利の謎**（conundrum）」とよばれている．その理由として指摘されたのが，海外の通貨当局による米国国債保有の拡大である．この時期にとりわけ米国国債の購入を拡大させていたのは，中国などの経常黒字国であった．

　中国などの経常黒字国では，経常黒字だけではなく外貨準備も拡大していた．これは，為替変動を許容しない為替政策を実施しているためである．日本を除く主な経常黒字国には，自国通貨の対米ドル為替レートの変動を抑制している国が多い．

　経常黒字による為替レートへの影響を放置すれば，自国通貨は米ドルに対して増価するはずである．しかし，もし，自国通貨の増価を許容しなければ，米ドル買い・自国通貨売りの為替介入を実施して，為替レートの安定化を図ることになる．これは経常黒字国の外貨準備の増加につながる．米ドル買い為替介入を実施する際には米国国債が購入されることが多い．したがって，膨大な外貨準備の増加分だけ米国国債などが購入されていることになる．

　アジア通貨危機以降，アジアの経常黒字国は，将来の危機の発生に備えて外貨準備の積立に腐心するようになったとの指摘がある．また，(1)式に基づけば，経常黒字国は貯蓄超過国でもある．すなわち，アジア諸国の過剰貯蓄が膨大な外貨準備という形で現れ，それが米国に流れていったとも解釈できる．あるいは，アジア諸国が自国通貨を割安な水準に設定していたが故に貿易黒字が拡大し，膨大な外貨準備が累増したのではないかとの指摘もある．いずれにしても，これらの経常黒字国の資金が直接，あるいは間接的に米国に流れ，長期金利の低下をもたらしていた可能性がある．さらに，米国の長期金利の低下が米国の住宅投資を促すとともに，米国に流れた資金の一部が米国で発行された

証券化商品に投資されていたことが窺える[10].

　米国の双子の赤字，ないしは過剰消費問題は，こうした内外の要因を背景に発生した．2007年のサブプライム・ローン問題，2008年の世界金融危機で過剰消費はかなり解消され，米国の経常赤字は縮小したものの，2020年以降は再び増大している．米国の経常赤字の増大は米国経済が諸外国よりもいち早くコロナ禍からの経済回復を達成させたことにもよるが，米国の堅調な消費を支えた要因の一部が大規模金融緩和による資産価格上昇を起因とする資産効果とコロナ禍対策で急増した家計貯蓄の掃き出しと指摘されている．

### 6.2.2　米国の対外資産と対外債務の非対称性

**基軸通貨国の対外資産と対外負債の非対称性**

　既述した通り，米国は世界最大の対外純債務国であり，米ドルが長期的な減価トレンドにあった時期には対外純債務の拡大がその背景にあったと指摘されている．しかし，米国の場合には，経常赤字の増加ほどには対外純債務が増加しない理由がある．実は，この現象は米ドルが基軸通貨であることに起因する[11].

　基軸通貨国であることの特徴は，とりわけ対外債務の通貨表示に現れている．

　第4章でも説明したように，対外資産，対外債務は直接投資，証券投資，その他投資などで構成される．証券投資は株式投資，債券投資から構成され，そ

---

10) 米国向けの資本流入には，アジア諸国等からの「ネットの資本フロー」だけではなく，欧州諸国からの「グロスの資本フロー」も含まれていたとの指摘がある（内閣府，2012）．欧州諸国全域でみると，経常収支不均衡はさほど大きくはなく，したがって，欧州地域からの資本流出額から資本流入額を差し引いたネットでの資本フローの額も突出していたわけではない．しかし，資本流出額と資本流入額を合計したグロスでの資本フローは世界金融危機が発生するまで急拡大した．これは欧州の金融機関が世界規模で資金仲介を行っていたためである．すなわち，欧州の金融機関は，アジアや産油国など，世界各国から資金を調達し，証券化商品等への投資を通じて，米国の住宅市場に資金を供給していたのである．

11) Gourinchas, et al.（2012），Iwamoto（2013），Lane and Shambaugh（2010）などを参照．

の他投資のほとんどは融資である．米国は海外株式投資や海外直接投資（海外
の企業の買収や海外不動産の購入など）などを積極的に行っており，対外資産
の半分強を占めるが，通常，海外株式や海外直接投資資産は外貨建てである．
一方，海外の企業や公的機関に融資を行う米国の銀行が為替リスクを回避する
ために米ドル建てで融資を行えば，銀行は自国通貨建ての海外資産を保有する
ことになる．対外資産全体では，外貨建て部分が米ドル建て部分を大きく上回
る[12]．

　米国の対外債務にも外貨建ての海外株式投資や海外直接投資が含まれるが，
大きな占有率を占めるのは海外債券投資であり，その9割強は自国通貨建てで
ある．そのため，対外資産と比べて対外債務は米ドル建ての比重が高くなる．
一般に，債務者が海外の債券投資家から資金を調達する場合，債券投資家が為
替リスクの負担を望まなければ，債券投資家の居住国の通貨建てで債券を発行
せざるを得ない．とりわけ，債務者が途上国の居住者の場合には，その傾向が
強い．しかし，米国の債務者は自国通貨である米ドル建てで債券を発行でき
る．この場合，債券投資家が為替リスクを負うことになるが，米ドルは基軸通
貨であるが故に，米ドル建て債券は債券投資家から受け入れられやすい．

　第2章でも示したように，世界の外国為替市場における米ドルの取引規模は
圧倒的に大きい．それ故に，米ドルは通貨の中で最も**市場流動性リスク**の小さ
な安全資産とみなされており，これが保有資産としての魅力を高める要素とな
っている．また，米国国債は，信用リスク[13]，市場流動性リスクのいずれに
関しても世界で最も安全な資産とみなされ，通貨当局，民間投資家の双方から
の高い需要がある．

---

12）たとえば，米国人投資家が日本の株式市場で株式を購入した場合を考えてみる．日
　本株の価格は円建てで表示されており，米国人投資家は日本株を取得するために米ド
　ルを売って円を購入し，日本株を売却する時点で円を手放してドルに戻す．第10章で
　も説明するが，この場合，米国人は日本株と日本円という2種類の資産を保有してい
　ることになり，日本株を売却する時点で円の価値がドルに対して高まっていれば，為
　替差益を得られる．別のケースとして，米国の銀行が日本企業にドルで融資する場合
　を考える．この場合，米国の銀行の融資先は外国の企業であるが，実質的には国内の
　企業にドル建てで融資していることと全く同じ行為となる．

13）信用リスクの詳細については10.2節を参照．

## 図6-6　米国の経常収支と対外純資産

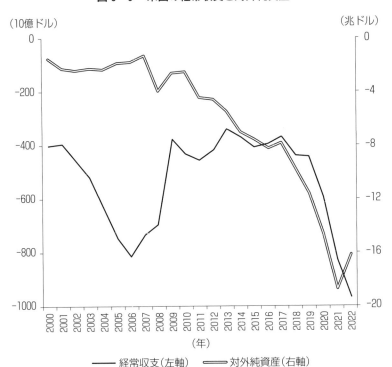

（10億ドル）　　　　　　　　　　　　　　　　　　　　（兆ドル）

──── 経常収支（左軸）　　═══ 対外純資産（右軸）

注）アメリカ経済分析国（BEA）より取得したデータを用いて筆者作成．左軸は経常収支，
　　右軸は対外純資産の目盛を示す．経常収支の数値の単位は10億ドル，対外純資産の数
　　値の単位は兆ドル．

## 対外純資産の評価効果

　**図6-6**は米国の経常収支と対外純資産の推移を示している．まず，米国は
経常赤字国であり，かつ対外純債務国であるため，経常収支と対外純資産はと
もに負値となっている．経常赤字は2001年には3,953億ドルであったのが，
2006年には8,067億ドルにまで拡大しており，5年間で倍増している．一方，
対外純債務は2兆2,951億ドルであったのが2006年には1兆8,085億ドルとなっ
ており，むしろ減少している．経常赤字国は海外からの借入によって輸入の調
達をまかなっているはずだが，米国の場合には経常赤字が拡大している時期に
対外純債務が減少する場合がある．

　前節では，対外純資産（債務）は経常収支黒字（赤字）の額だけ累増すると述べたが，実は対外純資産は**評価効果**によっても変動する．図6-6で，米国の対外純資産と経常収支の変化の方向が必ずしも一致しないのはそのためである．

　たとえば，家計資産を考えてみるとわかりやすい．一般の家計は，所得として給料を稼ぎ，消費に使わなかった残りの部分を貯蓄に回す．貯蓄資金を使って株式を購入すれば，家計の株式保有額が増加し（厳密には株式保有枚数の増加によって株式保有額が増加し），その分だけ家計資産は増加する．仮に，翌年は給料のすべてを消費に使い，貯蓄がゼロになったとする．それでも翌年の家計資産は増加し得る．なぜかといえば，翌年の株価が上昇するかもしれないためである．この場合，保有する株式の枚数は変わらないが，保有株式の**時価**が変化するのである．

　したがって，米国が保有する対外資産の時価が上昇すれば（あるいは米国が負う対外債務の時価が減少すれば），米国の経常赤字が拡大しても，米国の対外純債務の時価は減少する可能性がある．

　ここで，対外資産，対外債務の時価だが，これは保有資産自体の価値と為替レートによって決まる．たとえば，米国は対外資産として海外の株式を保有しており，その中に日本株式も含まれている．日本株式は米国の投資家にとっては外貨建て（円建て）の資産であり，手持ちの米ドルを手放して円を購入し，その円で日本株式を購入している．したがって，米国の対外資産の時価は，日本の株価が上昇する場合だけではなく，円高が進んだ場合も上昇する．すなわち，ドル建てで評価する米国保有の海外株式の時価は，

　　　　（ドル建ての米国保有の海外株式の時価）

$$= （為替レート）×（海外株価）×（海外株式枚数） \qquad (2)$$

と表され，保有する株式枚数は変わらなくても為替レートや株価が上昇すれば，ドル建ての海外株式の時価が上昇するのである．為替レートや株価の変化による海外株式の時価の変化が評価効果である[14]．

　同様に，米国の対外債務の価値も変化する．たとえば，海外が保有する米国の株式は，海外から見れば対外資産だが，米国から見れば対外債務である．ただし，米国株式はドル建てで表示されているので，為替レートが変化しても，

米国にとっての対外債務の時価は変化しない．一方，海外は外貨建ての株式を保有していることになるため，為替レートの変化は海外の対外資産の時価を変化させる．

　株式だけではなく，対外資産や対外債務に含まれる他の資産項目についても同様にして評価効果が発生する．あらゆる資産項目を合算した対外資産総額，対外債務総額について整理すると，対外純資産総額の時価の増分は以下のように表せる．

　　　（時価で評価した対外純資産の増分）

　　　　＝　（経常収支）＋（対外資産の評価効果）－（対外債務の評価効果）　(3)

　米国が輸出で外貨を稼げば，経常収支黒字が増加するとともに，稼いだ外貨で対外資産を取得できる．そして，取得した対外資産は対外純資産を増加させる．一方，経常収支が変化しなくても，米国が保有する対外資産の価値がドルベースで上昇すれば，米国の対外純資産の時価も上昇するのである．

## 基軸通貨国の特権

　図 6-6 において米国の対外純資産と経常収支が逆方向に変化していたのは評価効果によるのだが，より具体的にいうと，こうした対外資産と対外負債の通貨建ての非対称性に起因するところが大きい．

　対外資産のほうが対外債務よりも外貨建て比率が高いと，どのようなことが起こるのだろうか．図 6-6 で経常赤字が拡大していた2000年代前半は，米ドルの実効為替レートの減価が進んだ時期でもある．2000年代初頭の米ドル安は，IT バブル崩壊を受けた超低金利政策による影響もあるだろうが，FRB が利上げに転換した後も米ドル安は進行したことから，金利差以外の要因，すなわち経常赤字拡大も米ドル安と関連していた可能性が考えられる．

　一方，米ドル安とは，外貨が増価することを意味する．すなわち，米国が保有する対外資産の時価が高まることになる．それに対し，対外債務の大半はド

---

14）例として 1 株1,000円の日本株式を米国が保有しているとする．株価は変わらず円ドル為替レートだけが 1 ドル100円から 1 ドル80円に変化したとする．日本の株価をドル換算すると， 1 ドル100円の場合には10ドル（＝1000/100）だが， 1 ドル80円になれば12.5ドル（＝1000/80）となる．

ル建てなので，米ドル安による影響はほとんどない．その結果，対外純資産が改善（対外純債務が減少）することになるのである．

これは，基軸通貨国がもつ特権である．基軸通貨国は自国通貨建てで債務を負うことができるが故に，経常赤字が拡大し，自国通貨が減価しても，むしろ対外純資産を改善することができたのである．

しかし，別のいい方をすれば，基軸通貨国の特権をもつが故に，米国は経常赤字問題，あるいは過剰消費問題を長らく放置してしまったともいえる．基軸通貨国以外の国では，過剰消費問題を改善しない限り対外純資産の悪化を克服できない．そのため，自助努力が促され，早期に経常赤字問題の解決を図ることができる．基軸通貨国の場合には，そうした自浄作用が働かない．したがって，これは基軸通貨国の特権であるとともに，足枷でもあるのかもしれない．

2011年以降は，米国の経常赤字が拡大する傾向が見られないにもかかわらず，対外純債務は拡大している．これは，この時期に米ドルの実効為替レートが増価（外貨が減価）したためである．皮肉にも，経常収支が回復した時期に対外純資産が悪化する事態となっている．一方，2010年代後半は経常赤字が拡大してもドル高と米国株高であったため，経常赤字と対外純債務がパラレルに拡大している．

## 6.3　欧州ソブリン危機とユーロの行方

### 6.3.1　欧州ソブリン危機の経緯

ユーロは欧州諸国の共通通貨として1999年に誕生した．当初のユーロ圏参加国は11カ国であったが，その後，徐々に参加国が増加し，2024年1月時点では20カ国が参加している[15]．

**図6-7**はユーロの対米ドル，対円為替レートを示している．前述したとおり，誕生直後から2年ほどはユーロ安で推移したが，その後は世界金融危機が発生するまでユーロ高で推移してきた．ユーロ金利との内外金利差はそれほど高くなかったにもかかわらず，ユーロ高で推移してきたのは，第二の基軸通貨

---

15）ユーロ誕生までの欧州為替制度については，3.1.4項で詳述している．

図 6-7　ユーロの対円，対米ドル為替レート

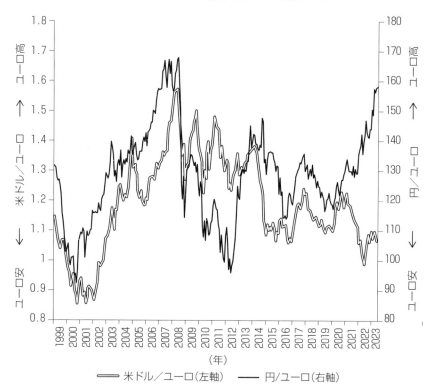

注）Refinitiv 社，Datastream より取得したデータを用いて筆者作成．左軸，右軸はそれぞれユーロ
　　の対米ドル，対円為替レートの目盛を示している．いずれも数値の上昇はユーロ高を表す．

ユーロに対する期待が背景にあったものと考えられる．

　しかし，2008年の世界金融危機の発生時に，ユーロは米ドルや円に対して大
きく減価する．さらには，2009年にギリシャ危機が発生し，ユーロは両通貨に
対して再度減価する．ギリシャ危機の影響は，その後，欧州ソブリン危機とし
て欧州全域へと拡散する．危機の影響が深刻化するたびに，ユーロは減価し，
危機の打開策が発表されると増価方向に揺り戻す動きを繰り返していた．ユー
ロは，この時期に同じく財政赤字の急増に直面していた米ドルに対しては一進
一退を繰り返していたが，円に対しては，アベノミクス第1の矢が発動される
まで大きく減価している．コロナ禍以降の対米ドル為替レート，対円為替レー

図6-8　ユーロ参加国の10年物国債利回り

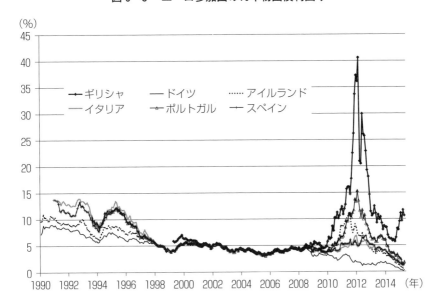

トの動きは対称的で，ユーロは円に対しては増価傾向で推移しているが，米ド
ルに対しては減価している．

　図6-8は，ユーロ参加国の国債利回りの推移を示している．ユーロ圏への
参加条件を定めた**マーストリヒト基準**によれば，ユーロ参加国は財政赤字，公
的債務を上限以下に抑えることを求められるとともに，長期金利，あるいはイ
ンフレ率を域内で安定している3国の水準に収斂させることを義務付けられて
いた．この収斂基準は1993年に定められたが，1993年以前でも，すでに長期金
利の域内格差は縮小傾向にあり，また基準制定後からユーロ誕生に向けて，国
債利回り格差は急速に縮小していく．ユーロ誕生後はいずれの国債利回りも低
位で安定的に推移していたが，ギリシャ危機が発生すると，まずギリシャ国債
の利回りが高騰し，続いてポルトガルやスペイン，イタリアなど，財政赤字の
対GDP比が高めの国の国債利回りも上昇気味に推移するようになる．最終的
には，ユーロ圏全域で，国債利回りが最も安定していたドイツ国債との利回り
格差が拡大するようになる．利回り格差は，欧州ソブリン危機が終息を迎える
2012年後半まで続くが，2014年の後半になるとギリシャの財政危機が再燃し，

### 表6-1　欧州ソブリン危機の経緯

| | |
|---|---|
| 2009年10月 | ギリシャの財政赤字に関する不正会計が発覚. |
| 2010年 5 月 | IMF, EU共同の支援枠組みによるギリシャ救済が決定. |
| 2010年 6 月 | 欧州金融安定ファシリティー（EFSF）創設 |
| 2010年11月 | IMF, EU共同の支援枠組みによるアイルランド救済が決定. |
| 2011年 5 月 | IMF, EU共同の支援枠組みによるポルトガル救済が決定. |
| 2011年12月 | ECB, LTRO（3年物長期リファイナンシング・オペ）実施. |
| 2012年 2 月 | ギリシャに対する2次支援とギリシャ政府の対民間債務のヘアカット（民間セクター関与（PSI））決定. |
| 2012年 9 月 | ECB, 無制限の国債買取り（OMT）を決定. |
| 2012年 9 月 | 銀行監督一元化案を発表. |
| 2012年10月 | 欧州安定メカニズム（ESM）創設. |
| 2013年 3 月 | 全預金への課税を条件に、ユーロ圏がキプロスへの金融支援を決定. |

ギリシャ国債の利回りは高騰を始める.

　表6-1には欧州ソブリン危機の経緯を示している. 欧州ソブリン危機はギリシャの財政赤字の粉飾決算から始まる. ユーロ参加国は，財政赤字を対GDP比で3％以内，公的債務残高を対GDP比で60％以内に収めることを義務付けられているが，ギリシャの財政赤字がその上限の4倍を上回っていたことが発覚する. その後，ギリシャ政府は財政再建策を発表するが，その実現可能性に対して市場では懐疑的な見方が広がる. ギリシャ国債の借換期日が迫る中で買い手が消滅したことから，ギリシャ国債のデフォルト懸念が一気に高まり，ギリシャ国債の利回りが高騰した.

　2010年5月にはギリシャに対する支援策がまとまり，金融市場はいったんは平穏を取り戻す. 2010年6月にはユーロ圏内で危機に陥った国をユーロ参加国全体で支援する枠組みである**欧州金融安定ファシリティ**（European Financial Stability Facility：EFSF）が発足する.

　しかし，平穏もつかの間，2010年秋にはアイルランドのデフォルト懸念が高まり，欧州の金融市場には再び緊張が高まる. アイルランドの金融機関は世界金融危機の発生時に不動産バブルの崩壊で多額の不良債権を抱えることになるが，アイルランド政府は金融機関の零細債権者も含めて保証することを約束す

る．その結果，アイルランド政府の財政赤字はGDPの3分の1ほどに拡大
し，アイルランド国債の価格も暴落する．そこで，2010年11月にはアイルラン
ドへの金融支援が決定される．しかし，その後も欧州全域では不安定な状態が
続き，2011年5月にはポルトガルも金融支援を受ける事態に陥る．

　アイルランドの国債利回りは，金融支援の効果に加えて，経済改革が功を奏
し，低下し始める．しかし，それ以外の国の国債利回りは高止まりを続け，ギ
リシャの国債利回りは40％に到達するまで上昇する．ギリシャやポルトガルな
どの小国だけではなく，スペインやイタリアなどの大国，あるいは公的債務残
高が高めで金融危機の影響が大きかったベルギーの国債利回りも上昇が顕著に
なる[16]．2012年9月にECBが**無制限の国債買取り**（Outright Monetary
Transactions：OMT）を発表する頃になると，ようやく国債利回りは落ち着
きを取り戻すようになる．

## 6.3.2　欧州ソブリン危機の背景：経済格差，対外収支不均衡および過剰投融資

　そもそも，なぜこのような危機が起こったのか，まずはギリシャ危機の遠因
を考えてみる．ギリシャがユーロ圏に参加したのは2001年である．その後，ユ
ーロ圏への参加国は増えていくが，1999年のユーロ誕生時からユーロ圏に参加
していたのは，参加基準を満たした国に限られた．さらには，当初からの参加
国のなかにも，発足当初よりユーロ圏への参加が危ういとみなされていた国も
あった．これは，前述の図6-3からも示唆されるところであり，経済格差が
存在した上での共通通貨圏の創出であった[17]．

　ギリシャがユーロ圏に加盟すると，ギリシャで使用される通貨は，かつての
ドラクマからユーロに切り替わる．つまり，ギリシャは他のユーロ圏諸国と
（半）永久的に固定相場を設定することとなった．ユーロの価値はユーロ圏の
経済状況を反映して世界の外国為替市場において決定されるが，その価値は，

---

16）巨額の財政赤字を背景に国債利回りの高騰がとりわけ懸念されたギリシャ
（Greece），イタリア（Italy），アイルランド（Ireland），ポルトガル（Portugal），ス
ペイン（Spain）の5カ国は，その頭文字をとって**GIIPS**とよばれた．

ユーロ参加国の経済の加重平均値を反映するものといえる．ユーロ圏の最大の経済国はドイツであり，したがってユーロの価値はドイツの経済状況を色濃く受けて決まることになる．

　ドイツをはじめとするユーロ圏の中心国の経済状況を反映したユーロの価値は，ギリシャなどの中所得国からみれば割高な水準となる．これはギリシャ製品の国際競争力を低下させることになる．たとえば，ギリシャはオリーブなどの農産物を輸出しているが，世界のオリーブ市場ではユーロ高のためにギリシャのオリーブは割高となる．あるいは，ギリシャの主要産業は観光だが，ユーロが割高なためにギリシャでの滞在費は高止まり，ユーロ圏外の観光地との競争では不利な状況におかれる．

　また，経済の実力よりも割高な通貨をもつことで，ギリシャの購買力は高まることになる．これは，ギリシャの海外からの輸入を増大させることにつながる．割高なユーロによって，ギリシャからの輸出が減少する一方でギリシャへの輸入が増大し，ギリシャの経常赤字は増加することとなった．

　**図6-9**は，ユーロ参加国の経常収支の推移を示している．ドイツはユーロ圏で最大の経常黒字国であり，また，オランダやルクセンブルク，オーストリア，フィンランドなども黒字国として定着していた．一方，経常赤字国として定着していたのは，スペイン，ギリシャ，ポルトガル，イタリアなどであった．世界金融危機が発生するまでは，経常赤字国の赤字額は増加する一方であり，好景気のなかで割高な通貨を保有するこれらの赤字国が輸入を増大させていたのである．

　このように経常黒字，あるいは経常赤字を定着させる国があっても，ユーロ圏の国々は為替レートで不均衡を是正させる手段を持たない．変動相場制の場

---

17) 豊かさの指標としては1人当たりGNIがよく使われている．世界銀行によれば，ユーロ圏19カ国で最も豊かな国はルクセンブルクであり，2013年の時点では69,880ドルである．次いで，オランダが51,060ドル，オーストリアが50,390ドルである．一方，最も1人当たりGNIが低いのはリトアニアの15,100ドルであり，次はラトビアの15,280ドルである．最も豊かな国の1人当たりGNIは最も貧しい国の4.63倍である．1999年のユーロ誕生時からの加盟国11カ国に限定しても経済格差は確認され，11カ国中で最も所得水準が低いポルトガルの1人当たりGNIは21,310ドルである．こうした経済格差はユーロ誕生時よりほとんど改善されなかった．

## 図6-9　ユーロ参加国の経常収支

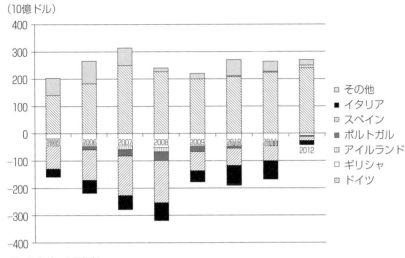

データ出所：世界銀行

合には，自国通貨の減価が輸出を増やし，輸入を減少させるため，経常赤字を克服できる．しかし，ユーロ圏諸国の場合には為替レートによる調整メカニズムがはたらかないため，経常収支不均衡が拡大し続けてしまうのである．

　経常赤字国における景気過熱は消費の面だけではなく住宅投資を含めた投資の面にも現れていた．ソブリン危機に陥った国では同時に金融危機も発生したが，金融危機の影響は危機が発生した国にとどまらず，ユーロ圏全域へと拡散した．その背景として，ドイツやフランス，オランダなどのユーロ圏の中心国から南欧諸国への過剰融資が挙げられる．

　共通通貨圏が創出されると，域内の資産はすべてユーロ建てとなるため，域内の投資家や銀行は為替リスクを負わずに域内での投融資活動を展開できるようになる．とりわけ，南欧諸国が発行した国債などは，安全資産であるにもかかわらず，高い利回りが期待できる投資対象とみなされ，積極的に投資された．

　ユーロ参加国はユーロ導入に向けて諸国間の国債利回り格差の縮小に努めてきたが，ユーロ導入後でも利回り格差がゼロになったわけではなく，信用リス

クなどを反映した超過利回りが存在していた[18].　のちに，南欧諸国の政府の信用リスクは顕在化することになるが，ギリシャの財政赤字の不正会計問題が発覚するまで，中心国の投資家や銀行の信用リスクに対する認識は不十分であり，過剰な資金が南欧諸国に貸し付けられた．特に，2007，2008年の世界金融危機の発生時には，「質への逃避」現象として，金融セクターへの投資が減少し，南欧諸国の政府機関向けの投融資が拡大している．南欧諸国側から見れば，為替リスクを負わずに従来よりも低い調達コストで資金を調達することができた．こうして南欧諸国で調達された資金は，財政支出を拡大させるとともに，不動産市場などにも流れ，資産バブルにつながっていったといえる．

　ギリシャ危機以降，中心国の投資家や銀行は南欧諸国向け投融資に関して不良債権を抱えることになった．こうして南欧諸国の危機は国境をまたがる投融資活動を通じてユーロ圏全域へと拡散していった．特に，銀行の不良債権問題に対する懸念は甚大であった．経営悪化に陥った銀行が融資を控えれば，実体経済活動も減速する．また，銀行は金融市場において緊密なネットワークを形成しており，ある金融機関の経営破綻が他の金融機関の破綻へと連鎖する可能性がある．さらに，銀行が深刻な経営危機に陥り，当該国政府が金融機関への公的資金注入を迫られるような事態になれば，税収の落ち込みに加えて財政支出も重なり，当該国のソブリン・リスク懸念へと発展する可能性もある．

　南欧諸国から勃発したソブリン危機であったが，中心国の金融機関の不良債権問題へと発展したことで，欧州全域の問題として認識されるようになった．次第に，ドミノ倒しのようにソブリン・リスクが連鎖する事態に対して，ドイツをはじめとする中心国がどこまで耐え得るのかという懸念へと変質していった．

---

18) もし，ギリシャ国債のほうがリスクは高いにもかかわらず，ドイツ国債とギリシャ国債の利回りが同じ水準であれば，誰もギリシャ国債に投資しようとはせず，ギリシャ政府も資金を調達できなくなる．そのため，ギリシャ国債の利回りはドイツ国債の利回りよりも高くならざるを得ない．この場合の利回り格差は，ギリシャ国債への投資に係るリスクを負担するための見返り，すなわちリスク・プレミアムとみなせる．

## 6.3.3　ユーロ圏は最適通貨圏といえるか

　共通通貨圏を創設する場合，参加国の間に経済格差がないほうが理想的ではあるが，実際にはある程度の経済格差は残ってしまう．そこで，不均衡が拡大した際に，それを是正するための為替レート以外の手段を持ち合わせているか否かが重要となる．その解決手段として挙げられるのが，労働の移動性，財政の移転などである．

　ユーロ圏の労働移動の自由については，法制度としてはすでに整備され，欧州域外と比べれば格段に労働の移動性が進んだ．しかし，労働は資本とは異なり，言語や文化の違い，社会保障制度や労働規制の違いなどが存在することから，国際的移動が十分に実現するわけではない．そこで，財政政策の一元化を達成することが重要となってくる．

　金融政策については，すでに統一が実現している．金融政策の統一とは，ユーロ圏内の国々に対して唯一の金融政策が適用されることを意味する．それは，すなわち，ただ一つの政策金利がすべての参加国に適用されることである[19]．

　しかし，金融政策では，経済の不均衡は是正できない．たとえば，ドイツでは景気過熱が，スペインでは不景気が問題であったとする．このときに，ECBが利上げをすれば，ドイツの景気過熱は解消されるが，スペインの不景気はさらに悪化してしまう．逆にECBが利下げをすれば，スペインの不景気は緩和されるが，ドイツの景気過熱はさらに加速してしまう．

　労働が自由に移動できれば，こうした不均衡は是正できる．景気が過熱しているドイツでは人手不足，不景気のスペインでは失業が発生している．そこで，失業状態にあるスペインの労働者がドイツに移動すれば，両国の労働の過不足は解消される．景気が過熱しているドイツでは賃金上昇でインフレが起こっているはずだが，労働者が増えることで賃金上昇やインフレも沈静化するで

---

19）ECBの前身はユーロ圏参加国の中央銀行である．ユーロ創設以前に各国で中央銀行としての任務をはたしていた機関は，現在ではECBの下部組織としての位置付けにある．ECBはユーロ圏内の唯一の中央銀行として金融政策をつかさどっている．

あろうし，スペインでも逆の事態が起こるはずである．ただし，前述したように，スペイン人がドイツに移住することは，容易いことではない．

　財政移転で上記の事態の解決を図るということは，ドイツで増税を行い，その財源をスペインに移転し，不況対策としての支出に充てることを意味する．こうした政策により，ドイツの景気過熱は沈静化し，スペインの不景気が緩和される．

　財源の移転を可能にするには，財政政策を一元化する必要がある[20]．しかし，現在のユーロ圏では財政政策の一元化は実現していない．むしろ，ある国の財政赤字を他の参加国の黒字で補うことは禁止されていた．

　欧州ソブリン危機を契機に，財政政策の一元化が部分的に実現することになる．平常時については，今まで通り，各国が財源の独立性を維持し，政府は自国のために自国の財源を用いる．しかし，危機が発生した場合には，財政赤字に陥った国を，周辺国の財源でもって救済するシステムが創出された．それが，EFSF であり，のちに恒久機関として EFSF から移管された欧州安定メカニズム（ESM）である．

　為替レートの不均衡是正機能をもたないユーロ圏にとって，財政政策の一元化をどこまで実現できるか，またユーロ圏内の経済格差をどれだけ縮小できるかが今後の課題となる．EFSF や ESM など，危機への備えとしての支援枠組みを創設するだけでも，強い反発があった．とりわけ，最大の支援国となるドイツの国民は，血税が南欧諸国の支援に使われることに対して強い抵抗を示した．また，支援する側に回った国の中には，危機に陥り金融支援を受けた国よりも所得水準が低い国もある．ましてや，平常時における財政政策の一元化を実現することは，並大抵のことではない．

　そもそも，危機の発生の背景には域内諸国間の経済格差があるため，ユーロ

---

20）日本国内では円という共通通貨が使用されているが，日本国内でも経済格差がないわけではない．最も所得水準が高く，多くの税収をあげているのは東京だが，財政赤字が著しい地方もある．地方にとって，円の水準は割高であるはずだが，東京と地方は共通通貨圏に属しているため，為替レートの調整機能がない．しかし，日本国内では財政政策が一元化されており，東京の税収の一部が地方に移転されるため，不均衡が是正されているのである．こうした状況は，すべての国に当てはまる．

圏の安定化を図るためには，経済格差の是正を図るための政策が必要となる．
EUは欧州地域開発基金を創設し，地域間格差の是正のための後進地域への補
助金支給を行っている．その財源は高所得国からの拠出金に依存するため，上
述の財政政策の一元化と同質のものともいえる．ただし，ここでは後進国の競
争力強化を促進させるプロジェクトに主眼が置かれている[21]．

　無論，ユーロ圏内の地域間格差を是正することは，長い時間を要する作業で
ある．しかし，現在のユーロ参加国がすべてユーロ圏にとどまることを前提と
するならば，地域間格差を是正する試みは，後進国のみならず，ユーロ圏全体
の利益になるはずであり，ユーロの価値向上にもつながるであろう．

## 参考文献

国土交通省国土政策局「各国の国土政策の概要」（最終アクセス日：2015年8月31日）
　　http://www.mlit.go.jp/kokudokeikaku/international/spw/general/eu/）
ジェトロ「EUの地域開発政策および投資誘致政策」，JETRO ユーロトレンド2004年1月
　　号．
内閣府「グローバル化・人口減少時代の財政の在り方」，年次経済財政報告第3章，2012
　　年．
Gourinchas, P.-O., H. Rey and K. Truempler, "The financial crisis and the geography of
　　wealth transfers," *Journal of International Economics*, 88(2), pp.266-283, 2012.
Iwamoto, T., "Structural changes of global economy based on gross capital flows and
　　international investment positions," Report of Joint International Research Project by
　　Japan, China and Korea, Impacts that the Structural Transformation of the World
　　Economy Has on the East Asian Region, The Economic and Social Research Institute
　　(ESRI) of the Cabinet Office, Government of Japan, 2013.
Lane, P. R. and J. C. Shambaugh, "Financial exchange rates and international currency
　　exposures," *American Economic Review*, 100(1), pp.518-540, 2010.

## 練習問題

6-1　経済協力開発機構（OECD）のホームページからデータを収集し，ユーロ圏諸国
　　の財政赤字の対GDP比がどのように推移してきたかを確認しなさい．（https://data.
　　oecd.org/gga/general-government-deficit.htm）
6-2　国際決済銀行（BIS）は，各国の狭義（narrow）の実効為替レートと広義
　　（broad）の実効為替レートを公開している．BISのホームページ（https://www.bis.

---

21）詳細は，ジェトロ（2004），国土交通省国土政策局（2015）など．

org/statistics/eer/index.htm）より，狭義もしくは広義の名目実効為替レート（nominal effective exchange rate）のデータを収集し，本章で紹介した主要 3 通貨（円，米ドル，ユーロ）以外の通貨の為替レートに関するグラフを作成した上で，名目実効為替レートの推移を確認するとともに，主要 3 通貨とその他の通貨を比較しなさい．なお，BIS から公表されている実効為替レートでは，数値の上昇は通貨価値の上昇を表している．

# 第3部

# 為替レートの決定理論

第 **7** 章 長期の為替レート決定理論

## はじめに

　あなたが旅行で訪れた海外のある国で，日本で売られている商品と全く同じ
商品が，ある店のショーケースに綺麗に並べられて売られているとしよう．そ
の商品には値札が貼ってあって，当然ながらその国の通貨で価格が表されてい
る．ショーケースに近づき，その値札に書かれた価格を見たあなたは，無意識
のうちに，その外国通貨建ての価格を日本円建ての価格に直して計算している
ことだろう．そして商品の価格が日本で売られている価格よりも，何と20％も
安かったことに気がついて，我に返って，ちょっとした考えを巡らし始めては
いないだろうか——ショーケースに並べられた商品をすべて買い取って，日本
で売ったらどうだろうか，と．

　このように価格の安いところで商品を買い，それよりも高い価格で商品を売
ることを**商品裁定**という．商品に価格差がある限り，商品裁定によって儲けを
得ることができるなら，誰もがこの**商品裁定取引**をビジネスとして，貿易会社
を経営し始めるかもしれない．しかしこの利益の獲得機会を狙って，大勢が同
じ商品裁定取引に参入したら，一体どうだろうか．また，値札に記された外国
通貨建ての価格を，日本の円建て価格に直す際の為替レートが，翌日には20％
も円安に変化していたとしたら，それでもあなたは商品裁定取引を続けるだろ
うか．

　本章では，財・サービスが国境を超えて取引される際，商品裁定取引と為替
レートとの間には一体どんな関係があるのかに着目しながら，購買力平価説

(Purchasing Power Parity: PPP) について学ぶ．また為替レートがどのように
決定されるのか，実際の為替レートの動きと購買力平価説で示される為替レー
トがなぜ一致しないのかについて考える．

## 7.1　商品裁定と一物一価の法則

　商品裁定の機会が存在するならば，その機会を利用して人々は利ざやを稼ご
うとする．しかし裁定取引は，利益の獲得機会が将来にわたって常に存在し続
けるわけではない（**図7−1参照**）．裁定取引が進むにつれ，商品を安く仕入れ
る市場（＝①）では，裁定取引を行う人々の需要が増加（＝需要曲線がシフ
ト）する一方で，需要の増加に応じて商品の供給量が増加しはじめ，市場での
取引量の増大によって市場価格は上昇する（$P_A \rightarrow P_B$）．また，商品を高く売
ることができたはずの市場（＝②）では，裁定取引を行う人々がもたらす商品
によって市場への供給が増加（＝供給曲線がシフト）する一方で，その商品に
対する需要量はほとんど変わらず，市場への供給量が需要量を上回ると，市場
価格は下落する（$P_D \rightarrow P_C$）．それぞれの市場において，商品の需給バランス
が変化したことで，商品裁定の機会を与えていた最初の価格差（＝$P_D - P_A$）
は，市場価格の変化によって次第に小さくなっていく（＝$P_C - P_B$）．
　価格差が小さくなることは儲けが小さくなることを意味するため，商品裁定
によって儲けようと画策していた業者達は，儲けが出ないのであれば裁定ビジ
ネスから撤退するかもしれない．たとえば，2つの市場間の輸送費を無視する
ことができるとすれば，商品の価格が同じ（$P_E$）になったところで，商品裁
定の機会は消失し，誰も2つの市場の間で，商品裁定取引を行わなくなると考
えられる．それぞれの市場ではもうこれ以上需要曲線・供給曲線のシフトが生
じないため，市場は点$E$において均衡に至ることになる．
　商品裁定取引が行われると，ある商品の価格は，やがては1つの価格に収束
していくことを**一物一価の法則**（Low of One Price：LOP）とよぶ．
　このような商品裁定取引は国内だけでなく，貿易によって国境を越えて国際
間で行われることがある．たとえば，外国で売られている商品の価格を$P^*$ド
ル，同じ商品が自国では$P$円で売られていたとする．外国と自国の為替レー

## 図7-1　商品裁定取引

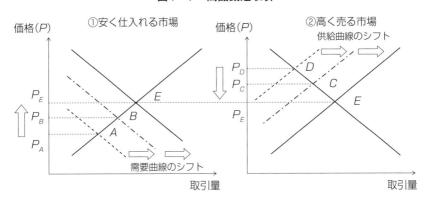

ト：$S$ は，外国の通貨1単位の価値（＝1ドル）を，自国の通貨で表すと何単位（＝○○円）になるか，を2国間の通貨の交換比率で表しているとする．ここで，2国の間で輸送をする際の輸送費や，輸出入にともなって発生する関税など，裁定取引をする際に必要となる取引費用を一切無視する．

　**図7-2** は商品裁定取引を，国境を越えた商取引に拡大した場合を示している．自国で売られている財と，同質の財が外国で生産され，商品裁定取引によって自国にどの程度輸入されるかを考えてみよう．

　まずはじめに，自国の財市場（＝①）では点 $B$ において市場が均衡し，価格：$P_B$ 円で売られている．外国の財市場（＝④）では点 $A^*$ において市場が均衡し，価格：$P_A^*$ ドルで売られている．この時，外国為替市場（＝③）で自国通貨と外国通貨との交換レートを示す為替レートは $S_A$ であるとする．外国で生産された商品を自国に輸入した場合に，その輸入品の価格を自国通貨建てで表すと $S_A \times P_A^*$ であることから，この時点で国境を越えて裁定取引を行った場合には，$P_B - (S_A \times P_A^*)$ だけ利ざやを稼ぐことができる．

　図7-1の例と同様に，商品裁定取引が始まると，安く仕入れることになる外国の財市場（＝④）では需要が増大（＝需要曲線がシフト）して価格が上昇し，高く売ることになる自国の財市場（＝①）では供給が増大（＝供給曲線がシフト）して価格が下落する．

　さらに，国際的な商品裁定取引においては，外国為替市場の為替レートの動

## 図7-2 国際間の商品裁定取引と外国為替市場

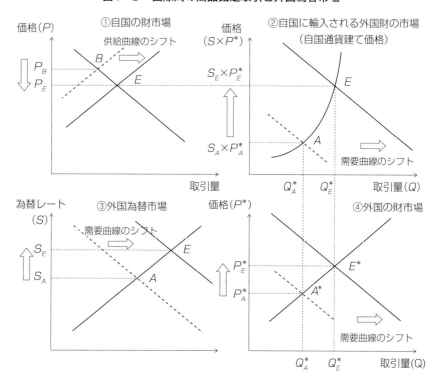

きにも注目しなければならない．なぜならば，自国の輸入業者が外国の財市場で安く商品を仕入れるためには，買い付けに必要なお金を自国通貨から外国通貨に交換しなければならないし，外国の輸出業者は，販売した商品の売り上げ代金が自国通貨（円建て）で得られることから，それらを再び外国通貨（ドル建て）に両替して，輸出業者の本国に送金しなければならない．外国為替市場（＝③）では，商品裁定取引によって利ざやを稼ごうとする取引が始まり，外国の財への需要が増加すると同時に，外国通貨に対する需要が増加し，為替レートは自国通貨安・外国通貨高へと変化（＝需要曲線がシフト）することになる．自国に輸入される財の市場（＝②）において，輸入された外国の財を自国通貨建てで価格表示すると，外国為替市場（＝③）と外国の財市場（＝④）の２つの市場の需要要因のシフト[1]によって，価格は $S_A \times P_A^*$ から上昇すること

となる.

　商品裁定取引がどこまで行われるかは，一物一価の法則が成り立つ限り，輸入される財の自国通貨建て価格が，自国の財の価格と一致する直前までとなるはずである．商品裁定取引が行われなくなる点は，自国の財市場（＝①）と自国に輸入される財の市場（＝②）それぞれにおいて点Eであり，$P_E = S_E \times P_E^*$ となった時に，利ざやが消失する．

　このように，一物一価の法則に従えば，両国で売られているこの商品の価格は，いずれかの国の通貨に置き換えて表した際に，同じ貨幣価値を持つことになるので，次のような式が成り立つ.

$$P_t = S_t \times P_t^* \tag{1}$$

ここで，$t$ は時点を表す添え字である．この時，国境を越えた裁定取引が行われる条件は，

$$S_0 \times P_0^* < P_t \leq S_1 \times P_1^* \tag{2}$$

となる.

　たとえば，$t = 1$ 期において(1)式が成立した際には，外国で商品を仕入れて自国で販売する裁定取引によって得られる利益がゼロとなり，これ以上，外国市場で仕入れを行うことも，仕入れに必要な外貨を購入することも，そして自国市場で輸入品を販売することもない.

　すなわち，外国および自国の財市場と，外国通貨と自国通貨を交換する外国為替市場にもうこれ以上の作用が加わらないことからそれぞれの市場の均衡値：外国市場の財市場における均衡価格，自国市場の財市場における均衡価格が決定し，外国為替市場における為替レートの均衡値，の3つが決定する．したがって，以下が成り立つ.

$$P_1 = S_1 \times P_1^* \tag{3}$$

---

1）図7-2の自国に輸入される財の市場（＝②）において，供給曲線の概形が直線ではなく，弧を描く曲線として描かれているのは，外国の財価格と為替レートの積で表されるためである．個々の輸出入業者による通貨の売り買いが，市場全体の取引量から見れば相対的に小さく，外国為替市場に与える影響を無視可能（外国通貨への需要曲線がシフトしない）とすれば，自国に輸入される財の市場の供給曲線も，図7-1と同様に直線で描くことができる.

貿易を通じた財の裁定取引が行われる限り，為替レートには均衡値が存在することとなる．

このように2国間の財の裁定取引に着目して，2つの国の間の通貨の交換レートである為替レートが決定すると考える理論を「購買力平価説（PPP）」とよぶ．もし2つの国で取引する財が1種類だけしか考慮しないのなら，2国間の為替レートは次のように決定される．

$$S_t = \frac{P_t}{P_t^*} \tag{4}$$

## 7.2　絶対的購買力平価説と相対的購買力平価説

各国で流通する貨幣（＝通貨）の一つの機能には，すべての財やサービスの交換取引において必要不可欠な「価格」という，価値尺度を与えることである．しかし，前節の例のように特定の1種類の財だけを取り上げて価格を比較して，2つの国の通貨の交換比率を計算する場合には，経済活動の実態とは偏りがあるかもしれない．

たとえば，あなたが暮らす国で1カ月の生活で消費する様々な財を，机の上に並べてみることを想定してみよう．目の前に並べられた財一つひとつの価格の推移を，1年間に渡って記録してみる（＝このように机の上に並べられた様々な財の集まりを**バスケット**とよぶ）．バスケットの中身の合計は，1月には10万円で買うことができたが，12月には12万円になっていた．バスケット内の幾つかの財価格が上がったことで，12月に以前と同じ暮らしをするためには，より多くのお金を支払わなければならない．このことを10万円というお金の価値からみると，1月に10万円で買うことができた財のバスケットは，12月には10万円ではそのバスケットを買うことができないことから，10万円という貨幣の持つ**購買力**が下がっているということを意味している．

ここで，東京で暮らしていたあなたが，留学のためにサンフランシスコにしばらく移り住むことを考えてみよう．東京で1カ月の生活で消費する様々な財が入ったバスケットと，サンフランシスコで1カ月生活するのに消費する財のバスケットとを比較してみると，あなた個人にとって，東京とサンフランシス

コの暮らしでは，消費するものにはほとんど大きな差がなく，バスケットの中身もほとんど変わらなかったとしよう．バスケットの中身は，すべて2つの国でそれぞれ売られていることから，一物一価の法則が成り立ち，さらに自国でも外国でも，それぞれの財のバスケット全体に占める消費量の割合も，2国間で全く同じであると考えられる[2]．あなたが東京で暮らしていた時の1カ月の生活費10万円を，米ドルに両替してそのままサンフランシスコの生活費に充てた際，サンフランシスコの生活に必要なバスケットは，そのお金で過不足なく買うことができるだろうか．

　ここで，あなたの2つの都市での生活に基づいた2つのバスケットの価格を想定するように，経済全般で取引されている財の価格水準，すなわち物価水準を用いて為替レートを考慮してみよう．$t$ 時点の自国のバスケットの物価水準を $P_t$，外国のバスケットの物価水準を $P_t^*$ として表せば，それぞれの国の物価水準を用いて，(4)式の2国間の為替レートは次のように示すことができる．

$$S_t = \frac{P_t}{P_t^*} = \frac{f(P_{a,t}, P_{b,t}, \cdots\cdots, P_{z,t})}{f(P_{a,t}^*, P_{b,t}^*, \cdots\cdots, P_{z,t}^*)} \tag{5}$$

　ここで，$P_{a,t}$ は，バスケットに入っている $a$ という財の $t$ 年における自国の価格，$P_{b,t}^*$ はバスケットに入っている $b$ という財の $t$ 年の外国の価格を表している．

　(5)式に含まれる2つの国の物価水準は，それぞれの国の通貨を用いて，消費バスケットを買うのにどれだけの通貨を必要とするかを示していることから，(5)式によって示される為替レートは，2つの国の通貨が持つ購買力の比率を表している．たとえば，自国の物価水準が上昇し，自国通貨の購買力が下がれば，外国通貨の価値は相対的に上昇するため，為替レートは自国通貨安・外国通貨高を示す．

---

　2）このような状態を「一次同次」が成り立つといい，関数 $Z = f(X, Y)$ について，$mZ = f(mX, mY)$ が成り立つことをいう．すなわち，それぞれの国の物価水準を計るためにバスケットに含まれる一つひとつの財の価格が，すべて2倍になった場合には，物価水準も2倍になるが，一方で，ある一つの製品の価格が2倍になったことで，他の製品価格が3倍になったり，あるいは50％安になるように相互に影響しあうこと等によって，すべての財価格が2倍になった際に，物価水準が2倍とならないケースは想定していない．

　このように，２国間の物価水準の比率によって為替レートが決定する場合，為替レートは**絶対的購買力平価説**に従っている，あるいは「**強い意味での購買力平価説**」が成り立っているという．

　しかし，２つの国で売られている財が全く同じものであるという仮定や，それぞれのバスケットの中に含まれている個別の財の消費の全体に占める割合（＝それぞれの財のウェイト）が同じであるという仮定は，現実的ではないかもしれない．また，実際に２国間で同質の財が売られているとしても，実際にそれを外国で買い付け，輸入するために輸送し，自国で販売するには，輸送費，関税，貿易や外国為替取引の手続き等の取引費用を含めなくてはならない．ここで，取引費用を $c$ として，(4)式を書き直してみると，

$$S_t = \frac{cP_t}{P_t^*} \tag{6}$$

として表される．しかし，輸送費や関税といった取引費用は，毎日目まぐるしく変わるものではない．その点に着目して，物価の変化にあわせて為替レートがどの程度変化するかに焦点をあてて，購買力平価を表してみる．ここで取引費用 $c$ に変化がないものとして，$t$ 期から $t+1$ 期への為替レートの変化を次のように表す．

$$\frac{S_{t+1}}{S_t} = \frac{cP_{t+1}/P_{t+1}^*}{cP_t/P_t^*} = \frac{P_{t+1}/P_{t+1}^*}{P_t/P_t^*} \tag{7}$$

上記(7)式では，$t$ 期から $t+1$ 期へと時間が経過しても，取引費用には変化がないことから，この期間の為替レートの変化や物価水準の変化には影響を及ぼさない．

　さらに，絶対的購買力平価説では，自国と外国それぞれの物価水準の計算においてバスケットに含まれるそれぞれの財の構成と割合が同じでなければならなかったが，(7)式では，各時点の物価水準は $t$ 期から $t+1$ 期へと時間が経過しても，構成内容に変化がなかったとすれば，取引費用と同様に，２国間のバスケットの中身の違いが存在することが，この期間の為替レートの変化に影響を及ぼすことはなく，この期間の物価水準の変化＝通貨のもつ購買力の変化にのみ着目することができる．(7)式に基づいて，２国間の為替レートの変化率，２国間の物価の変化率＝インフレ率に置き換えると次のように表すことができ

る.

$$\hat{S}_t = \hat{P}_t - \hat{P}_t^* \tag{8}$$

ただし,

$$\hat{S}_t = \frac{S_t - S_{t-1}}{S_{t-1}},$$

$$\hat{P}_t = \frac{P_t - P_{t-1}}{P_{t-1}}$$

であり, $\hat{S}_t$ は基準時点から $t$ 時点までの為替レートの変化率, $\hat{P}_t$ は $t$ 時点のインフレ率（為替レートと同じ基準時点をもつ）を表している. したがって, 2国間の為替レートの変化率がインフレ率の格差と一致する場合, 為替レートは**相対的購買力平価説**に従っている. あるいは「**弱い意味での購買力平価説**」が成り立っているという.

## 7.3　購買力平価で測った円・ドル為替レートと実際

　**図7-3**は1970年1月から2023年6月までの円とドルの名目為替レートの推移と, 日本が変動相場制度に移行した1973年を基準とした日本とアメリカの企業物価指数および消費者物価指数から計算される購買力平価をそれぞれ示したものである.

　図をみると, 1970年から2023年までの50年超の趨勢で見れば, 実際の為替レートの推移とそれぞれの物価指数によって計算された購買力平価の推移とも, 緩やかに円の価値が高まっていることが示されており, 趨勢的には購買力平価説が実際の為替レートの動きを説明することができそうである.

　実際の名目為替レートは1973年を基準とした消費者物価指数を用いて計算された購買力平価と比較すると, 変動相場制度移行後, 常に円高であることが示されている. 一方で, 1973年を基準とした企業物価指数を用いて計算された購買力平価と比較すると, 日本が変動相場制度に移行した1973年2月以降, 実際の為替レートと購買力平価で示される為替レートが一致することが度々見られるが, 実際の為替レートは購買力平価に比べれば概ね円高であることが示されている. 一方, 2022年以降, 円とドルとの為替相場は大幅な円安傾向となって

### 図7-3　名目為替相場と購買力平価の推移

データ出所：IMF, *International Financial Statistics Online*
注：日本の企業物価指数は日本銀行「時系列統計データ検索サイト」から取得し，2010年
　　基準に変換している.

いる. 直近では，企業物価指数を基準とした場合のみならず，消費者物価指数
を基準とした購買力平価と比較した場合でも，実際の名目為替レートは円安と
なっている. このことから，購買力平価と実際の為替レートとは，時期によっ
て大きく乖離することもあれば，その乖離が小さくなることもあることが観察
できる[3].

　さらに，もし日本とアメリカ両国の物価指数の基準年を1990年として，購買
力平価を計算してみたとすれば（＝企業物価指数基準の購買力平価も消費者物

---

3）1973年を基準年とする理由の一つには，日本が固定為替相場制度から変動相場制度
　へ正式に移行したのが1973年2月であることがあげられる. また1970年代は，石油危
　機などによって日本の貿易収支が赤字となることが度々生じたが，1980年代以降に日
　本の経常収支黒字が大幅に増大する時期と比較すると，相対的には小さな経常収支黒
　字を記録している. そのため，貿易取引の理論的な均衡点に最も近い時期を1973年と
　して，購買力平価を算定することが一般的となっている.

価指数基準の購買力平価も，1990年には実際の為替レートと同じ値であったと仮定する），グラフの概形は大きく変わり，名目為替レートは購買力平価説で示される為替レートよりも常に円安の状態となるだろう．すなわち，基準年の選び方によっては，購買力平価説と実際の名目為替レートとのギャップからもたらされる含意が異なることに注意しなければならない．

## 7.4　購買力平価説の限界：なぜ成り立たないのか

### 7.4.1　財バスケットの構成，物価の測定の問題

　市場において観測される為替レートが実際には絶対的購買力平価で示される為替レートに一致しない理由は，バスケットに含まれるすべての財について厳密に"一物一価"が成立するという極めて強い仮定に依存していることが考えられる．もしあなたが，東京とサンフランシスコで同じような暮らしをしようとしても，東京の暮らしで朝食には欠かせなかったお気に入りのオーガニックのイチゴジャムと同じような製品は，サンフランシスコでは手に入らないかもしれない．東京では水道の蛇口をひねって飲んでいた水は，サンフランシスコではミネラルウォーターを購入しなければならないかもしれない．東京ではビールがよく消費されているのに対して，有名なワイナリーが近くにあるサンフランシスコではビールよりもワインの方が多く消費されているかもしれない．また東京でもサンフランシスコでも，それぞれ美味しいワインを手にできるが，日本国産の美味しいワインは安価に買うことができる一方で，カリフォルニアのナパバレーにある有名なワイナリーのラベルがついたワインは，一物一価の法則に従って，同じ通貨で表した財の値段が同じになることを期待することはできないだろう．

　オーガニックのジャムは東京でとても高価だったかもしれないが，サンフランシスコで代わりに手にした一般的な安いジャムの価格を見て，あなたは日本にその安いジャムを輸入しようとするだろうか．同じように，東京の安価な水道の水をボトルに詰めたり，日本の美味しいワインをアメリカに輸出するビジネスを始め，サンフランシスコのスーパーマーケットやワインショップの陳列棚に，日本から輸入されたボトルの水道水や日本国産ワインが，米国産のミネ

ラルウォーターや，ブランド力のある高級ワインと同じ価格で並んでいるところを想像できるだろうか．

　つまり，財のバスケットの中には，少なくとも実際に商品裁定取引が行われる可能性がある財がそれぞれに含まれていることが重要であるし，その一つひとつの財の全体に占める割合は，比較する２つの国で同じでなければ，絶対的購買力平価説が成り立つことはないといえる．一方で，２国間それぞれのバスケットの中に含まれる財が多少の相違を含んでいることや，輸送費や関税といった取引費用が存在することを考慮するのであれば，相対的購買力平価説を考える際には，これらは時間が経過して為替レートの変化には影響を及ぼさない，という仮定をおいている．

　緩められた仮定であってもその仮定を満たさなければ，相対的購買力平価説は成立しない．たとえば，日本における物価水準の一つである消費者物価指数（CPI）は，総務省統計局によって，平均的な世帯について日常購入すると考えられる財の約600品目について価格調査している．財のバスケットの中身に限らず，その品目についてはウェイト付けがなされており，国民生活の変化に応じて５年ごとに変更がなされている．消費者物価の調査では，各国間で統一した基準を作ることが難しいため，生活スタイルの変化が著しい国とそうでない国とでは，時間の経過とともに，財バスケットの構成の違いが著しくなり，２つの経済を購買力平価を用いて比較しても，実態を正しく表さない可能性がある．

## 7.4.2　非貿易財，裁定取引が生じない財，関税・非関税障壁のある市場

　あなたが東京でよく利用していた美容室でのヘアカットは，サンフランシスコの生活では，同じように居心地のよい美容室を見つけられないからといって，馴染みのスタイリストを毎月飛行機で呼び寄せることまでするだろうか．つまり，東京と同じ財としてヘアカットというサービスをサンフランシスコで購入するには，そのサービスの提供を行う労働そのものが実際に国境を越えて移動しなければならない場合がある．形のないサービスの購入は，一般的な財のような輸出入を可能としない場合がある．また，形のある財であっても，文化や宗教，生活習慣の違いなどによって，輸出入が行われることのない商品も

少なからず存在する．このような貿易が行われない財は**非貿易財**とよばれ，非貿易財は貿易されないことから裁定取引が生じないため，一物一価の法則が成り立つことは期待できない．

また，形のある財であっても，高い関税を支払わなければならない場合や，法律や制限によって輸入することができなかったり，あるいは輸入するために追加の費用を支払わなければならず，取引は行われたとしても，裁定取引の余地が無い場合がある．このような貿易の障害は，**関税障壁**および**非関税障壁**とよばれている．

高い関税が課せられる物品の例としては農産物があげられる．国内農業や酪農といった産業を保護する政策をとる場合には，輸入される農産物には高い関税を課したり，事実上輸入を禁じる場合すらある．また農産物に限らず，産業保護を目的に，工業製品の輸入に高い関税を課す場合や，経済発展著しい新興国では，モータリゼーションが急激に進み，都市の渋滞が社会問題化すると，自動車の輸入関税を高めたり，購入時に高い税金を課して，自動車の普及を遅らせるような政策をとる場合もある．

また関税以外に規制等が存在する場合も，一物一価が成立しにくい．アメリカでは自動車は左ハンドルで，スピードメーターに刻まれる速度や自動車の重量や長さを表す単位は，マイルやポンド，そしてフィートであるのに対して，日本では右ハンドルで，速度や重量といった単位は，キロ・メートル，キロ・グラムなどが使われる．アメリカ車が日本で走行するためには，左ハンドルであっても運行は許可されているが，自動車の性能を表す表記は，日本式にあらためなければならないため，スピードメーターや取扱説明書等は新たに作り直さなければならない．アメリカの自動車会社が日本輸出用に生産を行う場合には，法律に合わせた余分なコストがかかり，その分販売価格に上乗せされるだろう．その他，携帯電話などの電波周波数の違いや，様々な工業品規格の相違といったものも，場合によっては，裁定取引の妨げになる場合がある．

### 7.4.3　財価格の粘着性

短期において購買力平価で示される為替レートから名目為替レートが乖離し得る理由の一つに，財価格の粘着性があげられる．財価格の粘着性（＝名目価

格の硬直性）とは，そもそも財市場の価格決定のメカニズムに問題が生じているケースや，財の生産に必要な労働需要と労働供給において，労働市場の賃金決定のメカニズムに問題（＝賃金の下方硬直性）がある場合などで発生する．

　賃金の下方硬直性については，ケインズ経済学の流れをくむ経済学者が多くの経済モデルを用いて説明している．代表的な仮説としては，最低賃金仮説，社会規範仮説，労働組合仮説，長期契約仮説，暗黙の契約仮説，効率賃金仮説などがあり，これらによって，労働市場に賃金の下方硬直性が存在することが示されている．

　一方，価格そのものの硬直性を説明する代表的な理論には，メニューコスト仮説があげられる．メニューコストについては，企業が価格を改定するために必要な実際のコストに関するものだけでなく，企業が名目価格の調整をあえて行わない企業行動[4]も考慮される．

　経済学では一般的に，企業が生産要素のうち資本投入量を変更できないとする「短期」において，財価格の硬直性がみられ，財を供給する企業がすべての生産要素の投入量を可変とできる「長期」においては，財価格が伸縮的になる，と考えられている．そのため，財価格が硬直的となるとされる短期においては，為替レートが購買力平価説で示される為替レートに一致しにくく，財価格が伸縮的となる長期においては，購買力平価説が成り立ちやすい，と考えられている．データを用いて検証を行ってみると，短期から長期へと時間が経過するに従って，実際の為替レートが購買力平価説で示される均衡値に近づいていく特徴（＝長期平均値への回帰：mean reversion）を検出することができるが，経済理論で，財価格の硬直性が解消されるのに十分であると考えられてい

---

4）Blinder（1994）は企業の価格調整の頻度や，企業が名目価格調整を行わないと考えられる理由についてのインタビューを行っている．その理由とは，①明示的な価格契約（契約によって取引先と価格を固定している），②暗黙の契約，③価格が製品の品質を示す為，④価格の心理的な壁（999円等），⑤好不況にあわせた価格設定，⑥費用が高騰しない限り価格を変更しない，⑦限界費用が一定かつマークアップ率が一定である，⑧価格調整費用（メニューコスト）の存在，⑨企業組織が巨大で，意思決定が遅い，⑩企業が他の企業の反応に葛藤している（協調の失敗または屈折需要曲線），⑪価格変更より在庫調整の余地がある，⑫価格変更より，配達ラグやサービス，製品の品質といった要素で調整する，等である．

る時間の長さよりも，さらに長い時間が経過しないと，為替レートが購買力平価で示される為替相場に一致しないことがわかっている．このように，実際の為替レートの動きを，購買力平価説で説明しにくいことは「購買力平価パズル」[5]とよばれている．

### 7.4.4　バラッサ・サミュエルソン効果

実際の為替レートの動きを購買力平価説によってうまく説明できない理由の一つには非貿易財の存在があげられていた．しかし，国内で計測される一般物価は，裁定取引が行われにくく一物一価の法則が成り立たない非貿易財を排除して，貿易財価格だけの物価を計測することをその目的とはしていない．そのため購買力平価説で示される為替レートを計算する目的で，一般的な物価（消費者物価指数や生産者価格指数）を用いると，貿易財産業の生産性の上昇について2カ国間で格差が生じた際には，両国の一般物価には異なる影響を及ぼすために，購買力平価で示される為替レートが現実をうまく説明できないことが指摘されている[6]．一般的にこうした効果のことは"バラッサ・サミュエルソン効果"，もしくは"生産性バイアス仮説"などとよばれている．

ここで自国と外国のそれぞれに貿易財を生産する産業と非貿易財を生産する産業があり，貿易財産業で生産された財は自国で消費されるとともに貿易相手国にも輸出されるとする．そのため，それぞれの国の一般物価は，非貿易財価格，貿易財価格，輸入財価格の3つで構成されているとする．これらの産業で働いている人々は，より高い賃金が支払われる産業があれば，そちらに移動することができるが，仕事を求めて国境を越えて移動することはないと仮定する．ここで自国と外国の物価水準は，

$$P = f(P_n, P_x, P_m)$$
$$P^* = f(P_n^*, P_x^*, P_m^*)$$

で示される．$P_n$ は自国の非貿易財価格，$P_x$ は自国の貿易財産業の生産する貿易可能財のうち，自国内で消費される財の価格，$P_m$ は自国が外国から輸入し

---

5）詳しくは Rogoff（1996）を参照．

6）Balassa（1964）を参照すること．

た財価格である。$P_n^*$ は外国の非貿易財価格，$P_x^*$ は外国の貿易財産業の生産する貿易可能財のうち，外国内で消費される財の価格，$P_m^*$ は外国が自国から輸入した財価格である。

　ここで一物一価の法則が成り立っていると仮定する。つまり，貿易財と輸入財は自国でも外国でも，同じ通貨で表示すれば同じ価値を持つことになる。自国と外国の為替レート（＝ 1 単位の外国通貨を自国通貨建てで表示する）を $S$ として，また，一物一価の法則が成り立つ外国の貿易財の価格と，自国からの輸入財の価格は，自国の物価 $P_x$ を用いて置き換えてみると，

$$P = f(P_n, P_x, P_m)$$

$$P^* = f\left(P_n^*, \frac{P_x}{S}, \frac{P_x}{S}\right)$$

と示すことができる。

　自国は外国よりも貿易財産業における生産性の向上が著しく，自国では技術進歩が生じて貿易財の価格が下落したと考えよう。この技術進歩は自国の貿易財産業で働く人々の賃金には影響がなく，自国の貿易財価格が下がったからといって，自国の非貿易財産業で働く人々が，相対的に低い賃金を理由に自国の貿易財産業へと転職するわけではないため，自国の非貿易財産業の賃金や非貿易財価格には影響を及ぼさない。

　しかし自国の貿易財産業における価格下落は，外国の貿易財産業と非貿易財産業の賃金に影響を与える。輸入財として外国に輸入された自国の安い貿易財は，外国の輸入財価格を下げるとともに，一物一価の法則が成り立つとするならば，外国で生産されている貿易財の価格は，外国が自国から輸入した貿易財価格と同じ価格にまで下がらなければならない。しかし，外国では，自国のような技術進歩が発生したわけではないので，自国から輸入した貿易財価格と同じ価格となるには，外国の貿易財産業で働く人々の賃金が引き下がらなければならない。

　外国の貿易財産業で働く人々の賃金の引き下げは，外国の非貿易財産業で働く人々の相対賃金を上昇させることから，貿易財産業から非貿易財産業へと労働移動が発生し，非貿易財産業に多くの労働者が流入すると，労働供給が超過となる外国の非貿易財産業の労働賃金は下落せざるをえない。外国の非貿易財

産業の賃金下落は，外国の非貿易財産業の価格を下落させることとなる.

$$P(\downarrow\downarrow) = f(P_n, P_x(\downarrow), P_m(\downarrow))$$

$$P^*(\downarrow\downarrow\downarrow) = f\left(P_n^*(\downarrow), \frac{P_x(\downarrow)}{S}, \frac{P_x(\downarrow)}{S}\right)$$

したがって，自国の貿易財産業の生産性の上昇による貿易財価格の下落は，外国のすべての産業で生み出される価格に影響を及ぼし，外国の物価水準を大幅に引き下げてしまう.

またもう一つの可能性は，貿易財産業の生産性の上昇によって，貿易財価格に変化がなくても，貿易財産業の賃金が上昇し，同時に非貿易財産業の賃金を上昇させてしまう場合である. たとえば，先進国の製造業などではファクトリー・オートメーションや，IT 技術の活用などによって，労働生産性の成長率（＝産出量を労働投入量で割った比率）が急激に高まると同時に，労働者 1 人当たりが生み出す価値が上昇することから，貿易財産業の賃金が上昇する. 一方でサービス産業などが想定される非貿易財産業は，製造業のような貿易財産業の労働生産性の成長率に比べて，労働生産性の成長率が鈍いか，ほとんど上昇していないにもかかわらず，貿易財産業と非貿易財産業間の労働者の移動によって，非貿易財産業の賃金も上昇しなくてはならない. 生産性の上昇のない非貿易財産業の賃金の上昇は，非貿易財の価格を上昇させ，一般物価を上昇させる.

たとえば，自国に貿易財産業の生産性の上昇が生じた一方で，非貿易財産業に生産性の上昇が生じなかった場合，

$$P(\uparrow) = f(P_n(\uparrow), P_x, P_m)$$

$$P^* = f(P_n^*, P_x^*, P_m^*)$$

と表される. 裁定取引可能な財の価格に変化がなかったとしても，一般物価が変化すると，その影響が含まれてしまう.

つまり，自国と外国の貿易財において一物一価の法則が成立することを前提に，購買力平価説によって示される為替レートを計算する際，両国の貿易財のみで計算される為替レートに比べ，非貿易財が含まれた両国の一般物価を用いて為替レートを計算した場合には，自国のように貿易財産業の生産性の上昇が著しい国においては，相対的に一般物価が上昇し続けるため，この国の通貨

は，貿易財だけを想定した購買力平価より過小に評価され，外国のように貿易財産業の生産性の上昇が小さい場合には，通貨の購買力は過大に評価される．

したがって，このような生産性の上昇に格差がある2国間の為替レートについて，購買力平価説に基づいて2国間の均衡為替レートを考慮しようとする際には，十分な注意が必要である．また近年，世界経済のグローバル化の進展によって，産業の国際分業が進んだ結果，貿易財産業における生産性の上昇が大きい国は，新興国であるケースが多くなっている．しかし，経済成長が見込まれる新興国経済では，急激な資産バブルが生じたり，金融市場が投機の対象となって，外国為替市場の値動きが不安定になったり，乱高下するケースも見受けられる．また金融市場の混乱を避ける目的で，新興国では居住者と非居住者との資本取引が規制され，外国為替市場が自由に取引されないような場合もある．こうした事態が生じやすい新興国では，そもそも購買力平価説は成立しにくいと考えられる．

## 参考文献

Balassa, Bela, "The Purchasing Power Parity Doctrine: A Reappraisal," *Journal of Political Economy*, 72(6), pp.584-596, 1964.

Blinder, Alan S., "On Sticky Prices: Academic Theories Meet the Real World," in N.G. Mankiw eds., *Monetary Policy*, University of Chicago Press, Chicago, pp.117-150, 1994.

Rogoff, Kenneth, "The Purchasing Power Parity Puzzle," *Journal of Economic Literature*, 34(2), pp.647-668, 1996.

## 練習問題

### 7-1

(1) 財の貿易を通じて，「一物一価の法則」が成り立つメカニズムを説明しなさい．

(2) 絶対的購買力平価と相対的購買力平価の違いを説明しなさい．

(3) 購買力平価説が成り立たない理由を述べなさい．

### 7-2（応用問題）

(1) 実際のユーロと円の為替レートとインフレ格差のデータを用いて，購買力平価が成立するか確かめなさい．

(2) ドル建て表示の2015年の中国のGDP額とPPPで換算した中国のGDP額がそれぞれ世界第何位であるかを調べ，両者に差が生じる場合にはその理由を説明しなさい．

## 第8章

# 短期の為替レート決定理論（1）：金利平価について

## はじめに

　本章では，金利平価について解説する．金利平価とは，金利収入が得られる自国と外国の資産の間の**裁定**取引によって成立する金利と為替レートの関係式であり，資金取引の一種の均衡状態を示すものである．ここで，資金裁定とは，借入コストが安いところで資金を調達し，運用リターンが高いところで運用することで利鞘を獲得する行為を指す．

　金利平価は，いくつかの前提を置いた上で成立する．まず，国際的な資金取引にかかわる税金や取引手数料は無視できるものとする[1]．また，国際的な資金取引に対して課される規制はないものとする．さらに，対象となる運用資産は信用リスクなどがゼロの安全資産とする．

　通常，国際的な資金取引には為替リスクがかかわるが，為替リスクをヘッジするか否かで，2通りの金利平価が成立する．為替リスクを除去した上で成立する平価式をカバー付き金利平価，為替リスクヘッジを実施せずに成立する関係をカバーなし金利平価とよぶ．

　金利平価は国際金融の分野におけるベーシックな概念であり，各種の検定試験でも頻出する概念である．本章では，金利平価に関する基礎を概説するとともに，金利平価にかかわる応用問題についても説明する．具体的には，1）金

---

[1] 実際には，若干の取引手数料や税金がかかるため，こうしたコストを加味した上で金利平価式が成立するかどうかを議論することになる．

融危機時においてカバー付き金利平価はどのようになるか，2）カバーなし金
利平価が不成立である場合に円キャリートレードに関してどのようなことがい
えるのか，について取り上げる．応用問題を扱っている8.1.2項，8.1.3項，
8.2.2項の難易度は若干高い．金利平価の基礎だけを学びたい読者はこれらの
項を読み飛ばしても差し支えないが，金融ファイナンスに関心のある読者に
は，是非，読んでほしい.

## 8.1　カバー付き金利平価（CIP）

### 8.1.1　カバー付き金利平価の導出

　まずは，**カバー付き金利平価**（Covered Interest Rate Parity：CIP）から説
明する．通常，資産選択は，リスクとリターンを考慮した上で行われる．ここ
では安全資産を想定しているため，国内資産に運用する場合にはリスクは存在
しない．一方，外国資産の運用には為替リスクがかかわるのが通常であるが，
カバー付き金利平価では為替ヘッジを実施する状況を想定するため，外国資産
で運用する場合も実はリスクが存在しない．そこで，内外資産のいずれに運用
するかは，資産のリターンのみの比較によって決まることになる.

　金利平価を導出する際には，先渡取引によって為替リスクを除去するものと
想定する[2]．このとき，カバー付き金利平価は，以下のように表される.

$$\frac{F-S}{S} = i-i^*　　　　　　　　　　　　　　　　(1)$$

ここで，$S$ は現在の直物為替レート，$F$ は受け渡し時に適用される先渡為替レ
ートである．なお，$S, F$ はともに外貨1単位当たりの自国通貨価値で表示し
ている．また，$i, i^*$ はそれぞれ自国および外国の金利である．なお，左辺の
分数の分子は直物為替レートと先渡為替レートの差額であるが，これを**直先ス
プレッド**とよぶ．また，直先スプレッドを直物為替レートで割った分数は**直先
スプレッド率**とよばれる．あるいは，直先スプレッド率は，内外金利差と等し

---

2）先渡取引以外にも為替リスクのヘッジ手段はある．詳細については，第1，10章で
　解説する

いため，**スワップ・レート**とよばれることもある．

　カバー付き金利平価より，直先スプレッドの符号と内外金利差の符号は一致し，自国金利のほうが外国金利よりも低ければ，直先スプレッドはマイナスとなる．たとえば，ドルを外貨とすると，直先スプレッドがマイナスであれば，「ドルのフォワードはディスカウント」であるという．内外金利差がマイナスである裏側に，将来時点で決済されるドルのレートが現時点の直物レートよりも安く値付けされる状態があることになる．また，内外金利差がプラスであれば，「ドルのフォワードはプレミアム」であるという．

　(1)式は自国と外国の安全資産の間における裁定取引により導かれる．これを以下の例を用いて説明してみる（**図 8-1** を参照）．

　$A$ 円を円預金，ドル預金のいずれかに預けようと考えているトレーダーがいるとする．なお，円預金，ドル預金ともに満期は 1 年とする．円預金の金利が年率で $i$ であれば，満期時に受け取る元利合計金は $A(1+i)$ 円となる．一方，ドル預金に預け入れる場合には，まず手持ちの $A$ 円をドルに換金することから始める．ドルに換金する時点の円ドル直物為替レートが 1 ドル当たり $S$ 円であるとすると，$A$ 円は $A/S$ ドルとなる．ドル預金の金利が年率 $i^*$ であるとき，満期時には $A(1+i^*)/S$ ドルの元利合計金を受け取り，これを円に換金する．ここでは，あらかじめ予約しておいた先渡為替レートでドルから円に換金する．そうすると，満期時に受け取る円での元利合計金は，$A(1+i^*)F/S$ 円となる．

　円預金の運用のみならずドル預金の運用でも，運用をスタートさせる時点で，1 年後に受け取る元利合計金はすでに確定している．なぜならば，運用開始時点でのドルの購入レート（$S$）やドル預金の金利（$i^*$）だけではなく，満期時におけるドルの売りレート（$F$）もあらかじめわかっているためである．いずれの運用もリスクはないため，どちらの運用を選択するかは，リターンの多寡によって決まることになる．

　円預金の運用によって得られる元利合計金は $A(1+i)$ 円であり，ドル預金の運用によって得られる元利合計金は $A(1+i^*)F/S$ である．すなわち，$(1+i)$，$(1+i^*)F/S$ のいずれが大きいかにより，どちらの預金で運用するかが決まる．仮に，

## 図 8-1　カバー付き金利平価の例

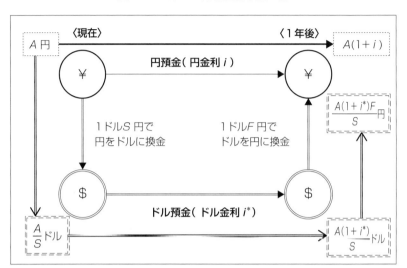

$$1+i < (1+i^*)\frac{F}{S}$$

であったならば，すべてのトレーダーがとる行動は，現時点において，直物取引でドルを購入し，先渡取引でドルを売却することとなる．なぜならば，リスクを負わずにより多くの元利合計金を受け取れるためである．また，預金金利と借入金利が同じであれば，円資金を借りてドル預金に運用することで，手持ち資金ゼロで利鞘を稼ぐことができる．あるいは，円預金を解約し，その資金をドル預金に充てることによっても，同様に利鞘を稼ぐことができる．これが，資金裁定である．

　ドル預金への運用が一斉に行われると，ドル預金と円預金の元利合計金の格差は縮小する．それは，直物のドル買い，先渡のドル売りが一斉に行われるため，$S$ が上昇し，$F$ が下落するためである[3]．利鞘が存在する限り，こうした資金裁定が行われ，最終的には利鞘が消滅する状態に到達する．その結果，

$$1+i = (1+i^*)\frac{F}{S} \tag{2}$$

---

3）裁定行為により内外の金利が変化する余地も含めて議論することもある．

という関係が成立するが，(2)式に若干の工夫を施すと，(1)式の関係が成立することになる[4]．

　(1)式，あるいは(2)式の状態とは，裁定行為がし尽くされた状態を表し，この状態で内外の金利と直物為替レート，先渡為替レートの関係が決まる．別のいい方をすると，内外の金利および直物為替レートを(1)式，あるいは(2)式に代入することで先渡為替レートが逆算されることになる．

　先渡為替レートを求める形に(2)式を変形すると，

$$F = S\frac{(1+i)}{(1+i^*)} \tag{3}$$

となる．(3)式に直物為替レートと内外の金利の情報を代入すれば，先渡為替レートが計算できる．

　ここで，以下のような数値例を取り上げよう．現在の直物円ドル為替レートが1ドル100円とする．また，円金利とドル金利がそれぞれ年率で1%，2%であるとする．この場合の1年物の先渡円ドル為替レートを求めてみると，

$$F = 100\frac{(1+0.01)}{(1+0.02)}$$
$$= 99.01961$$

となり，四捨五入すると，1ドル99円2銭となる[5]．

　次に，同じ条件の下で3カ月物の先渡円ドル為替レートを求めてみる．ここでの留意事項は，求める先渡為替レートが3カ月物であるのに対し，金利が年率で表示されている点である．そこで，期間を3カ月に統一してみる．3カ月

---

4）(2)式の右辺を以下のように変形する．

$$1+i = (1+i^*)\left(\frac{F}{S}-1+1\right)$$
$$= (1+i^*)\left(\frac{F-S}{S}+1\right)$$
$$= 1+i^*+\frac{F-S}{S}+i^*\frac{F-S}{S}$$

ここで，$i^*\frac{F-S}{S} \cong 0$ と近似して整理すると，(1)式が導出される．

5）ちなみに，同じ直物為替レートと金利の情報を(1)式に代入すると，1年物の先渡為替レートは，1ドル99円と算出される．多少の誤差が生じるのは，(1)式が(2)式あるいは(3)式の近似式であるためである．

単位の金利を(3)式に代入すると，3カ月物の先渡為替レートは以下のようになる．

$$F = 100 \frac{\left(1 + \dfrac{0.01}{4}\right)}{\left(1 + \dfrac{0.02}{4}\right)}$$

$$= 99.75124$$

すなわち，3カ月物の円ドル為替レートは1ドル99円75銭となる[6]．

　現在では，通信技術も発達し，グローバルな資金取引によって瞬時に利鞘が消滅する．瞬間的に利鞘が拡大しても，グローバルな裁定取引により，即座にカバー付き金利が成立する状態へと収斂することとなる．

　日米のように金融市場が発達し，また国際的な資金取引に関する自由化が十分に進展した国においては，カバー付き金利平価はほぼ成立すると考えて差し支えない．ただし，カバー付き金利平価の成立の前提として，運用資産としては信用リスクなどがゼロの安全資産を想定している．そこで，カバー付き金利平価の成立を検証する際には，インターバンク市場における預金金利などを用いることが多い．しかし，金融危機が発生している時期には，預金がそもそも安全資産ではなくなる可能性があるため，カバー付き金利平価が不成立となる場合がある．また，危機の発生時には，需給バランスが崩れ，特定の通貨に需要が偏ることで，カバー付き金利平価からの乖離が発生することもある．これらの点については，後述する．

## 8.1.2　為替スワップとカバー付き金利平価

**外貨の調達手段としての為替スワップ**

　(1)式は，以下のようにも書き直すことができる．

$$i = i^* + \frac{F - S}{S} \tag{4}$$

---

6）(1)式で考える場合，左辺の直先スプレッド率は3カ月間の為替変化率を表しているのに対し，右辺の金利は年単位である．そこで，左辺を4倍するか，もしくは右辺を4分の1にし，期間を統一した上で先渡為替レートを求めることになる．ちなみに，(1)式から先渡為替レートを算出すると，1ドル99円75銭ちょうどとなる．

(4)式の左辺は国内資産の収益率であり，右辺は外国資産の収益率とみなされる．したがって，カバー付き金利平価が成立する状況では，国内資産の収益率と為替ヘッジを実施した上での外国資産の収益率は等しくなることを示す．また，8.1.1項でも指摘したように，自国金利よりも外国金利のほうが高ければ，ドルのフォワードはディスカウントの状態となっている．すなわち，ドル資産への投資は金利の面からみれば円資産よりも有利だが，通貨の取引で損失が発生するため，ドル資産のトータルとしての収益率は円資産と等しくなる．

ここで，外国資産への運用は，2つの取引の組み合わせによって構成されている．まず一つは，ドル預金などの外貨建て資産の購入であり，もう一つが**為替スワップ**である[7]．

為替スワップとは，受け渡し日が異なる売りと買いを同時に行う為替取引である．たとえば，直物取引でドル買い円売りを行うと同時に，3カ月先が受け渡し日である先渡取引でドル売り円買いを行うようなものである．ちなみに，直物取引と先渡取引を組み合わせた為替スワップを**直先スワップ**とよぶ．一方，3カ月先が受け渡し日である先渡取引でドル買い円売りを行うと同時に，6カ月先が受け渡し日である先渡取引でドル売り円買いを行うようなものを，**先先スワップ**とよぶ．

為替リスクを除去した上でのドル預金への預け入れとは，直物取引でドル買い円売りを行うと同時に，将来時点が受け渡し日である先渡取引でドル売り円買いを行う為替スワップを実施した上で，ドル預金で運用していることになる．(4)式は，こうした2つの取引の組み合わせにより，円資産と同じ収益率を稼げることを表している．言い換えると，ドル資産の運用と為替スワップの組み合わせによって，実質的には円資産の運用を行うことができるのである．そこで，以下のような表現が成り立つ．

（円金利での運用）

$$＝（ドル金利での運用）＋（直物ドル買い・先渡ドル売りの為替スワップ）$$

(5)

この場合，円金利での運用は，ドル金利での運用と直物ドル買い・先渡ドル売

---

7）図1-10も参照．

図 8 - 2　直物ドル買い・先渡ドル売りの為替スワップ

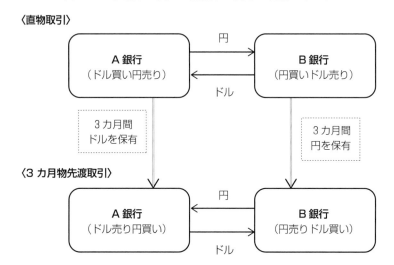

りの為替スワップの組み合わせによって**複製**できるといういい方をする.

　(5)式は, さらに以下のように書き直すことができる.

　(ドル金利での借入) + (円金利での運用)

　　= (直物ドル買い・先渡ドル売りの為替スワップ)　　　　　　　　　(6)

　したがって, 直物ドル買い・先渡ドル売りの為替スワップとは, 円を差し入れた上でドルを借り入れる行為と同じとみなすことができる. 上述の表現を繰り返せば, 円を担保とするドルの借入は, 直物ドル買い・先渡ドル売り為替スワップで複製できることになる.

　これを図示したのが**図 8 - 2**である. たとえば, A銀行とB銀行という２行の間で次のような為替スワップ取引が行われたとする. A銀行はB銀行を相手に, 直物ドル買い・３カ月物ドル売りの為替スワップ取引を行う. すなわち, A銀行はB銀行から直物取引でドルを買うとともに円を売り, ３カ月後にB銀行から円を買い戻すとともにドルを手放すという取引内容である. この３カ月間, A銀行は手持ちの円を差し出すことでドルを受け取っており, これが実質的には円を担保としたドルの借入となっている. 逆に, 直物ドル売り・先渡ドル買いの為替スワップを行っている取引相手のB銀行は, ドルを担保とした３

カ月間の円の借入を行っていることになる．A銀行のように，手持ちの円を手放してドルに換金する行為を**円投／ドル転**，B銀行のように手持ちのドルを手放して円に換金する行為を**円転／ドル投**とよぶ．

　以上からわかるとおり，直物ドル買い・先渡ドル売りの為替スワップとは，銀行にとっては一種の外貨の借入手段になるのである．為替スワップの大半は金融機関同士による取引であるが，金融機関が外貨の調達・運用手段として為替スワップを用いていることから，その取引高も膨大となっている．

## 為替スワップを用いた取引事例：金利先高予想に基づく投機

　為替スワップ取引の目的としては，カバー付き金利平価が成立する根拠となる裁定取引の他に，為替リスクのヘッジ，投機などがある．為替スワップを用いたヘッジ行為については第1章1.2節で取り上げたため，以下では，為替スワップ取引を用いた投機の事例を取り上げる[8]．

　為替スワップは外貨の借入・運用手段であるが故に，金利の予想に基づく投機手段にもなる．たとえば，3カ月後にFRBが利上げを実施すると予想している為替ディーラーがいるとする．仮に，米国で3カ月後に利上げが実施され，日本の金融政策に変更がなければ，3カ月後には日米の金利差が拡大する．この場合，3カ月より長い満期で固定金利でのドル借入・円運用を行った上で，3カ月後からドル運用・円借入を開始させるという運用戦略をとれば，自己資金ゼロで利鞘を獲得することができる．

　こうした投機を為替スワップ取引で行おうとすれば，次のような取引となる（**図8-3**）．この為替ディーラーはまず，2つの為替スワップを実施する．一つは，直物ドル買い円売り・6カ月物先渡ドル売り円買いの為替スワップ（6カ月物為替スワップ）である．もう一つが直物ドル売り円買い・3カ月物先渡ドル買い円売りの為替スワップ（3カ月物為替スワップ）である．前述したように，直物ドル買い・先渡ドル売り為替スワップは円を差し入れた上でのドル調達とみなせる．したがって，前者は実質的には6カ月間のドル借入・円運用になっており，後者は3カ月間の円借入・ドル運用となっている．したがっ

---

　8）為替スワップを用いた取引事例については，天達・馬場（2007）なども参照．

## 図8-3　為替スワップを用いた投機の事例

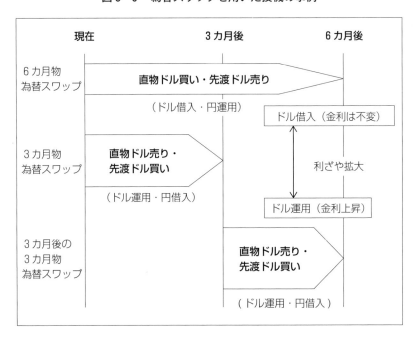

て，ここで対象となっている6カ月間のうちの最初の3カ月間については，ドルと円の貸借が相殺される関係になっているが，残りの3カ月についてはドル借入・円運用のみが残る状態となっている．この状態で，3カ月後にドルの金利が上昇すれば，ドル運用・円借入をスタートさせることで利鞘を獲得できる．すなわち，ドル金利が上昇した3カ月後の時点で，直物ドル売り円買い・3カ月物先渡ドル買い円売りの3カ月物為替スワップを実施すればよいことになる．

　具体的な数値例をあてはめてみよう．現時点で，円ドル直物為替レートが1ドル140円，3カ月物の円ドル先渡為替レートが1ドル139円50銭，6カ月物の円ドル先渡為替レートが1ドル139円であるとする．このとき，現時点で締結した2種類の為替スワップ取引により，以下のような1ドル当たりの損益が発生する．

　　　　（6カ月物の為替スワップの損益）＝139－140＝－1

$$（3 カ月物の為替スワップの損益）＝140－139.5＝＋0.5$$

　次に，為替ディーラーが予想した通り，3 カ月後に FRB が金融引締政策を
実施し，ドル金利が上昇した場合を考える．この時点で，円ドル直物為替レー
トが 1 ドル158円，3 カ月物の円ドル先渡為替レートが 1 ドル157円になったと
する[9]．この場合，3 カ月後に実施する直物ドル売り・3 カ月物先渡ドル買い
の為替スワップ取引の損益は，

$$（3 カ月物の為替スワップの損益）＝158－157＝＋1$$

となる．したがって，全体として得られる 1 ドル当たりの損益は，

$$-1＋0.5＋1＝0.5$$

となる．これが金利上昇の予測に基づく投機手段として為替スワップを利用し
た場合の損益である．

### 8.1.3　金融危機の発生時における外貨の調達：カバー付き金利平価の不成立と為替スワップ

　前項の話をもう一度整理する．(6)式を書き直すと，以下のように表せる．
（ドル金利での借入）

　　＝（円金利での借入）＋（直物ドル買い・先渡ドル売りの為替スワップ）　(7)

　(7)式は，円の借入と直物ドル買い・先渡ドル売りの為替スワップによってド
ルの借入を複製できることを意味している．すなわち，邦銀にとって，外貨を
調達する手段としては，外銀から直接外貨を借り入れる方法の他に，円で借り

---

　9）(1)式で示したように，直先スプレッド率は円とドルの金利差（3 カ月ベース）に等
　　しくなる．直物為替レートが 1 ドル140円，3 カ月物先渡為替レートが 1 ドル139円50
　　銭であれば，直先スプレッド率はマイナスになるため，ドル金利が円金利を上回って
　　いることになる．ここで，円金利が変わらずにドル金利だけが上昇すれば，金利差は
　　拡大し，直先スプレッド率の絶対値も大きくなる．実際に数値例をあてはめてみると，
　　当初の直先スプレッド率は

$$\frac{139.5-140}{140} = -0.00357 \ (-0.357\%)$$

　　であったが，ドル金利が上昇した後の直先スプレッド率は

$$\frac{157-158}{158} = -0.00633 \ (-0.633\%)$$

　　となる．

入れた上で為替スワップを実施する方法の2つがある．後者の調達方法では，邦銀が国内の金融市場で調達した円を為替スワップを用いてドルに転換し，最後は円を買い戻すことで円債務を返済することとなる．

　金融市場が正常な状態では，2種の外貨調達のコストは同じになる．それはカバー付き金利平価が成立する状態となる．前者の借入コストは，外銀に対して支払うドルの借入金利である．後者の借入コストは，国内の邦銀に対して支払う円の借入金利と直先スプレッド率を合計した金額となる．為替スワップでは，直物でドルを購入した後に先渡取引でドルを売るが，直物と先渡によるドルの売買で為替差益が得られれば，その分だけ借入コストが低下する．

　ここで，邦銀が外銀からドルを借り入れる場合の金利を$i_\$^{IP}$，邦銀が国内金融市場で円を借り入れる場合の金利を$i_\yen^{IP}$と表すと，前者の借入コストは$i_\$^{IP}$，後者の借入コストは$i_\yen^{IP} - \dfrac{(F-S)}{S}$となる．邦銀も外銀も財務健全性を維持している状態でカバー付き金利平価が成立していれば，両者は同じになる．

$$i_\$^{IP} = i_\yen^{IP} - \frac{F-S}{S} \tag{8}$$

　しかし，金融危機が発生している状態では，両者は一致しない状況が生じ得る．たとえば，1995年のいわゆる「住専問題」が顕在化した時期に，**ジャパン・プレミアム**現象が顕著となった．これは，不良債権問題の悪化を背景に，国際金融市場で邦銀が外貨を借り入れる際の借入金利が引き上げられた現象を指す[10]．すなわち，(8)式の左辺が著しく引き上げられる状況が発生したのである．

　そこで，邦銀がとった行為が，円の借入と為替スワップで外貨の借入を複製する行為であった．最終的には，多くの邦銀が為替スワップを多用したため，(8)式は再び成立する状態となるが，一時的にカバー付き金利平価からの乖離が生じる状態となった．

　財務健全性が悪化した邦銀への貸出金利であれば，ドル金利だけではなく円

---

10) ジャパン・プレミアムとは，欧米の金融機関が当時の邦銀に貸し出す際に要求したドル調達の上乗せ金利のことであり，信用リスクの悪化した邦銀への貸出を抑制したしたことで発生した．ジャパン・プレミアムは2000年代前半まで確認された．

金利も上昇するものとも考えられる．ただ，円とドルの貸出金利に対する金融危機の影響は異なることが多い．なぜならば，国内市場では当該国の中央銀行が急激な貸出金利の上昇を防止するべく資金供給の拡大によって応じるのに対し，海外の市場では外国の中央銀行が邦銀のために資金供給拡大によって対応するとの望みはもてないためである．

　この問題がクローズアップされたのが2008年秋のリーマン・ショック下における世界的な貸し渋り現象である．2007年になると，邦銀が抱えていた不良債権問題も峠を越えたが，逆に欧米の金融機関が証券化商品問題により財務健全性を著しく毀損する事態に陥っていた．いわゆる「逆ジャパン・プレミアム」現象ともよぶべき現象が見られた．しかし，2008年秋の世界的な貸し渋り現象が見られた時期には，欧米の金融機関だけではなく，邦銀もドルの借入に窮する事態に陥った．なぜかといえば，ドルが基軸通貨だからである．

　ドルは邦銀を含めた各国の金融機関による国際的な取引において幅広く使用されているが，ドル市場の中核を担う米国の金融機関の財務健全性が著しく損なわれ，疑心暗鬼を強めた米銀が互いに信用供与を絞ったことから，ドルのインターバンク市場において貸し渋り状態が悪化した[11]．その結果，邦銀を含めた世界各国の金融機関がドルの調達に窮する事態に陥った．そこで金融機関がとった行動が，為替スワップによるドルの調達であった．

　こうした状況を受けて，2008年9月には，主要各国の中央銀行の間で**為替スワップ協定**が締結されることになる．ドルの通貨を供給できる中央銀行はFRB しかない．邦銀やヨーロッパの銀行がドル市場で貸し渋りにあっても，日本銀行や ECB がドル資金を供給することはできない．そこで，主要各国の中央銀行の間で不測の事態に備えて資金を融通し合う取り決めを結んだ．こうした措置により，ドル市場の極度の貸し渋りも沈静化し，インターバンク市場の金利高騰も程なくして終息した．

　だが，カバー付き金利平価からの乖離という現象は，2010年代後半には持続

---

11) 重要なドルの預貸市場であった ABCP 市場が証券化商品市場の崩壊により機能不全に陥り，その分だけドルのインターバンク市場に負荷がかかることとなったことも，ドル市場の貸し渋り状態の悪化に拍車をかけることとなった．

的に発生するようになる．国際金融市場を揺るがすような金融不安も起こっておらず，主要各国も大規模な金融緩和を実施していたにもかかわらず，カバー付き金利平価からの乖離が発生した理由として，リーマン・ショック以降の金融規制の強化などが指摘されており，とりわけドル資産への需要の偏りが強い日本においては，カバー付き金利平価からの乖離が大きく現れた[12]．カバー付き金利平価からの乖離が拡大するとは，すなわち，ドルの調達コストが割高になる状況を意味しており，グローバルな事業展開でドルを必要とするグローバル企業にとっては深刻な問題となった．また，ドルへの一極集中という現象は新興国などでも確認されており，2020年のパンデミック宣言の際には，とりわけ新興国通貨でカバー付き金利平価からの乖離が顕著となった．コロナ禍における国際金融市場の混乱を受けて，FRBは米ドル・スワップ協定の対象国を拡大し，米ドル資金供給拡大のための協調的体制が強化されたことから，カバー付き金利平価からの乖離は速やかに終息した[13]．ただし，グローバルな資本取引の規模は拡大の一途を辿ってきたところでもあり，市場環境の急変により，米ドルの極度の資金逼迫が再び起こることも否定できない．

## 8.2 カバーなし金利平価（UIP）

### 8.2.1 リスク・プレミアムなし UIP とリスク・プレミアム付き UIP

　本節では，**カバーなし金利平価**（Uncovered Interest Rate Parity：UIP）について概説する．エッセンスはほぼカバー付き金利平価と同様だが，将来の為替取引に係る為替リスクのヘッジを行わないという点が，前節のカバー付き金利平価とは異なる．すなわち，カバーなし金利平価を導出する場合には，ドル預金の満期時点でドルから円に換金する際に，先渡レートではなく，その時点での直物為替レートで円に換金することを想定している．したがって，カバーなし金利平価では為替リスクが存在する場合を想定するが，為替リスクに対する人々の態度によって2通りの金利平価が成り立つことになる．

---

12）大野（2017, 2019）を参照．
13）大野（2021）を参照．

　1つは，**リスク・プレミアムなし UIP** であり，リスク中立的[14]な市場参加者を想定した場合に成立するカバーなし金利平価である．リスク中立的な市場参加者は，リスクの多寡にかかわらず，より高いリターンを望む選好をもつ．もし，市場参加者がリスク中立的であれば，外国資産への投資に係る為替リスクは問題にはならず，内外資産のリターン格差のみが注目される．

　内外の資産の間にリターン格差が存在すれば，資金裁定が働く．リターン格差が消滅するまで裁定行為が行われ，最終的には金利平価が成立する．こうして，カバー付き金利平価と同様の結論が導かれる．すなわち，ドル預金への投資から得られるリターンはドル金利と為替差益の総和であるが，それは自国の金利と同じ水準となり，以下の式で表される．

$$i = i^* + \frac{S^e - S}{S} \tag{9}$$

　ここで，$S^e$ は将来時点の直物為替レートに関する予想値を表す．(9)式がリスク・プレミアムなし UIP である．リスク・プレミアムなし UIP が成立すれば，直物為替レートの予想変化率は内外金利差と等しくなることがわかる．

　カバー付き金利平価とカバーなし金利平価の相違点は，内外金利差が直先スプレッド率，直物為替レートの予想変化率のいずれと等しくなるかである．カバー付き金利平価が想定する為替差益とは，為替スワップ取引から得られる為替差益，すなわち直先スプレッドであるが，これはドル預金の運用を開始する時点ですでに確定している．一方，(9)式で表されるカバーなし金利平価で想定している為替差益は不確実なものである．ドル預金の満期を迎える時点でドルをいくらで売却できるかはわからない．できることは，せいぜい売却レートを予測するぐらいである．カバーなし金利平価では，ドル預金の満期時点の為替レートを予測し，予測レートで計算した為替差益をドル金利に加味した上で，円預金とドル預金の間での裁定取引を実行するものと考える．こうした裁定取引によって導かれるのが，(9)式のカバーなし金利平価である．

　市場参加者がリスク中立的であれば，内外資産のリターンの格差だけをみて投資行動を決定する．しかし，実際には，市場参加者のリスク選好はリスク回

---

　14）リスク中立性については補論を参照．

避型である．すなわち，リスクが同水準の2つの資産があればリターンの高い資産が選択され，リターンが同水準の2つの資産があればリスクの低い資産が選択されると考えられる．

外国資産への投資には為替リスクがともなうため，外国資産のリスクは国内資産と同程度ではない．そのため，リスクの高い資産に対しては，余分に負担するリスクへの対価として，**リスク・プレミアム**が付加されると考える．

リスク・プレミアム（$RP$）を以下のように定義する．

$$RP = i - \left( i^* + \frac{S^e - S}{S} \right) \tag{10}$$

このとき，**リスク・プレミアム付き UIP** は以下のように表される．

$$i - i^* = \frac{S^e - S}{S} + RP \tag{11}$$

また，カバー付き金利平価より，内外金利差は直先スプレッド率と等しいため，

$$RP = \frac{F - S}{S} - \frac{S^e - S}{S} \tag{12}$$

と書き表すこともできる．

(12)式より，$RP = 0$ の場合には，$F = S^e$ となることがわかる．すなわち，預金の満期を迎える時点における直物為替レートの予想値は，その時点に受け渡しが行われる先渡為替レートと等しくなる[15]．この場合は，先渡為替レートを観察すれば，将来の為替レートに関する市場の平均的な予想値を知ることができる．

一方，$RP > 0$ の場合には $F > S^e$ となるが，これが意味することは次のようなことである．市場参加者は将来のドル高をリスクと感じており，市場の平均的な為替レートの予想値よりもドル高水準で先渡契約を結び，所定の水準で確実にドルを購入する意図をもっているといえる．たとえば，将来の円安ドル高を望まない輸入企業などは，割高なレートを受け入れ，先渡取引で早目にドルの調達を進めておくような状況が背後にあると解釈できる．逆に，$F < S^e$（$RP < 0$）であれば，市場参加者は将来のドル安にリスクを感じてお

---

15) この場合，先渡為替レートは不偏性を満たすといういい方をする．

り，市場の平均的な為替レートの予想値よりもドル安水準でもかまわないので，早目にドルの売却レートを確定させることを希望していると解釈できる．

また，$RP > 0$ であるということは，$i > \left(i^* + \dfrac{S^e - S}{S}\right)$ であることも意味し，円に対してリスク・プレミアムが付加されている状態を表している．この場合，現時点で円が売られ，円安が進行することにより，円預金に超過リターンが生じることになる．一方，$RP < 0$ であれば，ドルに対してリスク・プレミアムが付与されていると解釈できる．

## 8.2.2　先渡プレミアム・パズルと円キャリートレード

先進国の金融市場のように，国際的な資金取引に関する規制撤廃がほぼ完了し，情報伝達技術の著しい向上により，瞬時に利鞘獲得のための資金移動が行われるようなマーケットでは，カバー付き金利平価はほぼ成立するといえる．しかし，カバーなし金利平価が成立するかどうかについては，議論の余地が残されている．

**先渡プレミアム・パズル**という現象が知られている．これは，直先スプレッド率と直物為替変化率が逆方向に変動する傾向[16]があるというものである．8.2.1項では，カバー付き金利平価とカバーなし金利平価の双方が成立していれば，先渡為替レートは将来の直物為替レートの予測情報になると説明した．しかし，直先スプレッド率と直物為替変化率が逆方向に変動する場合とは，先渡為替レートが将来の直物為替レートから外れるだけではなく，先渡為替レートが常に間違った方向の予測情報を示すことも意味する．先渡為替レートによる予測が当たらない状況は容易に想像できるが，先渡為替レートが体系的に間違った方向への予測情報を示すことになるため，「パズル」と称している．

先渡プレミアム・パズルを解明し得る要因としては，可変的なリスク・プレミアムの存在と市場参加者の予測に見られる体系的な誤りが挙げられる．すなわち，直先スプレッド率と直物為替レートの負の相関関係を満たすようにリス

---

16）逆方向に変動する傾向を，逆相関，あるいはマイナス相関とよぶ．相関については，第10章や補論を参照．

ク・プレミアムが変化するか，あるいは人々が常に逆方向に為替レートを予測
する場合である．しかし，そうした現象を論理的，説得的に説明するのは難し
い．

　そもそも，カバーなし金利平価はカバー付き金利平価と同様に国際的な資金
裁定を想定して導出されているだけであり，したがってカバーなし金利平価が
成立するとの確固たる根拠はない．Fukuta and Saito（2002）は，カバーなし
金利平価を前提とせず，「**流動性効果**」に着目した上で先渡プレミアム・パズ
ルの解明を試みている．流動性効果とは，マネーの供給増大が短期的な名目金
利の低下をもたらす効果である．流動性の拡大が直先スプレッド率と予想為替
変化率に相反する効果をもたらすことから，両者の負の関係が説明できるとし
ている．

　自国でマネーの供給が増大すれば，内外金利差が拡大し，カバー付き金利平
価を通じてドルの先渡のディスカウント幅が拡大する．一方，自国のマネーの
供給拡大は，購買力平価を通じて将来の円安予想をもたらすかもしれない．そ
の場合には，両者は負の関係を示すことになる．

　先渡プレミアム・パズルにはどのような含意があるのだろうか．

　カバーなし金利平価が成立している場合，(9)式で示したように，円預金で運
用してもドル預金で運用しても，得られる期待収益は同じということになる．
すなわち，高金利通貨の預金に預け入れても，為替取引で損失を被るため，超
過収益は得られないことになる．

　一方，カバーなし金利平価が成立しておらず，直先スプレッド率と直物為替
変化率が負の関係を示す状況では，高金利通貨建ての預金に預け入れれば，高
い金利収入が得られるだけではなく，為替差益も得られることになる．たとえ
ば，流動性効果仮説が主張するように，日本の金融緩和政策によって直先スプ
レッド率が低下すると同時に予想為替変化率が上昇するならば，円金利の低下
によってドル金利資産の相対的な魅力が高まるだけではなく，将来のドル高も
期待できる状況となる．日本銀行が金融緩和政策を開始するタイミングとは，
ドル資産の運用によって，金利差と為替差益というダブルの収益が期待できる
チャンスということになる．

　**円キャリートレード**という投資戦略がある．キャリートレードとは，調達コ

ストが安い手段で資金を借り入れ，高い収益が得られる対象に投資することで利鞘を獲得できる行為を指す．日本では，バブルが崩壊した1990年代を通じて金利が順次引き下げられ，ゼロ金利政策が採用された1999年以降の政策金利はゼロ近傍を推移してきた．過去30年ほどの間，世界の中でも著しい低金利を維持してきた通貨が円である．また，この時期はグローバルな金融取引が急速に拡大した時期でもあり，海外の利上げにより内外金利差が拡大する状況では相当規模の円キャリートレードが行われたと推測される．直先スプレッド率と直物為替変化率が負の相関関係にあるならば，内外金利差を予測情報とし，内外金利差の動きに基づいて円キャリートレードを行えば高い収益を獲得できることになる．

　円で借り入れてドル預金に預け入れる円キャリートレードを想定した場合，円キャリートレードから得られる期待収益率は，

$$\frac{S^e - S}{S} + i^* - i = \frac{S^e - S}{S} - (i - i^*) \tag{13}$$

$$= \frac{S^e - S}{S} - \frac{F - S}{S}$$

である．日本が金融緩和政策を実施し，直先スプレッド率が低下するとともに直物為替変化率が上昇すれば，円キャリートレードの期待収益率は上昇することになる．直先スプレッド率と直物為替変化率が負の関係にあるとは，内外金利差が拡大すれば将来のドル高円安が予想されることを意味するため，内外金利差を予測情報として円キャリートレードを開始すればよいことになる．

　流動性効果仮説によれば，予想為替変化率への影響は購買力平価を通じたものであるが，はたして金融政策がどの程度，予想為替変化率に反映されているのかについては究明が必要である．

## 8.3　実質ベースの金利平価

　前節までは名目金利と名目為替レートの間に成立する金利平価を解説してきたが，本節では，実質金利と実質為替レートの間に成立する金利平価を説明する．

第5章でも説明したように，実質為替レートとは名目為替レートを内外の物価水準で調整したものであり，共通通貨で測った内外物価の相対価格である．

また，実質金利とは以下のように定義される．

$$r = i - \hat{p}^e \tag{14}$$

ここで，$\hat{p}^e$ は予想インフレ率，すなわち予想物価上昇率である．

$$\hat{p}^e = \frac{P^e - P}{P}$$

$P^e$ は将来の物価に対する予想値であり，$P$ は現在の物価である．

(14)式はいわゆる**フィッシャー方程式**とよばれるものであり，実質金利は名目金利と期待インフレ率の差として定義される．名目金利ではなく実質金利が着目されるのは，物価の変動を考慮する必要がある長期の資金調達，あるいは資金運用を行う場合である．短期間では物価はほとんど変化しないため，物価の変動の影響に関心を払う必要はない．しかし，数年，数10年といったタイム・スパンでは，物価の変動は無視できないため，**インフレ・リスク**を考慮しなければならない．

インフレ・リスクとは，物価の変動によって資金調達コストや資産運用の収益の実質的な価値が変化してしまうことを指す．資産運用の目的は，将来の支出に備えるためであるが，将来に購入する財・サービスの価値の変動に注意する必要がある．また，資金調達とは手元に現金がない状態で財・サービスの購入を先取りして行う行為だが，インフレーションが生じる状況では，財・サービスを先取りして購入することで利益を稼ぐことができる．

たとえば，100万円を10年間だけ預金する場合を考えてみる．10年間の運用で100万円が110万円に膨らんだとすると，名目金利は10年単位で10％であることになる．一方，10年間で財の価値が15％だけ上昇したとすると，100万円で購入できたモノが10年後には115万円になっている．この場合，10年後の購買力は低下している．現在の100万円で購入できた100万円相当の財は，10年後には購入できない．現金を手放し，10年間，その現金を預金することで10％の名目収益率を獲得できたが，その間に財の価値は15％も上昇してしまったため，満期を迎えて現金が戻ってきても，元利合計金で財を購入するには5万円分だけ不足しているのである．

　逆に，借入金利が10％である場合に物価が15％だけ上昇していれば，実質的な資金調達コストは下がる．100万円を借りた場合，返済時には利息も加えて110万円を返済することになる．一方，借り入れた100万円を使って物品を購入し，15年間保管しておけば，115万円で売却でき，返済資金を差し引いても5万円が残る．

　このように，実質金利とは，物価変動を考慮した上での実質的な資金調達コスト，あるいは運用収益を表している．長期の資産運用を行う人は，運用資産の収益率がどれだけ物価上昇率を上回っているかに注目する必要があり，長期で資金を借りる人も，負債の金額が膨らむスピードと借りた資金で購入した物品の価値が上昇するスピードのどちらが早いかに関心を払う必要がある．

　以下では，実質金利を使って，**実質ベースの金利平価**を導出してみる．自国と外国に関して，以下のようにフィッシャー方程式が成立しているとする．

$$r = i - \hat{p}^e \tag{14.a}$$
$$r^* = i^* - \hat{p}^{*e} \tag{14.b}$$

また，実質為替レートの予想変化率は以下のように表される．

$$\hat{q}^e = \hat{s}^e + \hat{p}^{*e} - \hat{p}^e \tag{15}$$

ここで，$\hat{q}^e$ と $\hat{s}^e$ はそれぞれ実質為替レートおよび名目為替レートの予想変化率であり，現在の実質為替レート，名目為替レートをそれぞれ $Q$, $S$, 将来の実質為替レートおよび名目為替レートの予想値をそれぞれ $Q^e$, $S^e$ とすると，以下のように表される．

$$\hat{q}^e = \frac{Q^e - Q}{Q}, \qquad \hat{s}^e = \frac{S^e - S}{S}$$

（14.a）式と（14.b）式を(15)式に代入すると，

$$\hat{q}^e = \hat{s}^e + (i^* - r^*) - (i - r) \tag{16}$$

となる．さらに，(16)式に，(9)式のリスク・プレミアムなし UIP を代入すると，

$$\hat{q}^e = r - r^* \tag{17}$$

となる．(17)式が実質ベースの金利平価である．

　第7章で学んだように，相対的 PPP は以下のように表される．

$$\hat{s}^e = \hat{p}^e - \hat{p}^{*e}$$

　このとき，(15)式からわかるように，実質為替レートの予想変化率はゼロとな

る．$\hat{q}^e = 0$ を(17)式に代入すると，

$$r = r^* \tag{18}$$

となる．すなわち，リスク・プレミアムなし UIP と相対的 PPP が成立する場合には，自国と外国の実質金利が等しくなる．長期的には PPP が成立すると考えれば，長期では内外の実質金利が均等化する傾向にあるといえる．

(17)式で表されているように，実質ベースの金利平価に基づくと，実質金利が相対的に高い国の通貨の実質為替レートについては，先安予想が形成されることがわかる．これは，現在の実質為替レートが増価し，将来の実質為替レートの予想減価率が上昇することによって成り立つ．つまり，実質金利が相対的に高い国の通貨は現時点で増価することになる．逆に，実質金利が相対的に低い通貨の実質為替レートは現時点で減価することになる．

フィッシャー方程式から示唆されるように，高い名目金利は高いインフレ率に起因する可能性があるが，インフレ率が高い通貨は減価する傾向がある．そこで，インフレ率を考慮した実質金利に基づく資金裁定から実質為替レートがどのように決まるかをみるのが実質ベースの金利平価となる．

### 参考文献

天達泰章・馬場直彦，「通貨スワップと為替スワップの裁定関係と価格発見力」日本銀行ワーキングペーパーシリーズ，No.07-J-13，2007年．

大野早苗，「超低金利下における外国債券投資：ヘッジコストの影響」，『マイナス金利と年金運用』（第 7 章所収），金融財政事情研究会，2017.

大野早苗，「展望：カバー付き金利平価からの乖離に関する考察」公益社団法人日本証券アナリスト協会『証券アナリストジャーナル』Vol.57, No.8, pp.46-51, 2019.

大野早苗，「米国から新興国への資本フローに対する影響—グローバルリスクと資本受け入れ国の固有リスクに着目して」，小川英治編著『グローバルリスクと世界経済：政策不確実性による危機とリスク管理』（第 4 章所収），東京大学出版会，2021.

Fukuta, Y. and M. Saito, "Forward discount puzzle and liquidity effects: Some evidence from exchange rates among the United States, Canada, and Japan," *Journal of Money, Credit, and Banking*, 34(4), pp.1014-1033, 2002.

### 練習問題

**8-1** 1 年満期の無リスク円預金金利が年率で 1 ％であり，同じく 1 年満期の無リスク・ユーロ預金金利が年率で 4 ％であるとする．このとき，3 カ月物の先渡円ユーロ為替レ

ートが1ユーロ150円であるとすると，現在の直物円ユーロ為替レートはいくらになるか．割り切れない場合には，小数点以下第3位を四捨五入し，1ユーロ◯◯◯円◯◯銭の単位まで答えなさい．ただし，為替手数料や税金はないとする．

**8-2** 現在の直物円ドルレートが1ドル142円，3カ月物の先渡円ドルレートが1ドル141円50銭，6カ月物の先渡円ドルレートが1ドル141円であるとする．このとき，ある為替ディーラーは「円金利は3カ月後に低下する」と予想しており，また「3カ月後の直物円ドルレートが1ドル150円，3カ月後の時点における3カ月物先渡円ドルレートが1ドル149円になる」とも推測しているとする．こうした推測の下で，この為替ディーラーはどのような為替戦略をとり，1ドル当たりいくらの利益を見込んでいることになるか．ただし，この為替ディーラーはドル金利の変化は予想していない．

第**9**章 ────────────────────────
第**9**章
短期の為替レート決定理論（2）：
アセットアプローチと効率市場仮説

## はじめに

　為替レート決定理論には大きく2つの流れがある．世界の国際金融体制がアメリカのドルと金のリンクを中心として構築されていた時代には，各国の金融市場では居住者・非居住者間で資金貸借の取引を禁じていたり，取引に様々な制限を課していたため，国際間の資金貸借による外国為替取引量は極めて限られていた．したがって通貨を交換するための外国為替市場における取引需要は，主に貿易決済に基づく外国為替取引となるため，経常収支や金融収支の推移や，対外資産・負債残高増減といった国際収支表に現れる「フローの増減」に着目することで，2国間の為替レートが決定される外国為替市場の需給要因をうまく説明することができた．すなわち，一定期間内に自国から国境を越える財・サービス取引および資本取引にまつわる外貨の需給バランスの変化によって，自国通貨と外国通貨との為替レートが決定するという考え方が**フローアプローチ**である．

　一方で，1971年のニクソンショック以降，先進各国の為替相場制度の多くが変動相場制度へと移行すると，1973年にはヨーロッパの銀行を中心として，金融機関同士の資金決済を目的とした，国際銀行間通信協会（Society for Worldwide Interbank Financial Telecommunication：SWIFT）が設立され，各国の民間銀行がネットワークで相互に結ばれるようになった．従来，テレックス等によって行われていた決済業務は，専用回線で結ばれることで速度と安全性が向上し，異なる通貨間での国境を越えた資金決済は，国内の資金決済と同じよ

うに物理的な資金移動を伴わない為替取引による資金決済を可能とするインフラが構築されていった．1980年代以降，主要先進国では資本移動に関する様々な規制が緩和・撤廃されるとともに，決済ネットワークは世界規模へと拡大し，ネットワーク技術の革新とともに，資金と情報が世界中を瞬時に駆け巡るようになった．そのため，財・サービス取引といった貿易決済よりも，金融資産の取引を理由とした外国為替取引量が飛躍的に増加していった．為替レートの決定理論には，金融資産の保有という「ストックの増減」を考慮する必要性が高まった．また資産価格の決定要因に直接的にも間接的に影響を及ぼす様々な要因＝リスクやニュースが外国為替取引に影響することから，こうした金融取引が外国為替取引に及ぼす影響にも着目しなければならなくなった．先進国の為替相場制度が変動相場制へと移行したのを境として，国境を越える金融資産の取引を重視した為替レートの決定メカニズムが資産市場アプローチとよばれるものである．すなわち，投資家が自国と外国の通貨，預金，そして債券などの金融資産について資産選択を行う結果，為替レートが内外資産ストックの需給が均衡するところに決まるとする考え方であり，一般に**アセットアプローチ**とよばれている．

アセットアプローチには財価格の伸縮性と内外資産に対する代替性の仮定によって様々な種類が存在するが，アセットアプローチに基づく為替レート決定モデルは大きく分けて2つあり，そのモデルの1つはマネタリーモデルとよばれ，他方はポートフォリオバランスモデルとよばれるものである．それらの違いは保有する資産の代替性や保有することのできる資産の種類である．

## 9.1　マネタリーモデル

### 9.1.1　貨幣需要とは

金融資産の一つとして，定期預金を考えてみよう．定期預金は，元本保証された安全性の高い金融資産であり，また現金化が容易な**通貨性金融資産**であるが，経済取引において即時に決済に用いることはできない**準通貨**に分類されている．そのため決済に際してはいったん定期預金を解約するなどして現金通貨にするか，普通預金に置き換えることで決済手段として用いることができる．

たとえば決済に用いるには解約や売却といった流動化のプロセスを必要とする
金融資産を家計が保有する需要とは，貨幣保有における**取引的動機**と**予備的動
機**に基づく現金通貨や預金通貨を持つ需要よりも，流動性を放棄する一方で得
られる金融資産の金利収入を得たいとする投機的動機に基づく貨幣需要が上回
る場合である．これら貨幣需要における動機をケインズは，金利が高くなれば
**投機的動機**に基づく貨幣需要が増え，一方で所得が高くなれば経済取引の機会
が増えて決済に必要な貨幣を保有する必要があることから，取引的動機と予備
的動機に基づく貨幣需要が増加すると考えた（＝**流動性選好説**）．つまり，家
計の流動性に対する選好が高まれば，人々は現金を手にし，流動性の選好が下
がれば，流動性の劣る金融資産を保有するのである．そのため，実質貨幣需要
関数（$= M^D/P$）は，流動性（$= L$）に関して所得（$Y$）の増加関数，金利
（$i$）の減少関数として次のように表すことができる．

$$\frac{M^D}{P} = L(Y, i) \tag{1}$$

　本章で学ぶマネタリーモデルとは，購買力平価説において，2国間の名目為
替レートが2国間の物価水準の比率に一致することに着目し，物価水準そのも
のに直接影響を及ぼすマネーストック（＝名目貨幣供給量，名目貨幣残高）の
変化を，為替レートの決定要因として注目したモデルである．このモデルの特
徴は，2国それぞれの民間経済主体である家計が，金融資産として自国通貨と
外国通貨といった現金の保有に加え，それぞれの国の通貨建てによって作られ
る金融資産を保有することである．

　第8章では2国間に金利差があればより高い収益を得られる高金利国へ資金
を移動させる結果，2国間では金利裁定が働き，将来の為替レート変化率を含
めた期待収益率が均等化する金利平価について学んだ．本章のマネタリーモデ
ルにおいては家計が行う資産運用に際しては，自国経済の中で流動性選好説に
基づき，現金通貨や預金通貨といった貨幣を持つのか，流動性の劣る金融資産
を持つのか，という選択に加えて，金融資産を保有するのであれば，自国の金
融資産を持つのか，それとも外国の金融資産を保有するのか，という選択肢が
加えられることとなる[1]．

　マネタリーモデルでは，通貨の種類や金利の異なる定期預金がそれぞれの国

の銀行で扱われていても，金融資産として保有する上で，同じ通貨を用いて表される収益率は，結果的に2国間で均等となることを仮定する．すなわち2つの国にそれぞれ存在する金融資産は完全な代替性（＝2国間の資産が完全代替）を持つとし，また予期せぬ為替レートの変動は存在しないとする．2国間の為替レートは，金利差が発生すれば，金利裁定取引によってこれら金融資産から得られる収益が等しくなる結果，やがては超過収益の獲得を目的とした資本移動の要因としての外国為替取引はなくなり，一方で貿易取引による商品裁定取引を想定することで為替レートは2国間の物価比率によって決まり，明示的にモデルの中に組み込まれた購買力平価に一致することになる．このマネタリーモデルはさらに財価格の伸縮性の仮定について2つに分かれ，伸縮価格マネタリーモデル[2]と硬直価格マネタリーモデル[3]に分けられる．

## 9.1.2　伸縮価格マネタリーモデル

マネタリーモデルにおいて，名目為替レートが購買力平価に一致すると仮定するのは，名目マネーストックの増大が生じても，経済全体の生産量といった実物面に影響を及ぼすことなく，単に財・サービス価格や名目為替レート等の名目変数のみを同率だけ変化させるという「貨幣の中立性」が成立していることが想定されているからにほかならない．名目マネーストックの変化に対しては，いかなる時も貨幣の中立性が成り立つため，財・サービス価格は伸縮的に変化することが仮定されている．

マネタリーモデルにおける貨幣市場の均衡条件：貨幣供給＝貨幣需要は次のように表される．

$$\frac{M_t^S}{P_t} = L(Y_t, i_t) \tag{2}$$

$$\frac{M_t^{S*}}{P_t^*} = L(Y_t^*, i_t^*) \tag{3}$$

---

1）ここで家計が保有する金融資産は，定期預金のような準通貨でなくても，資産の流動化が比較的容易である金融資産を想定しており，たとえば安全資産の国債などを想定することが可能である．

2）Frenkel（1976），Mussa（1976）を参照．

3）Dornbusch（1976）参照．

ここでそれぞれの変数は $t$ 時点において，$M^S$ は名目マネーストック，$P$ は物価水準，$Y$ は国内所得水準を示し，$i$ は金利を表す．ここで，変数にアスタリスクのあるものは外国の変数を示す．

　貨幣需要の所得弾力性とは，所得が変化した際に貨幣に対する需要がどの程度変化するかを表す反応度を示したものである．たとえば，臨時収入として所得が1万円増えた際に，そのうちどの程度を経済取引に用いるために銀行口座から引き出し現金化するか（1単位の変化に何単位変化するか），ということを表しているのに等しい．また貨幣需要の利子半弾力性とは，金利の変化（％）に対する貨幣需要の変化を表したものであり，金利が上昇すれば，金融資産の保有によって得られる利息収入のために，利息の得られない現金保有をどの程度諦めるか（1％の変化に何単位変化するか），を表している．ここで，単純化のために自国と外国の貨幣需要（貨幣需要の所得弾力性と貨幣需要の利子半弾力性）のパラメータは両国で等しいと仮定する．

　伸縮価格マネタリーモデルでは，自国と外国において財が消費されているが，同質の貿易可能財であって，財の裁定取引が行われる．この時，共通の通貨で自国と外国の財の貨幣価値を表示すれば等しいとする一物一価の法則が成立すると仮定されているため，2国間の名目為替レートにおいて第7章で学んだ絶対的購買力平価が成立する．

$$S_t = \frac{P_t}{P_t^*} \tag{4}$$

　2国それぞれの貨幣市場の均衡式：(2)式と(3)式を，(4)式に代入すると次式が得られる．

$$S_t = \frac{M_t^S}{M_t^{S*}} \cdot \frac{L^*(Y_t^*, i_t^*)}{L(Y_t, i_t)} \tag{5}$$

　ここで(5)式について注目すると，両国の貨幣供給量と金利差を一定（＝他の条件を一定）として，自国や外国の所得の変化にともなって，為替レートは**貨幣需要の所得弾力性**に基づいて変化する．また，両国の貨幣供給量と所得を一定（＝他の条件を一定）として，自国と外国の金利差に変化が生じた場合には，**貨幣需要の利子半弾力性**に基づいて為替レートが変化することになる．同様に自国と外国の実質貨幣需要関数それぞれが一定であるとすれば，自国の貨

幣供給量と外国の貨幣供給量の変化が生じた際には為替レートもそれぞれ貨幣供給量の変化と同率だけ変化する．すなわち，自国の貨幣供給量が10％増えた場合には，自国通貨は外国通貨に対して10％減価することを意味している．

　為替レートの決定モデルであるマネタリーモデルの特徴の一つには，２国間の経常収支の不均衡の調整に金融政策の有効性を主張したことがあげられる．たとえば自国の生産物に対する外国需要が一時的に減少し，経常収支が悪化すると自国の国内総生産が減少する．マネタリーアプローチにおいて国内総生産の減少は貨幣需要の減少を意味することから，貨幣市場が均衡するためには国内貨幣供給量も減少しなければならない．しかし貨幣供給量の減少は金融政策による国内信用の引き締めと同じ効果をもたらすことから，国内景気は抑制されて国内需要が減少する．そのため外生的な需要変化に伴う経常収支の悪化に対しては，自国の貨幣供給量を増加させる金融緩和を行い，それによって為替レートが自国通貨安となることで，減少した外国の自国財需要を再び喚起させることが可能であることを示している．

### 9.1.3　硬直価格マネタリーモデル

　伸縮価格マネタリーモデルにおいて仮定されていた「貨幣の中立性」とは，物価が２倍となっても，貨幣の名目所得額が２倍となる場合には，私たちの実質所得に変化はなく，経済全体の消費量が変化することも，企業の生産量が変化することもない，という状態を示している．しかし「貨幣の中立性」が成り立つためには，比較的長い時間を要すると考えられている．スーパーマーケットで，卵につけられた値札が昨日より２倍となって，卵の購入をとまどっている消費者にとって，月末の給料日にはその消費者が手にする名目所得が先月より２倍となっていることをあらかじめ考慮して，購入に踏み切ることはできないだろう．しばらく時間が経過すると，卵の値段が２倍になっても，手にする名目所得が２倍になって実質所得が以前と変わらないことを自覚できるようになり，その消費者が卵の購入を躊躇うことはもはやなくなるだろう．

　このように，物価や名目所得に変化が生じても，実質貨幣所得が変化しないことを考慮して経済主体が適切に行動を起こすには，十分な時間の長さが必要である．

### 図9-1　硬直価格マネタリーモデルのオーバーシュート

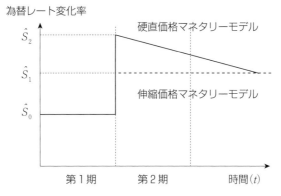

伸縮価格マネタリーモデルにおいてはいかなる場合も貨幣の中立性が成り立つとされ，名目マネーストックの変化に対し，財価格が即座に変化するという仮定は，硬直価格マネタリーモデルにおいては，短期あるいは過渡的な状況においては財価格が即座に変化しないと仮定されている．結果として名目為替レートが購買力平価によって示される為替レートから乖離すること（＝オーバーシュート）が想定される．このような移行過程を含む為替レートの決定モデルをドーンブッシュ・オーバーシュートモデル[4]ともよぶ．

**図9-1**は名目為替レートが購買力平価で示される為替レートから一時的に乖離し，やがてはその長期均衡水準である購買力平価で示される為替レートへと収束する時間経路を示したものである．第1期から第2期にかけて，自国の名目マネーストックが増加した場合，伸縮価格マネタリーモデルであれば，その変化と同率の為替レートの減価が即座に生じる．そのため，為替レートの変化率は$\hat{S}_0$から$\hat{S}_1$へと変化している．一方で，為替レートのオーバーシュートが生じる硬直価格マネタリーモデルは，財市場における財価格の調整速度と，資産市場における金利や証券の価格といった収益率の調整速度とに違いがあり，財価格の調整が十分になされない短期的には，為替レートが相対的購買力平価で示される均衡値から乖離する．ここで為替レートは

---

4）Dornbusch（1976）参照.

$$\hat{S} = \hat{P} - \hat{P}^* \tag{6}$$

$$\hat{S}_t \neq \hat{P}_t - \hat{P}_t^* \tag{7}$$

と表され，長期的な為替レート：$\hat{S}$ は，自国と外国のそれぞれの長期のインフレ率の2国間格差：$\hat{P} - \hat{P}^*$ に一致するものの，たとえば第2期にある任意の時点 $t$ では，為替レートは長期のインフレ率の2国間格差とは一致せず，購買力平価が成り立たない．一方で，第1期から第2期に名目マネーストックが変化した際には，資産市場における金利格差によって為替レートの変化が即座に生じる．

　オーバーシュートモデルは貨幣市場と財市場，そして資本の移動性と期待に関する関係式で構成されている．内外資産については伸縮価格マネタリーモデルと同じく資産の完全代替性が仮定されており，カバーなし金利平価が成り立つ．したがって，

$$i_t - i_t^* = \hat{S}_{t,t+1}^e \tag{8}$$

となる．しかしながら金利裁定によって金利格差を相殺するように資本移動が生じることから，為替レートの変化に対する期待形成は，最終的に長期的な為替レートへと収束することが想定され，予期せぬ為替レート変化は発生しない．

　ここで，硬直価格マネタリーモデルの時間を通じた各変数の変化をみてみよう（**図9-2**）．

　伸縮価格マネタリーモデルと同様に第1期から第2期にかけて自国の名目マネーストックに変化が生じ，自国通貨価値の減価圧力が生じるとしよう．ただし，自国物価は即座に変化しないため，たとえば物価および所得を一定として，名目マネーストックである $\hat{M}$ が変化する場合には，金利が変化しなければならない．この時，名目マネーストックの増加は金利の低下を招き，金利の低下は，自国から資本流出を生じさせる．自国からの資本流出は自国通貨売り外国通貨買いによる為替レートの減価を生じ，即座に2国間の金利格差に等しいだけの為替レートの変化が生じることとなる．

　自国から資本が流出し続ける一方で，自国の金融市場では，資金不足が発生するため，自国金利は資本流出要因である金利格差がなくなるところまで上昇する．一方で，「貨幣の中立性」が成立する長期，すなわち物価の調整に十分

**図9-2 硬直価格マネタリーモデルの各変数の変化**

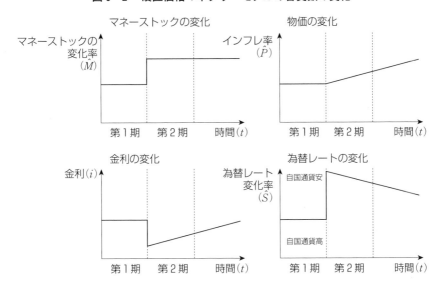

な時間が経過した場合には，名目マネーストックが上昇しても実質所得に影響を及ぼさず，結果実質マネーストックは変化しないことから，名目マネーストックの変化に対し，インフレ率が上昇することで，均衡が達成される．

## 9.2 ポートフォリオバランスモデル

前節のマネタリーモデルでは，家計の貯蓄行動には，現金貨幣の他に国内の金融資産，そして海外の金融資産へ投資を行うことが想定されていた．しかしマネタリーモデルにおいては，為替レートの変化については，投資家が予想できないような為替レートの変化は考慮されておらず，自国と外国に存在する金融資産の収益率を比較する際には，投資家の持つ予想為替レート変化率を用いることが可能となる．その結果，2つの金融資産の自国通貨建て収益率を比較すれば，2国間の収益率は全く同じとなる資産の完全代替性が想定されていた．

しかし為替レートの予期せぬ変化を考慮する場合には，自国と外国の金融資

221

産から得られる収益率を比較する際に，外国資産の自国通貨建て収益率は，予想されない変化をその収益率に含めなければならないため，自国と外国の金融資産それぞれに投資する際には，それらの金融資産は不完全代替となる．

　資産の不完全代替性を仮定することによって，為替レートの決定要因には，外国資産から得られる収益率が不確実となるリスクの概念が導入されることになる．自国と外国の金融資産に投資を行うリスクには，為替レートの予期せぬ変化によって投資家が損失を被る為替（変動）リスクが考慮される．次に，資産運用を行う投資家は，保有するポートフォリオの金融資産残高に占める海外の金融資産の保有残高の割合が高くなるほど，自身のポートフォリオが為替リスクに晒される可能性が高くなることを考慮しなければならない．投資家はそうした損失を被る危険性を回避するために，ポートフォリオの危険度の変化にあわせ，ポートフォリオに占める自国通貨建て資産と外国通貨建て資産の保有割合をバランスさせることから，それぞれの資産の取得や売却に必要な外国為替取引が行われ，為替レートが変化することとなる．このように，投資家行動に焦点を当てた為替レートの決定要因を分析するモデルを**ポートフォリオバランスモデル**という[5]．

　ここで，自国の投資家が保有することが可能な資産には，自国の名目マネーストック（$M$），自国債券（$B$），そして外国債券（$B^*$）が存在しているとする．

　投資家は①現金などの貨幣を保有するか，それとも金融資産を保有するか，という選択を行い，それに続き②金融資産として自国債券と外国債券のいずれに投資するか，という選択を行っている．①の選択に際しては，ポートフォリオバランスモデルはマネタリーモデル同様に国内貨幣市場において貨幣需要と貨幣供給の均衡によって国内金利が決定することが想定されている．ただし国内要因で金利変化が生じ，自国貨幣（$M$）と自国債券（$B$）の保有残高の割合に変化が生じても，投資家が保有する自国通貨建て資産の合計額には変化が生じないため，ここでは投資家の行う投資行動②に注目しよう．

　投資家の投資行動②ではそれぞれの債券の利回りを比較する金利裁定行動を

---

5）Branson（1984）参照．ほかに Allen and Kenen（1980）等がある．

行うことから，自国債券を保有するか，それとも外国債券を保有するかという
２国間の金融資産への需要は，カバーなし金利平価を想定することができる．
ただし実際の資産運用から得られる収益には，予期せぬ為替レート変化が含ま
れることや，その影響を受ける可能性は，外国資産の保有の程度にも依存す
る．投資家が②によって最適ポートフォリオの構成として自国債券と外国債券
をそれぞれ保有するためには，外国債券を保有することのリスクを考慮した上
で，自国債券との金利裁定取引を行わなければならない．したがって，金利平
価式は次のように書き改められる．

$$i_t - (i_t^* + \hat{S}_{t,t+1}^e) = RP_t \tag{9}$$

ここで $RP$ はリスクプレミアムを表している．投資家にとって，外国債券を保
有するリスクに対して，そのリスクを補償するのに十分な追加収益が，外国資
産の自国通貨建て収益に含まれる場合であれば外国資産に投資することが考え
られる．このリスク補償分はリスクプレミアムという．

　このリスクプレミアムには，カバーなし金利平価で想定される投資家の合理
的な期待形成によって予想される為替レート変化率とは別に，予想できない為
替レート変動が資産の自国通貨建て保有額に影響することから為替変動リスク
（$\alpha$）を考慮する．次に，投資家にとって最適ポートフォリオの構成として保
有した自国債券と外国債券を，任意の $t$ 時点において自国通貨建ての保有額と
してその割合を表すと次のようになる．

$$\frac{B_t}{\hat{S}_t \cdot B_t^*}$$

自国の債券市場と外国の債券市場それぞれに資産を持つ投資家にとって，補
償されるべきリスクプレミアムの大きさは，これらの２つの変数の変化によっ
て変わってくるため，リスクプレミアムは次式のように表すことができる．

$$RP_t = f\left(\frac{B_t}{\hat{S}_t \cdot B_t^*}, \alpha_t\right) \tag{10}$$

したがって，(9)式と(10)式をあわせて，金利平価式は次のように書き改められ
る．

$$i_t - i_t^* = \hat{S}_{t,t+1}^e + f\left(\frac{B_t}{\hat{S}_t \cdot B_t^*}, \alpha_t\right) \tag{11}$$

　第8章の金利平価で学んだとおり，投資家にとって自国資産の収益率とリスクプレミアムを含む外国資産の自国通貨建て収益率が均衡している場合には，金利裁定取引による外国為替取引機会は発生しないことから，為替レートは変化しない．一方で，リスクプレミアムに変化が生じる場合には，ポートフォリオの構成の自国債券と外国債券の保有割合を変化させて，投資家にとって最適な自国通貨建て収益率のリバランスを図るため，新たな外国為替取引が発生することになる．

　2国間の資産保有に際して(11)式で表される金利平価式を考慮するポートフォリオバランスモデルにおいては，自国の家計が保有する資産は，自国の名目マネーストック（$M$），自国債券（$B$），そして外国債券（$B^*$）の3種類しか考慮されていない．そのため，家計が保有資産の自国通貨建て総額に変化が及ぶ要因は2つあるとされる．一つは為替レートの変化であり，もう一つは外国債券の供給量の変化である．短期的に一定としていた自国債券と外国債券の供給残高（＝資産ストック）と均衡していた為替レートは，時間の経過と共に資産ストック量が変化することを考慮することで，為替レートの動学経路を与えることができる．

　外国資産保有残高を増加させる要因について考えてみよう．ここで，自国が行う輸出が貿易黒字であり，輸出によって得られた外国通貨建ての資金は外国債券の新たな購入によって外国資産を増加させるとする．さらに自国の家計が保有している外国資産から得られる収益を，再び外国債券に投資する場合には外国資産の保有残高が増加することになる．したがって，外国債券の新たな保有額の変化分は次のようになる．

$$\hat{B}_t^* = NX_t + i^* B_t^*, \ NX > 0 \tag{12}$$

(12)式において $NX$ は貿易収支を示しており，第2項は外国債券の保有によって得られる収益を表している．

　外国の家計が輸入に必要な資金を確保するためには，外国債券を新たに発行することで借り入れなければならないため，自国が貿易収支の黒字を持続させるためには，自国の家計は必然的に外国通貨建ての新たな資産を増加させなければならない．また既に取得している外国債券から得られる外貨建ての収益は，再び外国債券の購入に充てられるため，同様に自国債券と外国債券の保有

割合のリバランスに影響を及ぼす.

　外国債券の新たな累積を通じて，自国の家計の保有資産額は増加するが，自国の家計は資産の増加分にかかわるリスクの増大を嫌って，自国資産に持ち替える. 外国債券が超過供給の状態となる一方，自国の家計は外国債券を自国債券に持ち替えようとして，外国債券売りと自国債券買いを発生させることとなり，為替レートが自国通貨高となれば，貿易黒字を縮小させる効果がある. しかし自国通貨高は同時に外国債券の自国通貨建て保有額を小さくする傾向があるため，外国債券の外貨建て保有額は増加し続けることとなる.

　このモデルを実際の日本とアメリカの貿易収支の動向や為替レートの動きに照らして考えてみよう. 1980年代以降，日本の貿易収支は黒字基調となり，一方でアメリカの貿易赤字は増加の一途を辿るようになった. 日本からの輸出は同時に日本の対外純資産の増加を意味するとともに，増加した対外資産から得られる投資収益も増加し，貿易収支と第一次所得収支が含まれる経常収支は大幅な黒字となる. ポートフォリオバランスモデルによれば，対外資産の増加はリスク回避的な投資家にとって，自国通貨建て資産と外国通貨建て資産の保有額をリバランスさせる誘因となるため，円高基調となる. 円高によって日本からの輸出にはマイナスの影響が出るため，一時的に貿易黒字は小さくなるが，日本企業が生産コストを切り下げ，日本からの輸出品の価格競争力を高めて再び対米輸出を増加させると，さらに対外純資産が増加し，またポートフォリオのリバランスを要因とした自国通貨買いによる円高が生じる. しかし円高そのものは外国債券の自国通貨建て保有額を減少させることから，投資家が外国債券と自国債券額の自国通貨建て比率を一定に保つ限り，外貨建ての外国債券そのものは投資家によって購入され，発行残高は飛躍的に増大していくこととなる. 米国が80年代後半に財政赤字と経常赤字の維持可能性に疑問が持たれるまで「双子の赤字」を膨張させ続けてきた背景には，投資家のポートフォリオのリバランスの需要が生じても，米国のドル建て債券への需要が小さくならなかったからである.

## 9.3　効率的市場仮説とランダムウォーク・モデル

　今日のような発達した情報技術ネットワークと高度の金融工学の技術を用いることで，世界中の金融市場における資産価格と資産の価格形成に関する様々な情報を，即座に共有することが可能となっている．たとえば，世界中のすべての投資家が利用可能な情報を同じように手にできる場合には，各金融市場における資産価格の形成には一体何が起こるだろうか．

　証券価格や為替レートの動きについて，投資家が利用可能なあらゆる情報を取得でき，それらを投資行動に反映することが可能であると仮定する場合，一部の投資家だけが他の投資家よりも高い収益（＝超過収益）を一貫して受け取り続けることはできないという理論を**効率的市場仮説**とよぶ．

　つまり，既に市場で行われている将来の資産価格や為替レートの変化率に対する予想は，投資家すべてが同じ情報に基づいて行っているため，他者を出し抜いて収益を稼ぎ出すことはできないのである．「利用可能な情報」には，過去から現在までの為替レートに関する様々な情報や為替レートを決定する諸要因（経済ファンダメンタルズ），また将来の為替レートが過去や現在の為替レートとどのような関連性を持っているかといった情報などが考慮されよう．一方で「利用可能でない情報」に対しては，市場参加者が行う予想に反映されてないため，予想為替レート変化率は反応を示さない．

　「利用可能な情報」のうち，どの情報を利用して市場参加者が将来を予想するかに依存して，現在の予想為替レート変化率が決まると考えられる．たとえば，効率的市場仮説の**ウィーク型**に分類される予想形成とは，予想する資産価格や為替レートの過去から現在までの情報のみに基づいて，将来価格または為替レートが反応することから，そのような予想形成を市場が行う限りは特定の投資家だけが超過収益を得ることはできないと考えるケースである．さらに予想する資産価格や為替レートに関連する入手可能な情報，たとえば失業率やインフレ率といった政府機関などが発表する経済指標などの情報に，将来価格または為替レートが反応する場合には，**セミストロング型**の市場効率性とよばれる．さらに，一般には入手困難な私的情報にまで将来価格または為替レートが

反応する場合には，それらの情報を利用して市場参加者が将来の資産価格や為替レートを予想しても，特定の投資家だけが超過収益を得ることはできないと考えるケースは，**ストロング型**とよばれる．

　このように，「利用可能な情報」の種類に依存して，市場の効率性を分けることが可能であるが，利用可能などの情報に依存して為替レートが反応するかにかかわらず，市場の効率性が成り立つということは，特定の投資家が一貫して超過収益を獲得し続けるためには将来の為替レートを完全予見することができない，ということを意味する．言い換えれば，為替レートの将来の動きは，まるで酔っぱらいが千鳥足で歩くように，次の一歩の足取りがどちらに向くかを予測できないことと同じである．このように為替レートを過去のデータから完全予見することが不可能だとする考え方を**ランダムウォーク仮説**とよぶ．

　たとえば，オンラインの株式取引や外国為替証拠金取引のような個人投資家が，現在から過去に遡って得られる価格や為替レートのデータを用いて，その変動パターンや売買出来高などを移動平均線に表し，将来の価格や為替レートの変動を予想して取引することを考えてみよう．このような方法をテクニカル分析とよび，そのような投資家をチャーチストとよぶ．もし，金融市場や外国為替市場においてランダムウォーク仮説が成り立っている場合には，このような過去のデータや入手可能な如何なる公の情報や私的情報を駆使しても，市場から一貫して超過収益を獲得し続けることはできないことを意味している．

　一方で，ヘッジファンドなどの投資ファンドなどが平均的に高い収益を獲得し続けていることは，市場の効率性が成り立っていないことを伺わせる．しかしながら，ヘッジファンドは，規制のないオープンな市場よりは，新興国市場のように取引規制や政府の介入によって資産価格や相場の形成に偏りが生じやすい市場において大胆な投資を行うことが知られている．そもそも市場の効率性が成り立つとされるのは，取引が自由でオープン市場であり，一方で規制や偏りがあるような市場においては，ヘッジファンドが様々な情報を利用して行う投資行動は，場合によってその経済に通貨危機を引き起こしたり，危機の影響を大きくすることから，通貨当局や政策担当者からはその投資行動に対して強い非難が表明されることが多い．

# 9.4　ニュースの理論

　効率的市場仮説が成り立っているとすれば，投資家は新しい利用可能な情報が得られた段階で，その情報に基づいた新たな投資行動をとることが想定される．そのため，資産価格や為替レートは新たな情報に反応して，変化していくことが考えられる．

　たとえば，失業率や消費者物価指数，さらに四半期毎の GDP 速報値やマネーストック統計といった政府の統計局や中央銀行などが発表する経済指標などは，数値の公表日などがあらかじめ定められているケースは少なくない．このような場合，経済指標の数値が明らかになるまでは為替レートはそれらの情報に反応することはない．しかし，市場参加者が事前に，これらの経済指標を容易に予測可能である場合には，経済指標の公表日よりも前に市場参加者にとっては入手可能な情報となっており，為替レートは市場の予想に事前に反応してしまい，実際に新たなニュースとして公表された時には既に「織り込み済み」として為替レートは反応しない．このような為替レートの変化をニュースの理論とよぶ．

　たとえば，先物為替レートにおける 1 カ月後の先物（先渡し）為替レートと実際に 1 カ月時間が経過したあとの直物為替レートとに差が生じているとすれば，現在から 1 カ月間の間に新たなニュースが発生したことによって，直物為替レートの取引に変化が生じたと考えられる．このような先物為替レートと直物為替レートの差を投資家の予測誤差と考え，1 カ月後の直物為替レートを次のように表すことができる．

$$S_{t+1} = F_{t,t+1} + news_{t,t+1} + w_{t+1} \tag{13}$$

ここで，$S_{t+1}$ は $t+1$ 時点の直物為替レートを表し，$F_{t,t+1}$ は $t$ 時点で締結される $t+1$ 時点の先物レート，$news_{t,t+1}$ は $t$ 時点から $t+1$ 時点までに発生した新たなニュースを表す．さらに $w_{t+1}$ は $t+1$ 時点における攪乱項を示しており，この値がゼロではないことは偶然にも新たなニュースの発生によっても説明しきれなかった為替レートの変動や，あるいは新たなニュースに反応しなかった為替レート変動が捉えられたものであるとする．

　新たなニュースには，様々な経済指標を考慮することができる．たとえば，為替レートの決定メカズムにマネタリーモデルを想定するのであれば，2国間それぞれの名目マネーストック，GDP，金利などに関する新たな情報入手を為替レートの変動要因として考慮することができる．また原油価格等の国際商品市況や近年ではテロといった地政学上のリスクも為替レートに影響を及ぼすニュースの中に含めることができよう．

## 参考文献

Allen, P. R. and P. B. Kenen, *Asset Markets, Exchange Rates, and Economic Integration A Synthesis*, Cambridge University Press, Cambridge and New York, 1980.

Branson, W. H., "Exchange Rate Policy after a Decade of Floating," in J. F. O. Bilson and R. C. Marston eds., *Exchange Rate Theory and Practice*, University of Chicago Press, Chicago, pp.79-117, 1984.

Dornbusch, R., "Expectations and Exchange Rate Dynamics," *Journal of Political Economy*, 84(6), pp.1161-1176, 1976.

Frenkel, J. A., "A Monetary Approach to the Exchange Rate: Doctrinal Aspects and Empirical Evidence," *Scandinavian Journal of Economics*, 78(2), pp.200-224, 1976.

Mussa, M. L., "The Exchange Rate, the Balance of Payments, and Monetary Policy Under a Regime of Controlled Floating," *Scandinavian Journal of Economics*, 78(2), pp.229-248, 1976.

## 練習問題

**9-1**　為替レートのオーバーシュートとは何か説明し，為替レートがオーバーシュートを起こす過程を説明せよ．

**9-2**　チャーチストとよばれる人々が将来の為替レートの予想に用いる方法をあげよ．

第**4**部

国際ファイナンス

# 第10章 国際証券投資

## はじめに

　本章では，国際証券投資について取り上げる．国際証券投資とは国内の証券だけではなく，投資対象を広げて海外の証券にも投資する行為を指す．したがって，国内証券の分析方法を普遍化させて国際証券投資にも適用することは可能である．ただし，国際証券投資が国内証券投資と異なるのは，投資対象として外貨というアセットが追加されるために，為替レートの分析も必要となることである．

　過去数十年の歴史の中で，国境を越えた資本取引にかかわる規制の撤廃や，IT技術の発達による取引の迅速化・高度化あるいは情報収集の向上，機関投資家の台頭による大規模なグローバル投資の拡大などがあり，国際証券投資は飛躍的に拡大している．日本は先進国の中では比較的，国内投資に偏る投資傾向がみられるとの指摘もあるが，それでも証券投資のグローバル化は進んでいる．

　近年，日本の株式市場における外国人投資家のプレゼンスは高まる傾向にあり，たとえば，2013年以降のアベノミクスの下で進行した日本株の上昇と円安の相当部分は外国人投資家の行動に起因していたといわれている．外国人投資家は，彼らのポートフォリオの一部として日本株を保有しているが，彼らにとっての日本株の運用パフォーマンスは日本の株価の動向だけではなく，為替レートの動向にも依存する．こうした国境を越えた資金の流れの拡大は，株価と為替レートのリンケージを高めている可能性がある．

　対外証券投資を行う日本の投資家にとっても，為替レートの動向は重要である．日本は巨額の対外資産を保有しているが，対外資産の多くは外貨建てであるため，為替レートの変動により対外資産の価値が左右される[1]．昨今の経常収支の黒字額は減少傾向にあるが，対外純資産の価値は為替変動，あるいは外国証券の価格変動等によっても変化するため，経常収支黒字の減少が必ずしも対外純資産を減少させるわけではない．

　この章では，外国資産の種類や証券価格を決定づけるリスク要因など，基礎的事項を説明した上で，国際分散投資の意義や国際分散投資におけるリスク管理などを概説し，さらに日本の対外証券投資に見られる特徴を述べる．10.4節は数式を用いた解説となっており，やや難解に感じるかもしれない．初学者は読み飛ばしてもかまわないが，ファイナンスに興味のある読者には，ぜひ読んでもらいたい．

## 10.1　外国資産の種類

　日本国内の投資対象に，**株式**，**国債**，**社債**，**投資信託**，**預金**などがあるように，海外の投資対象にも株式，国債，社債，投資信託，預金などのカテゴリーがある．主な特徴は国内資産と同様である．

　日本の投資家も外国の個別株を購入することができる．時価総額が最も大きいのは米国の株式市場であり，また日本人が主に投資対象とするのは先進国の株式市場である．規模はまだ小さいが，新興国の株式の時価総額は増加傾向が著しく，近年では日本からの投資残高も徐々に拡大している．株価は発行企業の価値を反映して決まり，成長性が高い企業の株価は上昇する．また，株主は企業のオーナーとして**配当**という形で企業が稼いだ利益の分配を受ける．株式投資の利益の源泉は，この配当と**売却益**（株式の売却価格と購入価格の差額，**キャピタル・ゲイン**ともいう）である．

---

　1）たとえば，アベノミクスの下での円安の進行により，日本が対外純資産の保有から得られた為替の**評価益**は，2012，2013年の 2 年間で約120兆円にのぼる．大野（2015）を参照．

　また，日本では，外国株式よりも保有残高が大きいのが外国債券である．債券の中身は，国債，地方債，国際機関債，社債などである．米国などの主要国では，国債だけではなく，地方債や社債などの市場規模も大きいが，それ以外の国では国債以外の債券市場のすそ野が比較的小さく，そのため投資対象として国債に偏る傾向がある．債券投資の利益の源泉として売却益があるのは株式と同じだが，配当の代わりに**クーポン**（利息）を受け取る．多くの場合，クーポンの額は債券発行の段階で定められている[2]．また，株式とは異なり，債券には**満期日**（償還期日）があり，したがって，満期まで保有することを前提として投資する場合には，（発行体が倒産しなければ）売却価格が確定していることになる．

　外国株式，外国債券の個々の銘柄を購入することもできるが，**投資信託**（**投信**）を購入することで実質的に外国株式や外国債券に投資することもできる．投信とは，顧客から資金を集め，プールした資金で複数の銘柄に分散投資を行い，投資の成果を分配金という形で顧客に還元する金融商品である．投資家はどの投信を購入するかを選択するだけで，銘柄の選択は行わない．国内投資の場合よりも，外国株式や外国債券に投資する場合のほうが，発行体の情報を集めることは困難である．投信の場合は，投資家に代わり**投資信託運用会社**（投信会社）が銘柄選択を行い，投資家が自ら発行体の情報収集を行う必要がないため，とりわけ外国証券に投資する際には投信を利用するのが，情報収集の面から有用であろう．また，投信会社は投信商品の設計を行うとともに運用資産の管理なども行うが，その対価として手数料を徴収することになる[3]．

　市場では実に多種多様な投信が販売されている．中身が国債や社債などの債券と現金に限定されている公社債投信，国債などの安全性の高い債券に限定さ

---

　2）これを固定利付債とよぶ．債券にはほかにも変動利付債やクーポンが付かない割引債などの種類がある．

　3）ただし，銘柄選択や運用資産の管理を投信会社に委託するが故に，投資家の意に反する運用が行われる可能性も否定できない．もし，投資信託会社の運用の中身を厳密に吟味しようとすると，情報収集のコストや手間を節約できるというメリットがなくなる．こうした情報の非対称性の問題を多少なりとも緩和するものが，投資信託の評価機関の存在である．

れている **MMF**，主には株式に投資される株式投信などがあり，また市場全体の動向と連動するように銘柄選択・資産管理が行われている**インデックス投信**[4]，産業別投信や高配当投信，成長性の高い企業に特化したグロース株投信など，設定されたテーマに基づいて運用されている投信などがある．また，世界の市場全体を投資対象とするグローバル投信や，投資対象を先進国市場あるいは新興国市場に特定した投信など，投信の種類によって投資対象に含まれる国も異なる．最近では，取引所に上場されている投資信託（**上場投資信託**，Exchange Traded Fund：**ETF**）の販売額が増大している．

　株式や債券などの証券だけではなく，不動産を投資対象とした投資信託も販売されている．これは**不動産投信**（Real Estate Investment Trust：**REIT**）とよばれている．REIT の利回りの源泉は不動産物件の賃料である．そのため，REIT は収益が安定しており，かつある程度の収益性を確保できる投資対象として注目されてきた．最も大きな時価総額を誇るのは米国であり，先進国が主要な市場であるが，最近では新興国でも REIT 市場が創設されている．

　その他，コモディティの投信もある．原油や金，農産物などを運用対象とするコモディティ投資が近年では拡大してきた．多種多様なコモディティを組み合わせたものがコモディティ投資信託であり，これにもインデックス投信や特定のコモディティに限定した投信などがある．また，コモディティ価格はドル建てで表示されているため，コモディティ価格と対米ドル為替レートの2つによって利回りが決まることになる．株式や債券とは異なり，コモディティの場合には，配当や利息といった**インカム・ゲイン**がなく，売却益のみが投資収益に含まれる．

　日本人は，円預金の他にドル預金やユーロ預金，豪ドル預金といった外貨預金でも運用できる．通常，預金の利息はあらかじめ定められているが，為替レートの変動が大きいため，円預金と比べて外貨預金のリスクは高くなる．主な

---

4）この場合の「インデックス」とは，株価指数などを指す．たとえば，日本の代表的な株式インデックス（株価指数）である TOPIX は，日本の株式市場全体の動向を示す指標として用いられている．インデックス投信とは，インデックスを構成する銘柄に投資することで，インデックスと同等の運用パフォーマンスの実現を目指すように作られた投信である．

外貨預金は為替規制がない先進国通貨の預金であるが，近年では人民元預金の保有も増大している[5]．また，先進国の金利が大規模金融緩和政策により大幅に引き下げられた時期には，新興国の高金利通貨の預金が取引高を拡大させたが，これらの通貨の市場規模は小さく，それ故に為替手数料も高く，また大きな為替変動リスクを負担せざるを得ない．

さらに，第 2 章でも解説した通り，日本では外貨預金と並んで**外国為替証拠金取引（FX）**の取引高が急速に拡大した．FX は1998年の新外為法制定を契機に始まったが，レバレッジ率を高めることで少額資金でも高収益が期待できることから，取引高が拡大していった．当初は玉石混合の状況であったが，違法業者の摘発や巨額損失回避のためのレバレッジ率の上限設定など，行政指導，規制強化が行われ，市場の浄化作業を進めながら健全なる市場の育成が試みられている．預金などと比較して為替手数料が格段に低く，レバレッジ率を適度に管理すれば，有望な外貨取引手段になるといえる．

以下では，株式や債券などの証券を主に対象とし，国際証券投資への投資について考察する．

## 10.2　外国証券投資にかかわるリスク要因

ここでは証券価格の変動をもたらすリスク要因について説明する．以下の内容は外国証券にも共通してあてはまる．

まずは，**市場リスク**である．これは，マクロ的な要因に起因するリスクであり，具体的には**景気変動リスク**，**金利リスク**などがある．景気変動リスクとは，景気の変動にともない資産の価値が変動するリスクである．日本の景気の改善は日本企業の利益を増加させる効果があり，したがって株価を上昇させる．一方，日本の景気が悪化すれば，逆に株価が下落する．ただし，近年では企業のグローバル化が進展したため，日本の企業の業績が日本の景気だけでは

---

5）ただし，現時点では人民元の自由な為替取引が制限されており，人民元預金が主要な外貨預金の 1 つになるかどうかは，今後，為替規制が撤廃されるかどうかに依存する．

なく，外国の景気にも依存する傾向が高まっている．

　金利リスクとは，金利変動によって証券価格が変動するリスクを指す．債券価格は金利変動の影響を受けやすく，市場金利が上昇すれば（下落すれば），債券価格は下落する（上昇する）．債券のクーポン率は発行時点ですでに決まっているが，市場金利が上昇すれば，高いクーポン率で発行された債券へと乗り換えようとする動きが加速し，低クーポン債が売られるため，市場全体の債券価格が低下することになる．

　証券価格の変動を引き起こす要因としてミクロ的な要因もある．まずは，発行体に内在するリスクであり，**信用リスク**とよばれるものである．信用リスクとは，発行体の倒産可能性を表すものである．信用リスクの程度は，発行体の事業の性格や発行体の財務内容などによって決まる．世の中には様々な事業を行う企業が存在し，電力事業，鉄道事業など，顧客の需要が安定しており，予期せぬ大きな需要の変動が起こる可能性が小さい事業に携わる企業もあれば，需要動向が極めて不安定で，将来の業績の予測が困難な事業に携わる企業もある．発行体の信用リスクは，前者のほうが小さい．

　また，同種の事業を行う企業でも，財務内容によって信用リスクの多寡は異なる．まずは，負債・資本比率が信用リスクにかかわる．企業が倒産する状態とは，自己資本がゼロとなり，企業の資産価値が負債価値を下回るような状態である．この状態を**債務超過**という．債務超過に陥りやすい企業とは，自己資本の金額に対して負債の金額が過大な企業である．

　また，信用リスクは，企業の資産，負債の内容にも依存する．資産規模が同じでも，価値の変動が不安定な資産を保有している企業と，資産価値が安定している資産を保有している企業では，債務超過の状態に陥る可能性が異なる．もちろん，前者のほうが債務超過に陥る可能性が高くなり，信用リスクが高いとみなされる[6]．

---

6）資産価値の安定性は，10.3.2節で説明する資産の収益性のばらつき（分散や標準偏差）で示される．収益性のばらつきが大きいとは，資産価値が大きく上昇することもあれば大きく下落することもあるということである．上昇程度の如何にかかわらず，資産価値が上昇する分には債務超過は起こらない．しかし，資産価値が下落する場合には，収益性の変動性が大きい場合のほうが債務超過に陥りやすい．

　また，負債には返済までの期間が短い短期負債と返済期間が長い長期負債があるが，倒産の可能性は短期負債の比率が高い企業のほうが高くなる場合がある．負債の返済期日が迫ると，発行体は借り換えを行うことで返済を実行するか，返済期日までに入ってくる現金（**キャッシュ・フロー**という）を使って返済を行うが，短期負債の場合には返済の頻度が高くなる．滞りなく借り換えができれば，あるいは頻繁にキャッシュ・フローが入ってくるのであれば問題ないが，キャッシュ・フローが入ってくるまでにある程度の期間を要するような発行体であれば，借り換えで短期負債の返済を実行するしかない．仮に，何らかの事情で貸し手が借り換えに応じなければ，発行体は返済不履行の事態に陥る．こうした事態は，仮に，発行体が債務超過の状態ではなくても発生する．すなわち，企業が破綻する事例としては，債務超過による破綻の他に，**資金繰り悪化**による破綻もある．

　証券価格の変動をもたらすミクロ的要因として，もう一つ，市場流動性も挙げておこう．第 6 章でも説明したように，市場流動性とは売買可能性，あるいは換金性という意味であり，またそれらは市場の規模と関連する．規模の大きな市場ほど，売り買いが頻繁に行われ，自らが売却したいと思った時点で，希望する価格帯で証券を売却できる可能性が高くなる．一方，規模の小さな市場では，売り注文が出た時点で即座に買い注文がマッチするかどうかはわからず，取引不成立の状態が続いた結果，大幅な価格変動に晒される可能性がある．市場流動性リスクも，重要な価格変動要因であり，とりわけ経済危機が発生している状況では，証券価格は市場流動性リスクの影響を受けやすくなる[7]．

　外国証券に投資する場合には，上述のリスクに加えて，**為替リスク**も負う[8]．たとえば，日本の投資家が米国国債に投資する場合には，米国国債が米ドル建てで表示されているため，米国国債に加えて米ドルも購入する必要がある．しかし，将来の円ドル為替レートがどのように変動するかは不確定であ

---

7）第 6 章では証券化商品について触れたが，2007，2008年の世界金融危機の発生時には証券化商品を含めたあらゆる資産の市場流動性が枯渇し，価格の暴落が生じた．とりわけ，証券化商品については買い手が喪失し，市場価格の値が付かない状態が続いた．

り，日本の投資家は為替リスクを追加的に負うことになる．

　ちなみに，為替リスクという用語は，もう一つの文脈でも用いられる．為替変動が企業価値を変化させることを通じて証券価格の変化をもたらすことも為替リスクとよぶ．たとえば，輸出企業の利益は円安になれば増加し，円高で減少すると考えられる．したがって，輸出企業の株価も円安であれば上昇し，円高であれば下落する傾向がある．あるいは，米国に子会社を保有するグローバル企業の場合，米ドルが増価すると，円換算ベースの米国子会社の利益が増加するため，グローバル企業の連結決算での業績は改善する．こうした変化は，子会社の現地での利益が何ら変わらなくても，為替レートが変化するだけで生じる．

　後節では，為替リスクのヘッジ方法について紹介するが，以下では前者の意味でとらえて為替リスクという用語を用いることにする．

## 10.3　外国証券のリターンとリスクの計測

### 10.3.1　外国証券のリターンの計測

　前述したように，日本の投資家が外国証券を購入する場合は，当該国の証券の他に外貨も購入する．したがって，外国証券の利回りは，以下のように証券の利回りと外貨の利回りの総和となる．

　　（外国証券の円ベースでの利回り）

　＝（外国証券の利回り）＋（外貨の利回り）　　　　　　　　　　　　　　　　(1)

　ここで，円ベースでの利回りとは，円資金で外国証券に投資した場合に得られる利回りという意味である．たとえば，日本の投資家が米国国債を1万ドル相当だけ購入する場合には，日本の投資家は手持ちの円を売って1万ドルを購入し，その1万ドルを米国国債の購入に充てることになる．米国国債の満期がおとずれた段階では元本と利息相当の米ドルを受け取り，その米ドルを売って

---

円を購入する．すなわち，米国国債の運用開始時ではドルを買い，運用終了時
点ではドルを売るため，ドルの売買益が米国国債の運用収益に追加される．取
引の構図は，第 8 章の金利平価の説明で登場したドル預金の場合と同様であ
る．

　したがって，米国国債の円ベースでの利回りは，以下のようになる[9]．

　　（米国国債の円ベースでの利回り）

$$= \frac{（米国国債の売却価格）-（米国国債の購入価格）+（クーポン）}{（米国国債の購入価格）} + \frac{（ドルの売りレート）-（ドルの買いレート）}{（ドルの買いレート）}$$

$$= （米国国債の利回り）+（名目為替レートの変化率） \qquad (2)$$

　また，(1)式の利回りは，厳密にいえば，外国証券の円ベースでの**名目利回り**
であるが，第 8 章でも説明したように，名目利回りとは別に，外国証券の円ベ
ースでの**実質利回り**に注目すべき場合がある．それは，既述したように，長期
運用を行う場合である．

　外国証券の円ベースでの実質利回りは，第 8 章の実質金利の定義と同様に，
インフレ率を差し引いたものとして定義される．

　　（外国証券の円ベースでの実質利回り）

$$= （外国証券の利回り）+（名目為替レートの変化率）-（国内インフレ率） \qquad (3)$$

　ここで注意しなければならないのは，差し引くのは外国のインフレ率ではな

---

9）厳密には，米国国債の円ベースでの利回りは以下のようになる．

　米国国債の円ベースでの利回り

$$= \frac{((米国国債の売却価格)+(クーポン))×(ドルの売りレート)-(米国国債の購入価格)×(ドルの買いレート)}{(米国国債の購入価格)×(ドルの買いレート)}$$

$$= \frac{(米国国債の売却価格)+(クーポン)}{(米国国債の購入価格)} × \frac{(ドルの売りレート)}{(ドルの買いレート)} - 1$$

$$= \left(1+\frac{(米国国債の売却価格)-(米国国債の購入価格)+(クーポン)}{(米国国債の購入価格)}\right) × \left(1+\frac{(ドルの売りレート)-(ドルの買いレート)}{(ドルの買いレート)}\right) - 1$$

ここで，

$$\left(\frac{(米国国債の売却価格)-(米国国債の購入価格)+(クーポン)}{(米国国債の購入価格)}\right) × \left(\frac{(ドルの売りレート)-(ドルの買いレート)}{(ドルの買いレート)}\right) \cong 0$$

とすると，(2)式が導出される．

く国内インフレ率ということである．国内の投資家にとって問題となるのは居住国のインフレ率である．投資家は将来の支出の予定に備えて資産運用を行うが，資産運用を行っている間に居住国のインフレが進行してしまうと将来の購買力が目減りしてしまう．そこで，居住国のインフレの進行速度を上回る運用利回りをめざすが，運用資産は国内の資産でも外国資産でも構わないのである．

また，実質為替レートの変化率を導入すると，(3)式は，次のように書き換えることができる[10]．

（外国証券の円ベースでの実質利回り）

＝（外国証券の実質利回り）＋（実質為替レートの変化率）　　　　　　　　(4)

このように，外国証券の円ベースでの実質利回りは，外国証券自体の実質利回りと実質為替レート変化率の総和として表される．

以上，円ベースでの外国証券の利回りは，名目利回りであっても実質利回りであっても，外国証券自体の利回りと外貨の利回りの総和として表される．名目利回りの場合には，(2)式で表されるように，外国証券の利回りも為替変化率も名目ベースの変数で表現されるが，実質利回りの場合には，(4)式のように，双方とも実質ベースの変数で表現される．

**図10-1** は円ベースとドルベースで評価した米国の名目株価と実質株価を示している．なお，ここでは，累積投資収益率指数[11]を掲載している．

---

10)　実質為替レートの変化率は，次のように表される．
　　　（実質為替レートの変化率）
　　　＝（名目為替レートの変化率）＋（外国インフレ率）−（国内インフレ率）
　　これを，
　　　（名目為替レートの変化率）
　　　＝（実質為替レートの変化率）−（外国インフレ率）＋（国内インフレ率）
　　と書き換える．これを(3)式に導入すると，以下のようになる．
　　　（外国証券の円ベースでの実質利回り）
　　　＝（外国証券の名目利回り）＋（（実質為替レートの変化率）−（外国インフレ率）
　　　　　　　　　　　　　　　　　　＋（国内インフレ率））−（国内インフレ率）
　　　＝（（外国証券の名目利回り）−（外国インフレ率））＋（実質為替レートの変化率）
　　　＝（外国証券の実質利回り）−（実質為替レートの変化率）

## 図10- 1　米国の株価

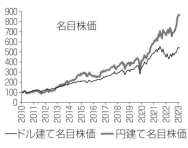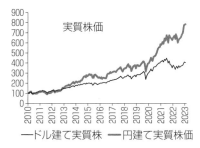

注：Refinitiv 社，Datastream より取得したデータを用いて筆者が作成．2010年１月の数値を
　　100として基準化．米国の株価指数として配当込みのS&P500を使用．ドル建て実質株価は
　　米国のCPI（コア）で，円建て実質株価は日本のCPI（コア）で割り引いている．

　この期間を通じて，米国の株価は上昇トレンドを形成してきたが，世界金融
危機が発生した2008年やパンデミック宣言が発表された2020年に大きく値下が
りした．また，円建ての株価がドル建ての株価を上回っているのは，円に対し
てドルが増価し，株式の利回りに外貨の利回りが上乗せされたためである．

　実質株価は物価上昇（インフレ率）の分だけ割り引かれるため，実質株価は
名目株価を下回るが，ドル建て株価よりも円建て株価の上昇幅が大きいのは実
質株価であることがわかる．ドル建て実質株価は米国の物価で割り引くが，円
建て実質株価は日本の物価で割り引くため，日米の物価上昇率の格差がドル建
て株価と円建て株価の伸びの違いに現れることになる．

　円建て株価とドル建て株価の違いは為替変化率の影響による．円建て株価が
ドル建て株価に対してより大きく上昇しているのが実質株価であるのは，実質
為替レートでみた場合にドル高がより進行していたことによるが，実質為替レ
ートでのドル高はインフレ率の動向に寄因する．

　**図10- 2** は円ドル名目為替レートと円ドル実質為替レートの推移を示してい
る．両者が1990年代中盤から乖離が拡大しているのは，この頃より日本で顕著

---

11）累積投資収益率指数とは，前年の投資収益率を累積させて翌年の収益率指数を計算
　　したものである．基準年を100とし，翌年の利回りが１％，翌々年の利回りが２％であ
　　れば，基準年以降の累積投資収益率指数は以下のようになる．
　　基準年：100　　１年後：100×（1＋0.01）＝101　　２年後：101×（1＋0.02）＝103.02

**図10- 2　円ドル為替レート（名目・実質）**

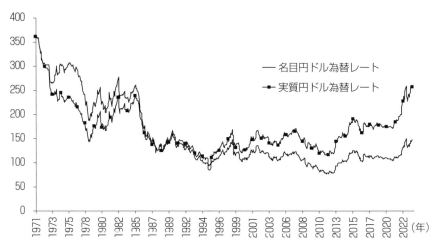

注：Refinitiv 社，Datastream より取得したデータを用いて筆者作成．実質円ドル為替レートは日米の物価はコア CPI を用いて計測しており，CPI は1971年の平均値を100として基準化している．

になったデフレの影響によるものである．デフレは購買力を高める．日本でデフレが進行していた上に米国の株価が上昇し，さらにドルが増価したため，日本人にとっての米国株の運用は，購買力を大きく向上させるものであった．

## 10.3.2　外国証券投資のリスクと分散効果

　投資する資産の利回りの水準は，資産の売却価格が確定した段階で，つまり資産運用が終了した時点で確定する．しかし，当然ながら，どの資産に運用するかを決めようとする段階で，資産の売却価格はわからない．投資家ができることは，せいぜい，対象となる資産の利回りを予想するぐらいである．予想された利回りは**期待利回り**，あるいは**期待収益率**とよばれる[12]．

　投資対象を選択する際，利回りの他にリスク水準も考慮される．通常，リスクの水準は資産の**分散**，あるいは**標準偏差**などのばらつきの尺度で測られる[13]．利回りのばらつきが大きいほど，リスクは高いとみなされる．一般的

---

12) 期待利回りの計算方法は，補論を参照．

な投資家は，利回りが同じであればリスクが低い資産を，あるいはリスクが同じであれば利回りが高い資産を選択しようとする[14]．

　既述したように，外国証券に投資する場合には，外国証券と一緒に通貨も購入する．したがって，外国証券自体のリスクと通貨のリスクの両方がかかわるのだが，実は全体のリスクは2つのリスクの平均や総和といった形で決まるのではない．

　複数の資産に投資する場合には，**分散効果**が働くことが知られている．これは，互いの変動が打ち消しあうことで，全体のリスクが抑えられる効果を指す．たとえば米国の株式に投資する場合には同時に米ドルも購入するが，運用1年目で米国の株価が6％だけ下落したのに対し，米ドルは7％だけ増価したとする．全体としては1％の上昇である．2年目の運用では，米ドルが5％だけ減価したが，米国の株価が8％上昇したとすると，全体としては3％の上昇となる．米国の株価は－6％から8％の範囲で変化し，米ドルも－5％から7％の範囲で変化しているが，両者を合わせた全体の変化は1％から3％の変動に収まっている．このように，一方の資産の下落を他方の資産の上昇によって補う効果が分散効果である．

　実は，分散効果でリスクが削減されても，期待利回り（あるいは平均利回り）の犠牲はない．一般に，個別の資産価値の変動特性としてハイリスク・ハイリターン，ローリスク・ローリターンという特性があり，利回りの高い資産はリスクも高く，利回りが低い資産はリスクも低い傾向がある．しかし，複数の資産に分散投資を行うと，分散効果により，こうした利回りの犠牲なくしてリスクの低減を図ることができる．

　このことを上述の米国株への投資の例を使って示してみよう．米国株への投資は，いわば米国株と米ドルの2つの資産への分散投資である．この2つの資産への投資を，米国株のみへの投資および米ドルのみへの投資と比較してみる（**表10-1**）．

---

13）分散，標準偏差の計算方法は，補論を参照．
14）第8章で説明したように，こうしたリスク選好を**リスク回避的選好**とよぶ（補論も参照）．

表10- 1　　2 年間の米国株と米ドルの利回り（単位：%）

|  | 1 年目の利回り | 2 年目の利回り | 利回りの平均 | 利回りの幅 |
|---|---|---|---|---|
| 米国株 | - 6 | 8 | 1 | 14 |
| 米ドル | 7 | - 5 | 1 | 12 |
| 米国株＋米ドル | 1 | 3 | 2 | 2 |

　米国株単独の投資の場合，1 年目の利回りは - 6 %，2 年目の利回りは 8 %であり，2 年間の平均的な利回りは 1 %であるが，実現した利回りの幅は14%である．この利回りの変動幅の大きさが，ここではリスクの指標となる．運用を行っている間には，株が好調な時期もあれば不調の時期もあり，均してみれば 1 %ほどの利回りを実現しているが，良い時と悪い時の利回りの差が激しい．仮に，何らかの事情で突如現金が必要となり，1 年目で株を売却して現金を捻出しなければならない事態になれば，株価が 6 %も下がった状態で株式を売却しなければならない．もちろん，この場合には購買力も低下する．

　米ドル単独の投資の場合，1 年目の利回りは 7 %，2 年目の利回りは - 5 %であり，2 年間の利回りの平均は 1 %である．また，利回りの変動幅は12%である．

　米国株と米ドルを組み合わせた場合の利回りは，既述の通り，1 年目が 1 %，2 年目が 3 %であり，2 年間の利回りの平均は 2 %，利回りの幅は 2 %で最も小さい．このケースからわかるように，分散投資では平均利回りの犠牲を負わずにリスクの低減を図ることができるのである[15]．平均利回りの犠牲を負わないというのは，1 年目だけの運用でも 2 年目だけの運用でも（いつでも），単独運用で得られる平均的な利回りを確保できるということである．

　実は，上のケースでは極端なケースを取り上げている．何が極端であるかというと，米国株と米ドルが完全なる逆相関をしているのである．逆相関とは，一方が上がれば他方は必ず下がるような連関性である．

---

15)　1 単位当たりの投資資金による結果を比較するのであれば，米国株式と米ドルの組み合わせによる利回りを半分にする必要があり，平均的な利回りは米国株，米ドル単独の場合と同じく 1 %，利回りの幅は 1 %となる．いずれにしても，インプリケーションは同じである．

　ここまで極端ではなくても，２つの資産の利回りの連関性が小さければ，資産全体のリスクを小さくすることができる．ここで，連関性の尺度となるのが**相関係数**である（補論参照）．相関係数は－１から１までの値をとるが，上の数値例は，米国株と米ドルの相関係数が－１になるケースなのである．

　ちなみに，相関係数が１の値をとる場合，２つの資産の利回りは完全相関をするという．この場合は分散効果が存在せず，２つの資産を組み合わせた場合の全体の利回りが２つの資産の利回りの平均になると同時に，全体のリスクも２つの資産の平均になるだけである．

## 10.4　国際ポートフォリオのリスク管理

### 10.4.1　分散投資

　通常，我々は一つの資産だけに投資して運用することはなく，複数の資産に投資する．複数の資産の組み合わせを**ポートフォリオ**とよぶ．また，国内の資産だけではなく，海外の資産もポートフォリオに組み込んだものを，**国際ポートフォリオ**とよぶ．

　ポートフォリオに組み入れる資産の数を増やすほど，分散効果が働き，ポートフォリオの分散を低減できることが知られている．特に，組み入れる資産同士の連関性が低いほど，分散効果は大きく働く．この点は上述した通りだが，以下では，証券と通貨の分散効果だけではなく，複数の証券に投資した場合の分散効果もみていく．

　**図10-3**は**投資機会線**とよばれるものである[16]．これは投資している資産の組み合わせによって実現できる期待利回りとリスクの組み合わせを示したものである．図10-3の縦軸は資産の期待利回り，横軸は資産の標準偏差を示している．ここでは，資産C，資産Dという２つの資産を組み合わせてポートフォリオを組成する場合を想定しており，点Cは資産Cの期待利回り（$\mu_c$）と標準偏差（$\sigma_c$）の組み合わせを，点Dは資産Dの期待利回り（$\mu_d$）と標準偏差（$\sigma_d$）の組み合わせを示している．また，直線CDは２つの資産の利回りが

---

16）投資機会線の導出は，補論を参照．

## 図10-3　投資機会線と有効フロンティア

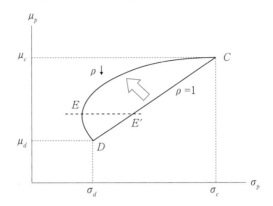

完全相関をしており，相関係数が1となる場合を示している．曲線 CD は2資産の利回りの相関係数が1以下の場合を示している．相関係数が1を下回るほど，曲線 CD は左上方向に突き出す形状をとる．

　詳細は補論で説明されているが，2つの資産の相関係数が1の場合には，ポートフォリオの期待利回りと標準偏差が2つの資産の期待利回りと標準偏差の加重平均となり，資産Cと資産Dのいずれをより多く保有するかにより点 C，点 D のいずれの点に近くなるかが決まる．

　相関係数が1以下の場合，ポートフォリオの期待利回りは相関係数が1の場合と同じになるが，ポートフォリオのリスク水準は小さくなる．点 E，点 E′を通る水平線は，資産Cと資産Dを同じ割合で組み合わせてポートフォリオを作成する場合を示しており，点 E は相関係数が1以下の場合，点 E′ は相関係数が1の場合である．ポートフォリオの期待利回りは同じでも，ポートフォリオの標準偏差は曲線 CD 上にある点 E のほうが小さい．

　また，資産Cと資産Dの組み合わせ比率を変えることによって曲線 CD 上の別の点を選択することができる．しかし，曲線 ED 上の点は選択されないと考えられる．なぜならば，曲線 ED 上の点と同じリスク水準で，より高い期待リターンを実現できる点が曲線 CE 上にあるためである．したがって，最終的に選択されるポートフォリオは曲線 CE 上の点となる．この曲線 CE を**有効フロンティア**とよぶ．有効フロンティア上では，リスクの水準を高めない限

り期待利回りを高めることはできない．有効フロンティア上のハイリスク・ハイリターンのポートフォリオを選択するか，あるいはローリスク・ローリターンのポートフォリオを選択するかは，投資家の好みなどに依存することになる．また，投資家の満足度を最も高めるポートフォリオは**最適ポートフォリオ**とよばれる[17]．

　ポートフォリオに組み込まれる資産の数が増えると，有効フロンティアの形状は左上方向に拡大する．銘柄数を増やす場合の理論的解説は補論で行っているのでそちらを読んでいただきたいが，有効フロンティアの形状が左上方向に拡大するとは，リスクを増やすことなくリターンを向上させる（あるいはリターンの水準を下げずにリスクの削減を実現できる）ことを意味する．

　国際分散投資を行う状況とは，投資の対象銘柄が増える状況でもある．さらに，国内同士の銘柄の相関と比べて，内外の銘柄の相関は小さくなる傾向がある（詳細は後述）．互いの相関係数が小さいものを組み合わせてポートフォリオを組成すればリスク低減が図れることから，投資機会を国内に限定せず，海外にまで広げることは有益といえる．

　**図10-4**は，2003年から2020年までのデータを用いて，国内債券，国内株式，外国債券，外国株式の収益率とリスクの組み合わせをプロットしたものである．国内の証券だけで組成される投資機会線と比べて，海外の証券を追加した場合の投資機会線は左上方向に拡大している．このことから，国際分散投資によって，より利回りの高い（あるいはよりリスクの小さい）ポートフォリオを作り出せることがわかる[18]．

　国際ポートフォリオの分散効果としては，証券間の分散効果の他に，証券と通貨の分散効果，通貨間の分散効果もある．そもそも，証券と為替レートの間には，どのような相関関係があるのだろうか．

---

17) 安全資産を投資対象に含める場合には，実は，曲線 $CE$ 上の危険資産ポートフォリオは，投資家の選好にかかわらず，ただ1点に定まることになる．この危険資産ポートフォリオを**マーケット・ポートフォリオ**とよぶ．投資家の選択は，安全資産とマーケット・ポートフォリオの投資比率を決定することとなる．

18) 海外の証券は円ベースに換算した上でリターンを計測しているため，これらの証券のリターン・リスク特性は為替変動の影響も含んだものとなっている．

## 図10-4　4資産のリターンとリスク

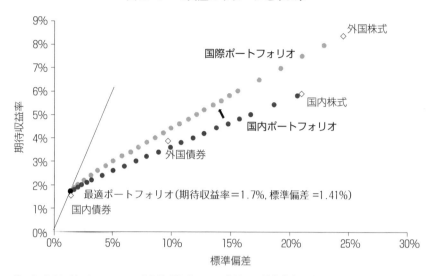

注：Refinitiv 社，Datastream より取得したデータを用いて筆者作成．使用するデータは以下の通り．国内債券：NOMURA BPI（総合），国内株式：TOPIX，外国債券：FTSE WGBI（日本除く，円建て），外国株式：MSCI ACWI（日本除く，円建て）．2003年から2020年までの総合投資収益率で測定．

　証券と為替レートの相関関係を決定する要因として，共通要因と両者の相互依存関係がある．共通要因としては，金融政策や財政政策といったマクロ経済政策が挙げられる．たとえば，国内で金融緩和政策が実施されれば，国内の証券価格が上昇するとともに自国通貨が減価（外貨が増価）するであろう．一方，外国の金融緩和政策は外国の証券価格の上昇とともに外貨安（自国通貨高）をもたらすであろう[19]．

---

19）金融政策の効果は海外にも波及する可能性がある．たとえば，日本の金融緩和政策により日本での借入コストである円金利が低下すれば，日本から資金を調達しようとする動きが高まる．日本で調達した資金が海外で投資されれば，海外の証券価格も上昇することになる．これは，第8章で指摘した，いわゆる円キャリートレードとよばれる取引方法である．したがって，日本の投資家からみれば，外貨1単位当たりの円為替レートと内外の証券価格との間には正の相関関係，海外の投資家からみれば負の相関関係が生まれることになる．

### 図10-5　TOPIX と円ドル為替レートの変化率の相関係数

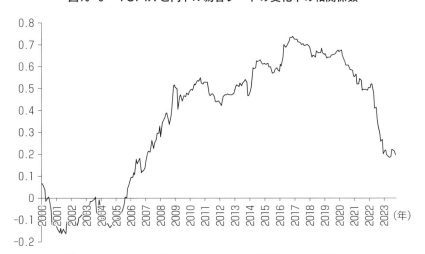

注：Rifinitiv 社，Datastream より取得したデータを用いて筆者作成．相関係数は 5 年間のローリ
　　ングで計算している．ローリング計算とは推計期間を 1 期ずつずらしながら推計する方法であ
　　る．ここでは，最初の相関係数を1995年 2 月から2000年 1 月までの 5 年間のデータを用いて計
　　算している．2 期目の相関係数は 1 カ月ずらした1995年 3 月から2000年 2 月までの 5 年間で計
　　算している．3 期目以降の相関係数も同様である．

　為替レートと証券価格の間に相互依存関係があるとは，為替レート（あるい
は証券価格）が証券価格（あるいは為替レート）の決定要因の 1 つとなってい
るということである．たとえば，輸出企業の利益は円安時に増大するため，マ
ーケットでは，円安というニュースに対して日本の輸出企業の株価が即座に上
昇する傾向がみられる．輸出企業の株価上昇が株式市場全体の株価の上昇につ
ながれば，円安と日本の株高という相関関係が生じることになる．また，日本
の株価上昇が日本の景気改善のシグナルとして市場で受け止められれば，日本
株上昇への反応としての円買いが加速し，円高が起こるであろう．

　ただし，証券間の連関性と比較して，証券と通貨の連関性は可変的である．
したがって，証券と通貨の分散効果を考慮した上でポートフォリオを構築する
のであれば，両者の連関性を逐次見直す必要があるといえる．為替レートと証
券価格の間には正の相関関係をもたらす要因と負の相関関係をもたらす要因の
両方があり，いずれの影響が勝るかによって正負いずれかの相関関係が顕在化
するといえる．

　また，プレーヤーの変質も証券と通貨の連関性に影響を与えるかもしれない．**図10-5**は，日本の株価と円ドル為替レートの変化率の相関係数の変遷を示したものである．2000年代前半の日本の株価と円ドルレートは逆相関ないしは無相関に近かったが，2000年代後半から徐々に上昇し，2010年後半にはピークに達している．相関係数が上昇した背景には様々な要因があるだろうが，その一つとして外国人投資家による日本株への投資の拡大があるかもしれない．

　外国人投資家の日本の株式市場における存在感は上昇傾向にあり，企業によっては発行済み株式のうちの半分以上が外国人投資家に保有されている場合もある．彼らにとって，日本株は外貨建て資産であり，日本株に投資する際には為替リスクも負担せざるを得ない．そこで，為替ヘッジを実施した上でリスク負担を日本株だけに限定する行動をとっていると指摘されている[20]．ただし，2020年以降では相関係数が低下している．

### 10.4.2　為替ヘッジ

**為替ヘッジ手段**

　為替リスクを除去する行為を，**為替ヘッジ**とよぶ．為替ヘッジ手段としては，**先渡取引**（あるいは**為替予約**），**通貨オプション**，**通貨スワップ**などの金融デリバティブを用いる方法があるが，それ以外に，**外貨建て資産・負債の両建て取引**というものがある．

　金融デリバティブのうち，最も取引高の大きな為替ヘッジ手段は先渡取引である．これは，将来のある期日における為替取引に適用されるレートを現時点で締結する取引であり，現時点で交換レートを予約することから為替予約ともよばれる．先渡取引は店頭取引であり，銀行と他の主体，あるいは銀行と銀行の間で相対で取引される．類似の取引として，取引所取引である通貨先物があるが，先渡取引のほうが取引高は圧倒的に大きい．それは，先渡取引が相対取引であるが故に受渡日の設定など取引内容を柔軟に決めることができるためである．通貨先物は取引所に上場されるため標準化になじむ取引高の大きな通貨

---

20) 具体的には，日本株を購入するとともに円を売り建てる．この円売りによって，株高と円安が同時に演出されている可能性がある．藤原（2013）を参照．

の取引に限定され，また受渡日（限月）も限定される．

　先渡取引を行えば，将来時点での外貨の売却レートを確定でき，為替リスクを除去できる．ただし，前述の分散投資と異なるのは，リスクの減少と引き換えに平均的リターンが下がることである．

　先渡取引を行う意義は，（仮に不利なレートで取引せざるを得なくなっても）為替取引の不確実性を除去することにある．たとえば，1ドル140円の先渡レートで3カ月後に100万ドルを売却する契約を結んだとする．仮に，米ドルの市場レートが3カ月後に1ドル141円まで増価しても，1ドル当たり1円安いレートで米ドルを売却せざるを得ない．しかし，この先渡取引によって3カ月後に入ってくる円での収入が1億4,000万円で確定し，その後の収支計画も円滑に進めることができるのである．

　先渡取引を実施することは，あらかじめ約束したレートで為替取引を行う権利を受け取ると同時に，そのレートで取引せざるを得ない義務も負うことを意味する．この義務を排除し，権利だけを享受する取引が通貨オプションである．

　通貨オプションとは，あらかじめ定めた為替レート（**行使価格**とよぶ）で取引を行う権利を取引するデリバティブ商品であり，先渡と同様，相対取引と取引所取引の両方がある．先渡取引と異なるのは，行使価格で取引することが不利な状況では，行使価格での取引を行わなくてもよい点である．通貨オプションは，買い手にとって都合の良い為替取引を提供するが，そうした機会を得るために，オプション料を売り手に支払う．通貨オプションは，米ドルの売却レートが大幅に下落し（あるいは購入レートが大幅に上昇し），損失が拡大してしまう事態を回避する手段であり，一種の保険とみなすことができる（通貨オプションについては第1章も参照）．

　通貨スワップは，異なる通貨間で異なる種類の元本，利息を交換する取引であるが，実質的には複数の先渡取引をパッケージ化したものとみなせる．たとえば，日本の企業が米国の銀行から5年満期で米ドルでの借入を行ったとする．この日本企業は米国の銀行に対して，毎年，米ドルで利息を返済するとともに，償還時には元本も米ドルで返済する．このとき，日本企業は1年後から5年後までの米ドルでの返済において，いくらの日本円を準備する必要がある

か，確実にはわからないという為替リスクに直面している．この為替リスクを先渡取引で除去しようとすれば，5回の先渡取引を実施する必要がある．通貨スワップは，これらの為替リスクを一括してカバーする取引となる．

　また，ある特定の通貨で資金を調達する際に，安い調達コストで借り入れを行えるような特殊な状況にある企業であれば，有利な通貨で借り入れることで，為替リスクの除去と調達コストの削減の両方を達成できる．

　外貨建て債権・債務の両建て取引は非常にシンプルで，外貨の**ポジション調整**により，ポジションを**スクウェア化**することで為替リスクを除去する方法である．ここで，ポジションとは持ち高のことであり，また，スクウェア化するとは，外貨建て債権と外貨建て債務の金額を一致させる行為を指す．また，言葉の定義として，外貨建て債権が外貨建て債務を上回る状態を買い持ちポジション（あるいは**ロング・ポジション**），下回る状態を売り持ちポジション（**ショート・ポジション**）とよぶ．

　たとえば，米ドル建て債務の金額が米ドル建て債権の金額を上回り，米ドルのショート・ポジションをもつ銀行があったとする．米ドルのショート・ポジションとは，米ドル建て債務から米ドル建て債権を差し引いた米ドル建て純債務がプラスということだが，米ドルが増価すると，この米ドル建て純債務の円換算した金額は増加する．その結果，この銀行は自己資本を圧迫させる状態に陥る．こうした為替リスクを除去するためには，米ドル建て債務を減らすか，米ドル建て債権を増やすことで両者を一致させることになる．

　通貨オプションと通貨スワップの詳細の説明は，他のテキストに譲ることとし，ここでは先渡取引に焦点を当てる．以下では，先渡取引で為替リスクを除去した上で外国証券に投資した場合に，利回りやリスクがどのようになるかを見ていく．

### 為替ヘッジを実施する場合の外国証券の収益率とカレンシー・オーバーレイ

　10.3.1項では，外国証券の円ベースでの利回りの計算方法を説明したが，ここで，為替ヘッジを実施しない場合の利回りを再定義する．

　$t-1$ 期から $t$ 期にかけての外国証券の円ベースの期待利回りを $\mu_{yen}^*$，外国証券自体の期待利回りを $\mu^*$，予想為替変化率を $\hat{s}^e$ とすると，(1)式は，以下のよ

うに表現される.

$$\mu^*_{yen,t} = \mu^*_t + \hat{s}^e_t \tag{1'}$$

$$\mu^*_t = \frac{D^{*e}_t + B^{*e}_t - B^*_{t-1}}{B^*_{t-1}} \qquad \hat{s}^e_t = \frac{S^e_t - S_{t-1}}{S_{t-1}}$$

ここで, $e$ は予想値を示す添え字である. また, $D^*$ は外国証券のインカム収入, $B^*$ は外国証券の価格である. 予想為替変化率の定義は第8章と同様である.

　先渡取引で為替ヘッジを実施する場合は, 外貨の売りレートが先渡レートに代わるだけである. ここで, 為替ヘッジを実施した場合の外国証券の円ベースの期待利回りを $\mu^*_{h,yen,t}$ とすると,

$$\mu^*_{h,yen,t} = \mu^*_t + fp^t_{t-1} \tag{5}$$

$$fp^t_{t-1} = \frac{F^t_{t-1} - S_{t-1}}{S_{t-1}}$$

となる. ここで, $fp$ は直先スプレッド率を表す.

　ここで, 第8章で説明したカバー付き金利平価を用いる. 第8章の(1)式で, カバー付き金利平価とは, 以下のように表された.

$$fp^t_{t-1} = i_t - i^*_t$$

これを(5)式に代入すると, 以下のようになる.

$$\mu^*_{h,yen,t} = i_t + (\mu^*_t - i^*_t) \tag{6}$$

　(6)式を見てわかるように, 利回りの中に為替レートは一切出てこない. (6)式右辺の第1項は国内の安全資産の利回り (名目金利), 第2項は外国の安全資産を上回る証券の超過利回り, すなわち証券に要求される**リスク・プレミアム**である. したがって, 為替ヘッジを実施する場合には, 外国証券において適切な超過利回りが得られているか否かに着目するだけでよい.

　また, 為替ヘッジ付きの利回りについても, 実質利回りを導出してみる. まず, 為替ヘッジを実施しない場合の外国証券の円ベースの期待実質利回りは, (4)式をもとに以下のように表される.

$$\tau^*_{yen,t} = \tau^*_t + \hat{q}^e_t \tag{4'}$$

$$\tau^*_t = \mu^*_t - \hat{p}^{*e}_t \qquad \hat{q}^e_t = \frac{Q^e_t - Q_{t-1}}{Q_{t-1}}$$

ここで, $\tau_t^*$ は外国証券の外貨ベースの期待実質利回りであり, $\hat{q}_t^e$ は実質為替レートの予想変化率である.

　為替ヘッジを実施した場合の外国証券の円ベースの期待実質利回りは, 以下のように表される[21].

$$\tau_{h, yen, t}^* = \tau_t^* + id_t \tag{7}$$

ここで, $id$ は自国と外国の実質金利格差を表す.

　短期運用の場合は, 物価変動を考慮する必要性が小さいため, 名目期待利回りに着目するが, 長期運用の場合は, 物価変動の影響を考慮した実質期待利回りに焦点を当てる.

　名目ベースの期待利回りを見てみると, 為替ヘッジの実施の有無による期待利回りの差は $\hat{s}_t^e - f p_{t-1}^e$ であるが, これが正負のいずれになるかは, 実は第 8 章で説明した先渡プレミアム・パズルと関連する. 先渡プレミアム・パズルが成立する場合, 高金利通貨の金利が上昇する局面では $\hat{s}_t^e - f p_{t-1}^e$ が上昇し, 金利差に加えて為替差益も得られる状況となる. また, $\hat{s}_t^e - f p_{t-1}^e$ が上昇する場合とは, 為替ヘッジを実施しない場合のほうが期待利回りが高まる場合なので, 為替ヘッジを実施しないほうが利回りの観点からは有利となる.

　また, 為替ヘッジを実施するか否かではなく, 部分的な為替ヘッジが望ましいということもあるだろう. たとえば, 外国証券への投資金額のうち, $h$ の割合だけ為替ヘッジを実施し, 残りは為替ヘッジを実施しないとする. ここで, 安全資産を上回る外国証券の円ベースの期待利回り (超過利回り) を求めると,

---

21) 為替ヘッジを実施した場合の外国証券の円ベースの期待実質利回りは, 期待名目利回りと国内インフレ率の差額として定義されるため, 以下のようになる.

$$\mu_{h, yen, t}^* = i_t + (\mu_t^* - i_t^*) - \hat{p}_t^e \tag{A-1}$$

ここで, $\hat{p}_t^e$ は国内の予想インフレ率である.

　次に, 第 8 章で説明したフィッシャー方程式を用いる. まず, (A-1) 式の右辺で外国の予想インフレ率を足して引く.

$$\mu_{h, yen, t}^* = (\mu_t^* - \hat{p}_t^{*e}) + (i_t - \hat{p}_t^e) - (i_t^* - \hat{p}_t^{*e}) \tag{A-2}$$

フィッシャー方程式より, (A-2) 式右辺の第 2 項は国内の実質金利, 第 3 項は外国の実質金利となる. ここで, 国内と外国の実質金利差を $id_t$ と定義すると, (7) 式が導出される.

$$\mu_{p,yen,t}^* - i_t = h(\mu_t^* + fp_{t-1}^t) + (1-h)(\mu_t^* + \hat{s}_t^e) - i_t \tag{8}$$
$$= (\mu_t^* - i_t^*) + (1-h)(\hat{s}_t^e - fp_{t-1}^t)$$

となる[22]．このように外国証券の超過利回りと $\hat{s}_t^e - fp_{t-1}^t$ の総和で表される．ここで投資家が考えるべきことは，外国証券への投資比率を決めるとともに，ヘッジ比率を決めることである．(8)式のように部分ヘッジを実施すると，外国証券への投資比率と外貨への投資比率は1対1にはならず，乖離することになる．

　たとえば，日本人投資家が100万円の6割を日本株に投資し，残りの4割を米国株に投資したとする．為替ヘッジを実施しなければ，日本人投資家の資金の4割部分（40万円）は，米国株とドルの変動リスクに晒されている．また，この日本人投資家は余裕資金10万円を持っており，その投資先を検討しているとする．

　ここで，日本人投資家はFRBによる大胆な金融緩和政策を予想しているとする．米国の金融緩和政策は米国の株価を上昇させると考えられる．そこで，日本人投資家は余裕資金を米国株への投資に回し，米国株の保有比率を高めたいと思うかもしれない．しかし，米国の金融緩和は米ドルの減価をもたらす可能性が高い．為替ヘッジを実施せずに米国株に投資すると，株価上昇による利益を享受できるかもしれないが，一方では為替差損を被る可能性がある．そこで，為替ヘッジを実施した上で10万円を米国株に投資する．この場合，50万円相当の米国株を保有することになるが，為替リスクに晒されている部分（ドルに投資している部分）は40万円相当にとどまる．このように，為替ヘッジ比率を調整すると，減価の可能性が高いドルへの投資比率を抑制させることができる．

　あるいは，複数の国への国際分散投資を行っている場合には，同時に複数の通貨への投資も行うことになるが，通貨のポートフォリオに関して最適なポートフォリオを決定する場合にも為替ヘッジ比率を調整することになる．このように，株式などの投資対象資産と切り離して，通貨の投資比率を独立に決定することを**カレンシー・オーバーレイ**とよぶ．株式や債券の資産選択に長けてい

---

22)　(8)式はカバー付き金利平価を利用して導出している．

る投資家が，同時に通貨の運用にも長けているとは限らない．通貨の運用についても最適な選択を目指すには，通貨の運用を専門とするトレーダーに運用を任せるのが得策といえる．

　実質ベースの期待利回りについて，為替ヘッジを実施する場合と実施しない場合を比較してみると，その差は実質為替変化率と内外実質金利差に現れる．実は，年金基金など，長期の資産運用を行う機関投資家は為替ヘッジを実施しないことが多い．その根拠の一つは，長期では購買力平価の成立により，実質為替レートの変動リスクが小さくなるためである．

　ただし，購買力平価の成否は，為替変動をもたらすショックが貨幣的現象か実物的現象かに依存する．国内通貨の減価が国内の貨幣供給の増大による国内の通貨価値の低下によるのであれば，購買力平価は成立する．一方，企業の生産性の変化や消費者の嗜好の変化などは実質為替レートに構造的な変化をもたらすことになり，長期においても購買力平価が成立しないことになる．

## 10.5　国際分散投資の動向

### 10.5.1　国際分散投資の意義および課題

　近年において，国境を越えた資金の流れは飛躍的に拡大した．前述のとおり，国際分散投資はリスク・リターン特性の向上につながる．とりわけ，内外の資産の相関は国内資産同士の相関よりも小さいことから分散効果が期待できる．

　分散効果が期待できる一因は，各国間での景気変動のずれである．日本の景気が悪化しているときに海外の景気も悪化するとは限らず，好景気を謳歌している国もあるだろう．この景気の波のずれにより，国内と外国の利回りの相関が低下することになる．

　日本企業は，輸出企業も国内市場に特化している企業も，程度の差こそあれ日本の景気の影響を受ける．そのため，日本の景気が低迷すれば，あらゆる日本企業の株価が下落する傾向にある．そこで，好景気の国の株式に投資することで，日本株の不調を補うことができる．

　また，銘柄選択を行わずにインデックス投資を行う場合には，各国間の産業

構造の違いも分散効果を高める要因になり得る．日本の産業構造はフルセット型産業構造であるといわれており，あらゆる産業がまんべんなく，ある程度の占有率を持って存在している．しかし，こうしたバランスを持った産業構造を有している国は，実は世界を見渡してもそれほど多いわけではなく，先進国においても，特定の産業が突出する産業構造が見受けられる．たとえば，ノルウェーは石油関連産業の占有率が圧倒的に高く，ノルウェーの株式市場の動向が石油関連企業の株価に大きく左右される．新興国・途上国になれば，この傾向はさらに強まる．ここで，各国のインデックス投信に投資すれば，カントリー要因による分散効果に加えて産業要因の分散効果も期待できる．もちろん，ノルウェーにとって，国際分散投資は非常に効果的な運用手法となる．

　また，天候や自然災害の影響を回避するという意味合いもある．2011年3月11日に発生した東日本大震災は日本全体に多大なる影響を与え，多くの銘柄が下落した．海外資産の保有は，自然災害に晒されやすい日本の投資家にとっては，資産価値の保全手段として大いに期待できる．

　国際分散投資は分散効果を高める有益な手段ではあるが，皮肉なことに，グローバル化が進むほど，実は分散効果が弱まることになる．一つは投資家のポートフォリオ・リバランスによる効果である．国際分散投資を行っている投資家が割安に放置されている株式市場を見つければ，その国の株を買うだろう．こうした株式購入によって，その国の株価は上昇し，過熱感のある国の株式市場にさや寄せしていくことになる．

　また，グローバルな資本提携も株価の相関を高めるであろう．たとえば，A企業という日本企業があり，A企業が米国での事業展開を促進させるためにB企業という米国企業と資本提携を結んだとする．これは，具体的には，A企業がB企業の株式を保有するという行為になる．B企業は米国で事業を展開しているため，B企業の株価は米国の景気次第で変動するが，B企業の株式を保有しているA企業の企業価値もB企業の株価の変動に晒されることになる．その結果，A企業とB企業の株価が連動することになる．

　輸出や海外直接投資といった実物面でのグローバル展開も同様である．販売全体のうち，海外市場への輸出が大きく占める企業であれば，海外市場での売れ行きがこの企業の業績を大きく左右する．その結果，海外が好景気であれ

ば，海外の株価が上昇するとともに，この企業の株価も上昇する．

　相関が小さい銘柄同士を組み合わせればポートフォリオ・リスクを低減できるのだが，こうした経済のグローバル化は，内外の資産の相関を高めるため，国際分散投資のリスク低減への寄与が小さくなる可能性がある．特に，2008年の世界金融危機のように，リスク回避手段が最も求められる状況下で，世界各国の資産間の相関が突如高まるといった現象も見受けられる．

## 10.5.2　日本における国際分散投資の動向

　日本の国際分散投資は，他の先進国と比較すると進展していない．データは少々古いが，**図10-6**は，世界各国の株式市場のデータを用いて，2005年時点における**ホームバイアス**の指標を示したものである[23]．ホームバイアスとは，国内の投資家が，理論的に最適な水準と比較して，国内資産に偏ったポートフォリオを保有している現象を指す．

　図10-6を見ると，いずれの国についても，ホームバイアスの傾向がみられるが，最もホームバイアスが小さいのはオランダで，次いで米国である．以下，欧米諸国が続く．日本は図中では19位であり，先進国と新興国の間に位置する．

　ただし，近年では，日本でも海外投資が拡大しつつある．日本の海外投資を促している要因は，日本の低金利と円安であろう．日本では1990年代中盤から超低金利政策が続いており，利息収入が極めて低迷したことから，高金利が得られる国への投資が拡大した．日本の対外純資産を通貨建て別に見てみると，米ドル，ユーロについて大きな占有率を占めているのが豪ドルであるが，豪ドルは高金利通貨の代表格である[24]．

---

23）図10-6のホームバイアス指標は，当該国の株式保有額全体に占める国内株式保有額の占有率から世界株式市場に占める当該国の株式時価総額の占有率を差し引いて作成されている．国際資本資産価格決定モデルによれば，国籍によらず，あらゆる国の投資家にとって最適な株式ポートフォリオとは，各国の株式時価総額の占有率を反映した世界株式ポートフォリオとなる．したがって，ホームバイアス指標は，理論による最適比率と実際の比率との差額を示している．図中の数値は，Sercu and Vanpee（2007）より引用している．

24）大野（2015）を参照．

## 図10-6　ホームバイアス指標

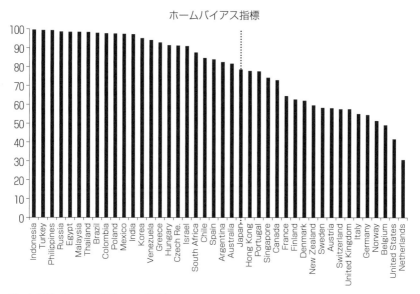

ホームバイアス指標

データ出所：Sercu and Vanpee（2007）

　また，日本の海外投資で長らく障害となっていたのが円高トレンドであった．ブレトン・ウッズ体制崩壊以降，日本は円高の歴史をたどってきたが，円高が進行すれば，海外資産を保有する投資家は**為替差損**を被ることになる．円の通貨価値が高まっていた中，円建て資産に偏ったポートフォリオを保有するということは，資産価値の保全の観点からみれば適切であったともいえる．図10-6の上位に位置する国の多くは，実はユーロ圏内の国である．ユーロ参加国は為替リスクを負わずに他の域内諸国の株式市場に投資できる．

　しかし，円高トレンドは転換を迎えている可能性もある．円高トレンドの背景にあったと考えられるのが，とりわけ製造業で顕著に進んだ生産性の向上であるが，日本の製造業における生産性が国際比較で低下すれば，円高トレンドも修正される可能性がある．こうした経済の構造的な要因から，海外資産への投資を拡大させる意義は高まっているともいえる．

　また，海外投資拡大の機運が高まっている最近の一例として，機関投資家に関する制度改革が挙げられるかもしれない．**表10-2**は内外の年金基金が保有

## 表10-2　各年金基金の基本ポートフォリオ

| | 国内債券 | 外国債券 | 国内株式 | 外国株式 | 短期資産 |
|---|---|---|---|---|---|
| 年金積立金管理運用独立行政法人 (GPIF)（〜2015年3月） | 60% | 11% | 12% | 12% | 5% |
| GPIF　（2015年4月〜2020年3月） | 35% | 15% | 25% | 25% | |
| GPIF　（2020年4月〜） | 25% | 25% | 25% | 25% | |
| | グローバル債券 | | グローバル株式 | | その他 |
| 国民年金基金連合会　（2019年4月〜） | 52% | | 48% | | |
| カルパース（CalPERS，米国）(2020年4月時点) | 28% | | 58% | | 14% |
| GPFG（Government Pension Fund Global，ノルウェー）(2020年4月時点) | 30% | | 70% | | |
| CPPIB（Canada Pension Plan Investment Board，カナダ）(2020年4月時点) | 15% | | 85% | | |

出所：各年金基金のホームページよりデータを取得.

する資産の内訳を示しているが，たとえば，世界最大の年金基金であり，日本の公的年金資金の管理運用を行っている年金積立金管理運用独立行政法人（Government Pension Investment Fund：**GPIF**）は，かつては日本国債などの国内債券を中心とするポートフォリオで資産運用を行っていたが，2014年以降，ポートフォリオの大幅な見直しを行った．この見直しにより，日本株式の保有比率が高まるとともに，外国債券，外国株式を合わせた外国証券の比率が大きく上昇している．こうした巨大年金基金による対外証券投資の拡大が他の投資家の行動に影響を与えるかもしれない．ただし，海外の年金基金と比較すると，日本の年金基金による外国証券への投資が目立って大きいわけではない．

　以前は，日本と海外との証券価格の相関が比較的低く，したがって，日本の投資家にとって国際分散投資の便益はとりわけ大きいといわれてきた．しかし，近年では，日本の証券価格も海外の証券価格との相関を高めつつある．この相関の高まりの背景として，日本の株式市場における外国人投資家のプレゼンスの高まりを含めたグローバル化の流れがあるだろう．

　日本の海外投資は拡大しつつあるものの，その中身をみてみると，安全志向

## 図10-7　日本の対外資産の内訳

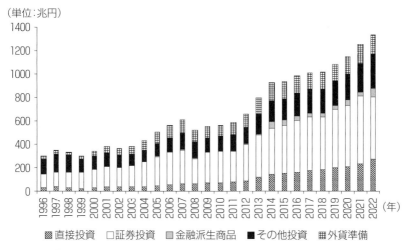

（単位：兆円）

出所：財務省のホームページよりデータを取得し筆者作成.

という特徴が強かった．**図10-7**は日本全体が保有する対外純資産の内訳を示したものである．日本が保有している対外資産のうち，大きな占有率を占めるのが証券のカテゴリーであり，かつては米国国債などの安全な外国債券が大きな比率を占めていた．外貨準備の中身も大半は外国国債で占められている．しかし，最近では外国株式と外国債券の比重は拮抗しており，その一因は世界的な低金利とコロナ禍で実施された大規模金融緩和を背景とする株価の上昇である．また，最近では直接投資の残高の伸びが著しい．

　日本は世界最大の対外純資産国であるが，比較的安全性の高い資産で運用していた．安全性を考慮した資産運用は，必ずしも批判されるべきものではないが，少子高齢化が進み，日本の対外純資産がいずれは減少する可能性があることを考慮すると，直接投資や外国株式の残高が相対的に高い伸びを示す最近の傾向は対外純資産の減少の回避につながるものと期待される．

### 参考文献

大野早苗「円安の日本経済への影響：対外純資産に対する評価効果に焦点を当てて」証券アナリストジャーナル7月号，2015年.

藤原茂章「最近の株価と為替の同時相関関係の強まりについて」日銀レビュー，2013-J-8，2013年.

Sercu P. and R. Vanpee, "Home bias in international equity portfolios: A review," Katholieke Universiteit Leuven, Discussion paper, 2007.

## 練習問題

**10-1**　投資信託には本章で紹介したもの以外にも，実に様々な商品がある．また，投資信託の取引には様々な主体がかかわっており，手数料の徴収も含めて複雑な取引構造となっている．投資信託協会のホームページ（https://www.toushin.or.jp/）を参照し，投資信託の商品種類や手数料などについて調べなさい．

**10-2**　日本の株式の期待収益率が年率 5 ％，米国の株式の期待利回りが年率 6 ％であったとする．また，円に対する米ドル為替レートの予想変化率が − 2 ％（2 ％の米ドル安円高）であるとする．このとき，

　　　①日本人投資家が日本株と米国株を等分ずつ含むポートフォリオを組成したとする．ポートフォリオの期待利回りはいくらになるか．ただし，為替ヘッジは実施しないとする．

　　　②米国人投資家が日本株と米国株を等分ずつ含むポートフォリオを組成したとする．ポートフォリオの期待利回りはいくらになるか．ただし，為替ヘッジは実施しないとする．

## 第 11 章

# 為替レートと
# 企業の為替リスクマネジメント

## はじめに

　昨今の世界的な金融財政危機や様々な紛争の影響により，日本円は米ドル，ユーロなどの主要通貨のみならず，東アジア通貨に対しても大きく変動している．こうした為替レートの変動は，短期的に日本企業の業績に大きな影響を与えるばかりでなく，中長期的にアジアをはじめ世界中に展開する生産拠点の配置など，その経営戦略にも影響を及ぼす．さらに，この影響の度合いは，企業が輸出入における貿易建値通貨（インボイス通貨）としてどの通貨を選択しているか，さらに企業がどのような為替リスク管理を行っているのかによっても大きく左右される．

　長年に渡って円相場の為替変動を経験してきた日本企業は，洗練された為替リスク管理や，それぞれの企業に合ったインボイス通貨選択行動を行い，為替変動の影響を緩和する様々な工夫を行ってきた．輸出企業を例にすると，為替市場を通じた先物為替予約により為替リスクをヘッジしたり，本社と子会社間の企業内取引で外貨建ての債権と債務を相殺することで，為替リスクそのものの減少を図っている．こうした為替リスク管理は，企業規模が大きくなるほど，海外市場への売上が高いほど活発である．さらに，インボイス通貨選択によっても為替リスクは異なる．もし，日本企業が円建てで輸出しているのであれば，為替リスクに晒されることはないが，実際には日本企業の多くはドル建てで輸出しているため，様々な手法を用いて為替リスクをヘッジする必要がある．また，為替の変動をどのような頻度，かつどの程度輸出価格に反映させて

いるか，という為替レートのパススルーも問題となるだろう．

　この章では，日本企業が直面する為替リスクの種類を特定した上で，1）為替リスクヘッジの手法や管理体制，2）日本企業のインボイス通貨選択の特徴とその背景，3）為替レートのパススルー，を説明しながら，為替リスク管理の実態について明らかにする．

## 11.1　企業の為替リスクマネジメント

### 11.1.1　為替リスクの種類

　企業は様々な為替リスクに直面している．ここで定義する為替リスクとは，為替相場変動により外貨建て資産や外貨建て負債の自国通貨換算額が変化し，予想しなかった利益や損失が生じる不確実性のことである．為替リスクに晒されている外貨建て資産・負債のことを**エクスポージャー**というが，為替リスクの大きさは，どのような通貨に対してエクスポージャーを持っているのか，その大きさはどれくらいか，そして，その通貨に対する為替相場の変動幅の大きさはどれくらいか，という要因で決まる．企業は，自身が直面するエクスポージャーを正確に把握するとともに，その為替リスクをどのような目的で管理するのかを定めた上で，その重要性を全社的に認識することが必要となる．

　企業が抱える為替エクスポージャーは，輸出入にかかわることのみならず，原材料の調達や資金調達方法，どこで何を製造するかなどの立地選択も含めて，様々な分野に及んでいる．企業活動とそれに伴って発生する為替エクスポージャーには，**表11-1**のような例がある．

　前述のように，海外売上げを計上している製造企業は様々な為替リスクに直面しているが，リスクヘッジの観点から**為替取引リスク**，**為替換算リスク**，**為替経済性リスク**の3つに大別される．以下，それぞれの性質についてまとめる．

- **為替取引リスク**
  - 為替相場の変動によって決済される自国通貨建ての金額が変動するリスク．

### 表11-1　企業行動と為替エクスポージャーの発生

| 企業の意思決定 | 発生するエクスポージャー |
|---|---|
| どのような製品を，どの国に工場を設置して生産するか．資金の調達をどうするか． | 工場などの外貨建て資産の発生<br>借入金の外貨建て債務の発生 |
| どの国に販売するか．販売契約に用いる通貨をどの通貨にするか． | 外貨建て売掛債権の発生 |
| 原材料・部品の調達先をどこにするか．購入契約に用いる通貨をどの通貨にするか． | 外貨建て買掛債権の発生 |
| 製品販売に伴う外貨建て信用の供与（自動車ローンなど） | 外貨建て債権の発生 |
| 資金調達上の通貨の選択 | 外貨建て債務の発生 |

- たとえば，1ドル130円の想定レートでドル建て輸出した後，決済時に1ドル110円と円高になれば，円での手取り金額が減ってしまう．
- 最も一般的な為替リスクとして，為替市場で先物予約，為替オプションを用いることで，ヘッジされる．

● **為替換算リスク**

- 企業の財務諸表に計上された資産・負債の評価額が，為替相場の変動によって増減するリスク．
- 決算時期には，時価評価が原則となっており，損益計算書において為替差益，または差損として計上される．
- ただし，為替差益，差損は会計上の記帳に留まり，実際のキャッシュフローは伴わないため，リスクヘッジなどの管理の対象とはならない．

● **為替経済性リスク**

- 為替相場の変化によって価格競争力が影響される，あるいは企業の生産構造に変化が生じるなど，企業の経営全般から捉えるリスク．
- たとえば，円高が定着したと判断し，製造コストの観点から海外生産拠点を設けて，国内の生産ラインを停止した場合に，そのまま円高が続けばよいが，もし急激に円安に転じたとしても，企業は一度海外移転したものを容易に国内生産に回帰することは難しい．
- このように為替相場の変動が企業経営全体に影響を与えるリスクであり，リスクヘッジなどの管理の対象とはならない．

## 11.1.2　為替リスクヘッジのための手法

それでは，企業はどのように為替リスクヘッジを行っているのだろうか．為替リスクの代表的なヘッジ手法としては，為替市場を通じてヘッジする**ファイナンシャル・ヘッジ**と，企業活動を通じて為替リスクの管理する**オペレーショナル・ヘッジ**がある．以下，**図11-1**に沿って，それぞれの特徴を説明する．

- **オペレーショナル・ヘッジ**
  - 為替相場リスクをヘッジする手段として，貸借対照表や損益計算書の資産あるいは負債，収益あるいは費用のどちらかに外貨建て項目が存在すれば，その反対側に同額の外貨建て項目を置くことによって，リスクを相殺する手段がある．**ナチュラル・ヘッジ**ともいわれる．
  - 海外に生産拠点を移転することによって為替リスクを無くすというのもオペレーショナル・ヘッジの一つの選択肢となる．
  - 日本の本社と海外生産拠点間の貿易取引（**企業内貿易**）では，輸出による外貨の受取と輸入による外貨の支払いを相殺する（**マリー**，**ネッティング**），国内外で外貨の債権と債務を相殺するなど，外貨のエクスポージャーを削減するという手法が使われる（**図11-2**）．
  - この際に，外貨支払い決済時期を早めたり（**リーズ**），遅らせたりする（**ラグス**）ことで，エクスポージャーをコントロールする．
  - 海外拠点で発生する外貨エクスポージャーを全社的な**トレジャリーセンター**で集中管理する（**プーリング**）．

- **ファイナンシャル・ヘッジ**
  - 為替市場におけるデリバティブを利用して，為替換算リスクをヘッジする手法である．一般的には，銀行との相対取引による為替予約として，先渡し取引（フォワード）が利用されている．
  - 大企業などを中心に，為替オプションも活用されているが，オプション料（プレミアム）が比較的高いこと，会計処理が複雑なことから，中小企業ではあまり使われていない．
  - 外貨建て資金の調達手段として，通貨スワップなども利用される．

## 図11-1　為替リスクのヘッジ手段

| オペレーショナル・ヘッジ | | フィナンシャル・ヘッジ |
|---|---|---|
| ナチュラル・ヘッジ | | デリバティブ・ヘッジ |
| 海外生産移転 | 外貨建て債権と債務の相殺 | フォワード取引 |
| マリー，ネッティング | | 為替オプション |
| リーズ＆ラグス | | 通貨スワップ |
| プーリング | | |

## 図11-2　マリー，ネッティングの仕組み

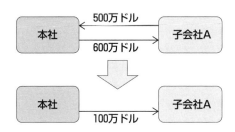

## コラム

## 為替リスクヘッジ手段の選択

　企業が将来発生する外貨建てキャッシュフローをヘッジする場合に，以下3通りのフィナンシャルヘッジ手段が存在する．それぞれの損得について，具体例を見ながら比較してみよう．

①フォワード取引を用いた為替先物予約をする．
②通貨オプションを購入する．
③ヘッジしない（現時点では何もせず，将来時点に実現した為替レートで取引する）．

　ここで，円ドル相場のスポットレートが1ドル130.00円のときに，6カ月先に100万ドルの輸出代金を受け取る場合の為替リスクヘッジ手段は以下のように

なる.

①為替の先物予約：6カ月先に1ドル128.00円で100万ドルを売る為替予約を締結する（6カ月先の直先スプレッドは，米国金利が日本金利よりも4％高いことを反映して，マイナス2円）.

②為替オプションの購入：6カ月先に1ドル130.00円で100万ドルを売るドルプットオプションを300万円のオプション料（プレミアム）を支払って購入する.

③ヘッジしない（現時点では何もせず，6カ月先に実現した為替レートでドル売り取引する）.

上記の選択肢に対して，6カ月後の為替レートに変化がなかった場合（120.00円），円安になった場合（150.00円），円高になった場合（110.00円）のそれぞれの場合についてどのような損得が生じるかをまとめると以下の表のようになる. 相場動向によって，どのヘッジ手段がより多くの円換算額をもたらすかが異なるのがわかる. 企業の中には，常に100％を為替予約でヘッジしているケースもあるが，6カ月後の相場をどのように予想するかという相場見通しによって，どの程度為替予約でヘッジするか（ヘッジ比率）を決めている企業もある.

### 現時点で1ドル130円・6カ月後に100万ドルの輸出代金受け取り

| ヘッジ手段 | | 6カ月後の為替レート | | |
|---|---|---|---|---|
| | | 1ドル130円 | 1ドル150円 | 1ドル110円 |
| ヘッジなし | 6カ月後の為替レートでドル売り | 1億3000万円 | 1億5000万円 | 1億1000万円 |
| 為替予約取引 | 6カ月後に128円00銭でドル売りする先渡し取引（ヘッジコストは−2円） | 1億2800万円 | 1億2800万円 | 1億2800万円 |
| オプション購入 | 6カ月後に1ドル130円でドル売りをするオプション購入 オプション費用300万円 | 1億2700万円 | 1億4700万円（オプション行使せず） | 1億2700万円（オプション行使） |

## 11.1.3　1998年の外為法改正

　日本企業は東アジアを中心に国際的な生産・販売の分業体制を重層的に構築している[1]．こうした環境の下では多国間にわたる貿易・決済取引が行われ，各社は自社の環境に適した為替戦略を採用している．たとえば，前節で示したように，大規模な製造業では，グループ企業内に発生する為替リスクを移転・集約し，効率的に為替リスク管理を行っているが，これには1998年の外国為替及び外国貿易法（外為法）改正が大きくかかわっている．

　外為法（「外国為替及び外国貿易法」）とは，日本と外国との間の資金やモノ・サービスの移動などの対外取引や，居住者間の外貨建て取引に適用される法律である．外為法は1949年に制定された当時，対外取引原則禁止の建前となっていたが，1980年の改正によって対外取引を原則自由とする法体系に改められた．そして，1998年に実施された外為法改正により，資本取引の「事前届出・許可制」が原則として廃止され，日本企業の様々な外国為替取引は完全に自由化された．この外為法改正では，特に日本企業の為替戦略と密接にかかわる貿易関係取引の決済方法における選択肢の拡大という観点で，主に次の3つの自由化が行われた[2]．

　第1は，日本企業間の外貨建て取引が自由化されたことである．**図11-3**は，海外から原材料をドル建てで輸入している日本企業が日系商社を経由して製品を輸出する事例を図示している．外為法改正前は，この日本企業と日系商社との間の国内取引をドルで決済することは事実上不可能であった．このため，日本企業は輸入代金の支払にドルが必要であるにもかかわらず日系商社が輸出代金をいったん円に換えて日本企業に支払い，日本企業が再びドルに換えて輸入代金を支払わざるを得なかった．外為法改正により，商社が回収したドル建ての輸出代金を日本企業に直接支払うことができるようになり，輸出入にかかわる国内取引をドルで決済し，為替取引料を軽減することが可能となった．

　第2は，グループ企業内でのネッティングによる外貨決済が可能となったこ

---

1）国際分業体制については，第12章で詳しく論じる．
2）以下の記述は，主にトーマツ（2007）に基づく．

## 図11-3　国内取引における外貨建て決済の自由化

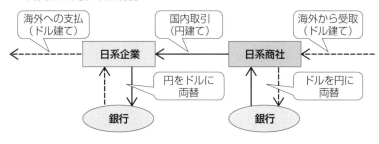

A. 外貨建て取引の自由化前

B. 外貨建て取引の自由化後

とである．外為法改正前は，多くの子会社や関係会社などのグループ企業がそれぞれ多くの貿易取引を行っている場合，各社ごとに1件1件個別に銀行との間で決済をしなくてはならなかった．しかし，外為法改正後はグループ内企業間の取引をネッティングすることが可能となり，貿易取引に伴う債権債務の為替エクスポージャーと銀行に支払う為替手数料を軽減することができるようになったのである．

　第3に，以上のような日本企業の外貨決済における2つの自由化に加えて，世界中のグループ内法人間などの，複数の参加者で行われるネッティング取引（マルチネッティング）が自由化された．1998年の外為法改正以降は，全社的に為替決済や為替リスクを集中して管理する統括会社（ファイナンスカンパニー，トレジャリーセンター）を設置する企業も現れた．2000年代以降は，日本の製造企業の多くはアジアにサプライチェーンを築き，その財務統括拠点を法人税が安いシンガポールなどに設立したケースもある．

### 11.1.4　グローバルな為替リスク管理体制

　外為法改正以降，グローバルに生産販売活動を展開する企業は，為替リスク

### 図11-4　為替リスク管理の形態
### （拠点分散型，部分集中型とトレジャリーセンター型）

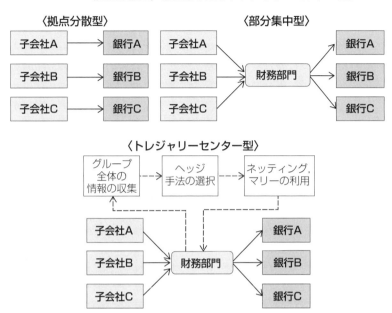

管理体制を構築する際に，国内の親会社のみならず，海外の子会社を含めて為替リスクに対処する為替リスク管理体制を構築していった．グローバルな為替リスク管理体制としては，**図11-4**が示す通り3つの類型に分けられる．

- **拠点分散型**
  - 部門・子会社ごとにエクスポージャーを把握し，リスク管理を行い，それぞれの子会社が為替エクスポージャーを管理する．
  - 子会社同士に財務上の成績を競わせることで，よりリスク管理の徹底を図る．
  - 子会社が個々で銀行と相対のヘッジ取引などを行うため，規模の経済を享受することができず，銀行手数料などの取引コストがかかる．
- **部分集中型**
  - 本社の財務部門が部分集中的に子会社の為替リスクも含めて管理す

る.

- 子会社の要請で財務部門が為替取引を代行するため，銀行の取引コストが節約できる.
- 財務部門は受け身的なリスク管理を行うため，全社的には非効率的なヘッジをしている可能性がある.

● **トレジャリーセンター型**
- 企業内に為替リスクを集中管理するトレジャリーセンターを設ける.
- トレジャリーセンターが全社・全グループの外貨エクスポージャーを把握し，より能動的に為替リスク管理を行う.
- トレジャリーセンターは，最も効率的にヘッジ取引を行う. 子会社・本社間の為替取引を行う際には可能な限りネッティングやマリーを利用し，為替エクスポージャーそのものを減らすことにより，取引コストを最大限削減する.
- ただし，トレジャリーセンター設置のコストがかかる[3].

　それぞれの企業がどのような為替リスク管理体制を構築するのかについては，企業の為替リスクに対する取組方針に依存する. 海外売上比率が高く，多くの為替エクスポージャーを抱える企業は，設置コストとリスク管理専用の人材コストを払ってでも，全社的に効率的な為替リスク管理を行うことを選択するであろうし，あるいは製造業という本業に徹して，為替リスク管理は商社や取引銀行に任せる（**カレンシー・オーバーレイ**）という方針を採る企業もあり，それぞれの取組み方は様々である[4].

---

3）トレジャリーセンターの実例としては，パナソニックがオランダに，ソニーがロンドンと香港にそれぞれ設置している.
4）ここでのカレンシー・オーバーレイは，第10章10.4.2項で出てくるものとは使われるケースが異なる.

## 11.2　日本企業のインボイス通貨選択の特徴

### 11.2.1　インボイス通貨の選択とは

　輸出入取引の契約と決済に用いられる通貨のことを**インボイス通貨（貿易建値通貨）**とよぶ[5]．近年の新興国市場の拡大と国際マクロ経済学の理論的発展を受け，企業の輸出価格設定におけるインボイス通貨選択には多くの関心が集まっている．これまでの研究では，企業が輸出価格を設定する際のインボイス通貨として，自国通貨，すなわち生産者（輸出業者）通貨建てで価格を設定するか（**Producer's currency pricing：PCP**），あるいは輸出相手国通貨を選択するか（**Local Currency Pricing：LCP**）によって，金融政策の波及効果や最適な為替相場制度が異なることが明らかにされている．たとえば，インボイス通貨選択と為替相場制について，Devereux and Engel（2000）は価格が輸出相手国通貨建てで設定されるときは，変動相場制は外国のマネタリーショックを遮断することができるため，変動相場制を採るほうがよいが，生産者通貨建てで設定されているときは，固定為替相場制を採るほうがよいと提案している．

　為替リスク管理という観点からインボイス通貨選択を考えると，企業が貿易取引において抱える為替リスクは，どの通貨建てで取引を行うかによって決まる．例えば，日本企業が円建てで輸出しているのであれば，為替リスクに晒されることはなく，為替リスクは日本企業の輸出先が負うことになる．日本はアジア諸国との貿易が多いが，その際には円建てやアジア通貨建てではなく，ドル建てが多く使用されている．このように，国際的な取引でドルをはじめとする国際通貨（**ビークルカレンシー**，vehicle currency）が使われる傾向がある．その背景として，Krugman（1980）は，自国通貨と外貨の取引コストに焦点

---

　5）インボイス通貨に対して，貿易代金の決済を行う通貨のことを決済通貨という．たとえば，外為法改正前には日本国内で外貨建ての貿易決済が行えなかったため，ドル建て円決済（貿易建値はドル建てだが，実際の決済はドルの金額を円換算して，円建てで決済をする）が行われていた．現在は，インボイス通貨と決済通貨は同じ通貨で行われている場合が多い．

を当て，取引コストの最も低い通貨，すなわち世界の為替市場において取引量の最も多い通貨が国際通貨となり，その通貨の国際通貨としての地位には慣性が働くことを指摘している．事実，米国以外の貿易においても世界通貨としてのドルがインボイス通貨として広く利用されており（**Vehicle Currency Pricing：VCP**），日本のクロスボーダー取引における円の利用は，2000年代以降もさほど拡大していないのが実情である．

## 11.2.2　インボイス通貨選択の3つの定型化された事実

　日本企業のインボイス通貨選択の特徴を見る前に，Grassman（1973）がまとめたインボイス通貨選択の3つの定型化された事実について，**図11-5**に従って説明しよう．まず，貿易相手国別にみた場合に，(1)先進国同士の貿易では，輸出国通貨が使われる，(2)発展途上国と先進国間の貿易では，先進国通貨が使われる．また，貿易財の種類別で分けた場合に，差別化された財，競争力のある財の貿易では輸出国通貨が使われるが，同質的な財，その財の商品取引市場ができているような財については，国際通貨としてのドルが使われる．これらは，様々な国のインボイス通貨選択を調べた結果として得られた事実であるが，実は日本はこの事実に当てはまらない例外国として指摘されている．

## 11.2.3　日本企業のインボイス通貨選択の特徴とその背景

　それでは，日本企業のインボイス通貨選択はどのようになっているだろうか．**図11-6**は，財務省が公表している貿易統計の令和5年上半期のデータに基づき日本の輸出入の地域別の貿易取引通貨別比率をまとめたものである．これによると，北米向け輸出は，82.5%がドル建てで行われており，円建ては13.3%にすぎない．西欧向け輸出は，約半分がユーロ建て，3割弱が円建てである．アジア向け輸出では，上述の古典的な事実に当てはめれば先進国・新興国間の貿易ということで円建てが多くなるはずだが，ドル建てが46.9%と円建ての45.2%を上回っている．人民元建ては，アジア向け輸出では4.0%とシェアは低いながらも近年上昇傾向にある．輸入においては，西欧からの輸入で円建てが57.8%と高くなっているが，アジアからの輸入では約7割がドル建てになっており，世界全体では輸入の7割がドル建てになっているというのが日本

**図11-5　Grassman（1973）によるインボイス通貨選択の定型化された事実**

| 定型化された<br>事実（1） | 貿易相手<br>国別 | 先進国<br>A　⇒　先進国<br>B | 輸出国通貨建て |
|---|---|---|---|
| 定型化された<br>事実（2） | | 発展途<br>上国　⇒　先進国 | 先進国通貨建て |
| 定型化された<br>事実（3） | 貿易財別 | A国　⇒　B国 | 差別化された財＝輸出国通貨建て |
| | | | 同質的な財＝国際通貨（米ドル） |

出所：Grassman（1973）

**図11-6　日本の貿易取引通貨別比率（令和5年上半期）**

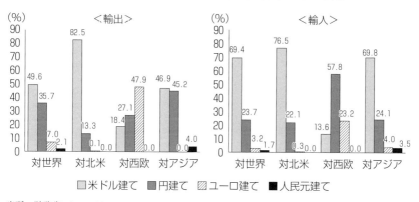

出所：財務省　https://www.customs.go.jp/toukei/shinbun/tuukahappyou.html

の特徴である．

　それでは，日本企業はアジア向けの新興国輸出において，なぜ円建てではなく，ドル建てを使っているのだろうか．アジアにおける日本企業のインボイス通貨選択を簡単に概念図で示したのが**図11-7**である．アジアには日本企業の子会社が多いが，日本とアジアの貿易は，本社からアジアの販売拠点として子会社に輸出するだけではなく，生産拠点，すなわち，アジアで製造し，そこから現地顧客に販売する，あるいはその他のアジア諸国や欧米に輸出するといったようなプロダクション・ネットワーク（本社・子会社間の生産体制）が構築されている．この場合に，インボイス通貨をドルで統一することにより，本社

図11-7　アジアにおける日本企業の貿易建値選択〈概念図〉

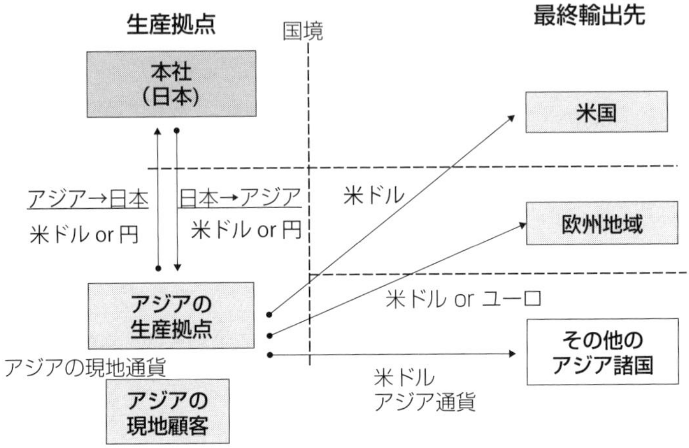

出所：伊藤，その他（2008）

が子会社の為替リスクを負担し，本社子会社間の取引を相殺することが可能と
なる.

　日本企業はプラザ合意以降の長年の円ドル相場の乱高下に直面して，為替変
動に影響されないような生産体制を構築してきた. その結果として，海外に生
産拠点を移転し，プロダクション・ネットワークを展開し，企業内貿易が拡大
してきた. こうした企業内貿易において，より効率的に為替リスク管理を行う
ためには，大規模企業であれば本社に為替リスクを集中するのが効率的であ
る. すなわち，日本からドル建てで輸出することにより，本社が為替リスクを
とるといったことがその企業にとって合理的な選択となる. さらに，ドル建て
の選択は，現地法人にとって為替ヘッジを行う際に，ドル建ての方が円建てよ
りも取引コストが小さい，という点でも効率的である. さらに企業内貿易でネ
ッティングを行い，為替エクスポージャーそのものを小さくする，といった工
夫もなされている. したがって，日本企業の米ドル偏重のインボイス通貨選択
は，実は企業にとって合理的な選択であり，このような選択をしている大規模
な企業の行動というのが日本企業のインボイス通貨の選択を特徴づけていると
考えられる.

2000年代半ば以降は，日本の輸出の最終消費地としてのアジアの比重が高まっている．したがって，アジアで作ってアジアで売る場合には現地通貨をインボイス通貨として使う，という選択も徐々に増えてきている．特に2022年のロシアのウクライナ侵攻とそれに対する米国を中心とする先進国からの金融制裁は，新興諸国のドル依存を再考させる契機となり，BRICS諸国などを中心に自国通貨を貿易取引に使おうという動きが始まっている．日本企業にとっても，人民元をはじめとするアジアの現地通貨の為替市場での取引コストを削減することが必要不可欠になる．その意味で，円と元などのアジア通貨同士をダイレクトに扱う為替市場の創設も重要な課題となるだろう．

## 11.3　為替レートのパススルー

### 11.3.1　為替レートのパススルーと PTM 行動

**為替レートのパススルー**とは，為替相場が変動したときにどれくらい価格が変化するか，すなわち輸出価格や輸入価格に為替相場の変動がどれくらい転嫁されるか，ということである．具体的には，為替相場が変動するときに，価格がそれを受けて変動すれば「パススルーしている」し，変動しなければ「パススルーしない」ということになる．

たとえば，130万円の日本車を輸出している場合を考えてみよう．円ドル相場が1ドル＝130円のとき，その車の価格をドル建てで表すと1万ドルになる．次に，1ドルが150円と円安になったらどうなるだろうか．他の条件に変化がなければ，ドル建ての価格は8,666ドルと値下げされる．このように，輸入している側の通貨で換算した価格が為替相場の変化分だけ動くことを「完全にパススルーしている」という．もし，第4章で説明したマーシャル・ラーナー条件（輸入品への需要の価格弾力性がある水準以上大きい）が成立しているのであれば，円安により値下げされた日本車への需要は増加し，輸出額は増大するだろう．このように，貿易赤字国の通貨が減価することで，貿易収支が改善されることを為替相場の経常収支調整機能という．

しかし実際に円安になったときに日本製品は本当に値下がりしたのだろうか．これを調べるために，多くの研究がパススルーの計測を試みてきた．パス

スルーの程度を測るときには，パススルー弾力性を用いる．パススルー弾力性とは，為替相場が1％変化するときに，価格が何パーセント変化するか，という為替相場の影響を測る指標のことである．たとえば為替相場（円建て表示）が10％円高になったときに，日本製品のドル建て価格が10％値上げされたら，輸入価格のパススルー弾力性は1になる．逆に，ドル建ての日本製品の価格がまったく為替相場の変化を反映せずに変化しなければ，パススルー弾力性はゼロということになる．こうした実証研究は，主にプラザ合意後のドル安が米国の経常収支赤字を改善したかどうかに焦点を当てて，1980年代末から盛んに行われてきた．

　しかし，実際には為替レートの経常収支調整機能はあまり働かなくなったと言われる．Krugman（1986）は，為替相場の変化が経常収支調整に結びつかない理由として，企業の「**市場別価格設定**（Pricing-to-Market：**PTM**）**行動**」を指摘した．PTM行動とは，企業が同一製品を市場ごとに異なる価格付けをする行動のことであるが，ここでは為替相場が変動しても現地通貨建て価格を安定させる価格設定行動のことを意味している．たとえば，Shimizu and Sato（2015）は2012年後半に誕生した第二次安倍政権が行ったアベノミクスによってもたらされた大幅な円安は輸出量の増大を生まず，日本の貿易収支はさほど改善しなかったことを指摘している．これは，日本企業が円安になっても現地価格を変更せず，円安による円換算額での受取は増大して，その分企業収益は伸びたが，価格を下げて輸出量を増やすという行動はとらなかった，ということを示している．

## 11.3.2　企業はどのように価格を設定・調整しているのか

　為替変動を輸出価格や輸入価格に転嫁するかどうか（パススルーするか，しないか）は，企業の価格設定行動にかかっている．さらに，企業の価格設定行動はインボイス通貨選択や為替リスク対策によっても大きく影響される．為替相場が変動してもそれを輸出価格に転嫁しない（パススルーを抑える）のであれば，その分の為替リスクを輸出業者は対処しなければならない．たとえば，円高時にドル建て価格へのパススルーを低くすれば輸出量は変化しないだろうが，円建て換算での売上高は下がり，輸出業者にダメージがあるのには変わり

ない．このような為替リスクを回避するために，輸出業者は，生産コストをなるべく外貨建てにして，収入と費用の為替リスクを相殺するネッティングを行ったり，現地生産を進める．現地生産には，生産コストが安い，輸送費がかからない，などの理由もあるが，収入と費用の通貨建てを同じにすることで為替リスクを抑える効果がある．さらに，世界中の子会社や現地法人の収入と費用をまとめて為替リスクを相殺するといった行動をとることで，為替相場変動のダメージを受けにくい生産体制が構築されつつある．このような企業行動により，為替レートのパススルーは低下していると考えられる．

　実際に，日本の輸出企業を対象に行った伊藤・鯉渕・佐藤・清水（2010）のアンケート調査によれば，為替レートの大幅な変化に起因する価格改定を日本企業は実はあまり行っていないという結果が得られた．たとえば，自動車産業や電気機械産業は国際市場での競争が非常に激しく，価格を動かす自由度はほとんどないという回答が目立っている．これは，言い換えると日本企業の多くはPTM行動をとっていることを示唆するものである．近年新興国の台頭が著しい電気機械産業では，日本企業は常に韓国企業や台湾企業と競争しており，彼らがドル建てで価格設定する限りは，こちらもドルで価格を提示せざるを得ない．特に，リーマン・ショック後の円高局面では，競争相手国通貨である韓国ウォンは反対に急落するという韓国企業にとっては有利な展開となり，日本企業はかなりの苦戦を強いられた．

　為替相場が変動するたびに価格を変更することは難しいので，企業が価格変更を行うには，製品のモデルチェンジが1つの契機となる．単純な値上げや値下げではなく，製品の仕様や質も変えながら価格を調整するといったことが実際に行われている．パソコンが四半期ごとに新しいモデルを投入していることから想像できるように，電機では四半期に1度というのが価格変更頻度の目安になる．また，米国の自動車市場では「年式」が重要なので，自動車では1年に1回の価格改定が目安となる．こうしたことからうかがえるのは，価格はメーカーが決めるものではなく，市場で決まる色彩が濃いということだ．企業の価格設定，インボイス通貨の選択は，市場での競合他社の行動から大きな影響を受けているといえるだろう．

## 参考文献

伊藤隆敏・鯉渕賢・佐々木百合・佐藤清隆・清水順子・早川和伸・吉見太洋「貿易取引通貨の選択と為替戦略：日本企業のケーススタディ」RIETI Discussion Paper Series, 08-J-009, 2008年.

伊藤隆敏・鯉渕賢・佐藤清隆・清水順子「日本企業の為替リスク管理とインボイス通貨選択：「平成21年度日本企業の貿易建値通貨の選択に関するアンケート調査」結果概要」RIETI Discussion Paper Series, 10-J-032, 2010年.

大井博之・大谷聡・代田豊一郎「貿易におけるインボイス通貨の決定について：「円の国際化」へのインプリケーション」日本銀行金融研究, 2003年9月.

トーマツ『外貨建取引の経理入門』中央経済社, 2007年.

Devereux, M. B., and C. Engel, "Monetary Policy in the Open Economy Revisited: Price Setting and Exchange Rate Flexibility," NBER Working Paper No.7665, 2000.

Grassman, S., "A Fundamental Symmetry in International Payments," *Journal of International Economics*, 3, pp.105-116, 1973.

Krugman, P., "Vehicle Currencies and the Structure of International Exchange," *Journal of Money, Credit, and Banking*, 12, pp.513-526, 1980.

Krugman, P., "Pricing to Market when the Exchange Rate Changes," NBER Working Paper No.1926, 1986.

Shimizu, J. and K. Sato, "Abenomics, Yen Depreciation, Trade Deficit and Export Competitiveness," RIETI Discussion Paper Series,15-E-020, 2015.

## 練習問題

**11-1**　アジアに生産拠点を持つ日本の製造業企業の現地法人が円建てや現地通貨建てを使わずに, ドル建てを利用するメリットについてまとめなさい.

**11-2**（応用問題）　日経テレコンなどのニュース記事検索を用いて, 企業が為替リスク管理の観点から発表した記事を見つけ, その内容について論じなさい.

## 第 12 章

# アジアに拡大する
# グローバル生産体制

## はじめに

　テレビ・新聞の経済ニュースでは，日本（企業）がかかわるか否かに関係な
く，アジアの国々に関するものが非常に多い．これはグローバル化の今日にお
いてアジア地域の世界経済に占めるウェイトが非常に大きくなっていること，
そして日本（経済）とアジアとの結びつきがますます深くなっていることの反
映である．本章では日本企業も含めた各国企業が展開する，アジアを中心とす
るグローバル生産体制とそれらの為替レートおよび国際貿易との関連について
見ていく．

　最初に直接投資とは何かを説明し，日本の対外・対内直接投資の推移を概観
する．続いて直接投資についての2つの理論，プロダクト・サイクル説および
取引費用に基づく理論をそれぞれ紹介する．そしてこれらの説明を基に，直接
投資による国際生産体制の拡大が為替レートおよび貿易に与える影響を議論す
る．

　そして日本の貿易収支の特に最近の傾向とその背景を議論する．最後にアジ
アにおける新たな動きを，日本企業がアジアのどの国に進出しているのかに注
目しながら紹介する．

## 12.1　直接投資とは

　**直接投資**（海外直接投資（Foreign Direct Investment：FDI）ともいう）と

は企業経営に関係する様々な要素のコントロールを目的とした海外への投資であり，「企業の海外進出」に近い概念である[1]．具体的には以下の①〜③等が挙げられる．

①外国企業の経営に参加する目的でその企業の株式を取得する

②外国に会社を設立するために出資する

③事業活動に使用するため外国に不動産を取得する

①の例としては日本企業による外国企業の M&A（Mergers and Acquisitions：合併と買収）がある．4.1.2項で述べた通り，国際収支統計では議決権ベース10%以上の外国企業の株式取得を直接投資としている．②および③の例として，以下の2つを挙げることができる．

1．製造業企業が外国に現地法人を設立し，工場を建設するために用地を取得する：企業買収等と違い何も無いところに　から作り上げることから，このような投資形態はグリーンフィールド投資（green field investment）とよばれる（グリーンフィールドは「原っぱ」の意）．

2．外国企業との共同経営である合弁事業（joint venture）：現地の事情に精通した外国企業からの助けが得られるというメリットがある．その一方で，場合によっては合弁相手への技術・人材等の流出が起こる，あるいは合弁解消後に元パートナーがその企業の内情に精通する競争相手になる等のデメリットもある[2]．

日本企業の対外直接投資および外国企業の日本への対内直接投資の傾向については，以下の3点を指摘することができる（最初の2点については1996年から2022年までの日本の対外・対内直接投資額の推移を示した**図12-1**参照）．第1に，日本の対外直接投資（図12-1では奥の棒グラフ）は2000年代と2010年

---

1）企業経営への関与を目的としない外国企業の株式・債券の購入を，直接投資と対となる用語として「間接投資」とよぶことがある．しかし4.1.2項で見たように，このような投資は国際収支統計では「証券投資」に分類されており，間接投資は国際収支統計の用語ではない．

2）国によっては現地企業との合弁事業を直接投資の条件とする場合，あるいは現地企業への出資比率を制限する場合もある（特に途上国に多い）．前者は現地企業への技術移転等を期待しての，後者は逆に国内産業保護のための規制である．

図12-1　日本の対外・対内直接投資額の推移（1996〜2022年，兆円）

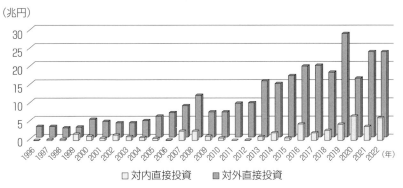

出所：財務省ホームページ　https://www.mof.go.jp/

代にそれぞれ落ち込みがあるものの拡大傾向にあり，金額は1996年の2兆9,000億円から，2022年には23兆2,000億円へと8倍の大幅な増加となっている．特に2005年以降の伸びが非常に大きく，リーマン・ショック等の影響で2009年および2010年はいったん落ち込むものの，その後は大きく拡大している．第2に，外国企業による日本への対内直接投資（図12-1では手前の棒グラフ）は，日本企業による対外直接投資に比べてはるかに少ない．最も金額の大きかった2022年でも6兆2,000億円である．後述するように直接投資は投資先国にとって雇用の拡大や投資企業から投資先国企業への技術移転など，様々なメリットが期待できる．そのため日本政府は外国企業の日本への投資拡大のための様々な政策を打ち出してきたが，対内直接投資の大幅な増加にはつながっていない（しかし2010年代後半からは拡大傾向にある）．最後に製造業の海外生産比率は増加傾向にある（**図12-2**参照）．現地法人の売上高の製造業全体の売上（現地法人売上高と本社売上高の合計額：図では「国内全法人ベース」）に占める割合は，1994年は7.9％だったのに対して2021年には25.8％と3倍以上となっている．3番目の特徴については，日本経済全体あるいは地域の「空洞化問題」，すなわち製造業を中心とする地域経済の衰退の中で語られることが多い．ただし12.4節で論じるように生産工程のすべてではなく一部が移転して行われる場合もあり，その場合も含め，必ずしも海外生産イコール空洞化ではない．

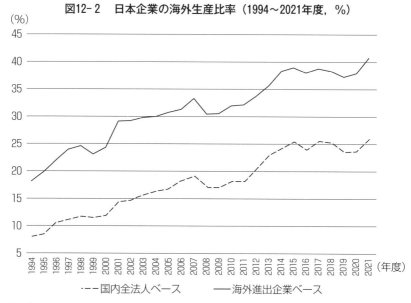

図12-2　日本企業の海外生産比率（1994～2021年度，%）

注：各ベースでの海外生産比率は以下の通り．
国内全法人ベース＝現地法人売上高（製造業）
　　　　　　　　　÷｛現地法人売上高（製造業）＋国内法人売上高（製造業）｝
海外進出企業ベース＝現地法人売上高（製造業）
　　　　　　　　　÷｛現地法人売上高（製造業）＋本社企業売上高（製造業）｝
出所：経済産業省「海外事業活動基本調査」（国内法人売上高は財務省「法人企業統計」）

　**図12-3a** は2022年の日本の対外直接投資額の地域別割合を示している．日本企業による対外直接投資の額が大きい上位 3 地域は北米・アジア・欧州である[3]．これらの地域は日本との貿易額も大きく，日本との経済的結びつきが強い地域への対外直接投資が盛んであることがわかる．同様に**図12-3b** は2022年の日本への対内直接投資額の地域別割合を示している[4]．しかし対外直接投資

---

　3）中南米への投資額が 4 番目に大きいのは代表的な新興国であるブラジルの存在が大きいが，加えて租税回避地（タックス・ヘイブン tax haven：法人税率がゼロか非常に低く，企業が登記上の本社等を置いて租税回避を図る国）であるケイマン諸島があることも大きな理由である．アジアについての詳細は12.6節を見よ．
　4）直接投資額は対外・対内共に実行額から回収額を引いたネットの値であり，マイナスになることもありうる（投資回収とは，たとえば外国からの撤退など）．図12-1において，2006年および2011年の対内直接投資額はマイナスである．2011年については東日本大震災，特に福島第一原子力発電所での事故の影響と思われる．

### 図12-3a　日本の対外直接投資の地域別割合（2022年）

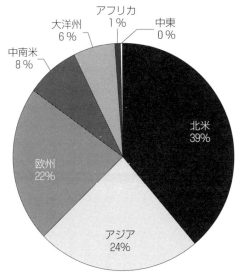

出所：経済産業省「海外事業活動基本調査」

### 図12-3b　日本への対内直接投資の地域別割合（2022年）

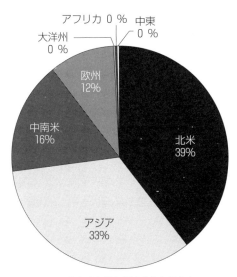

出所：経済産業省「海外事業活動基本調査」

と同様に，日本との経済的な結びつきの強い北米・アジアからの投資が多い．

　以上直接投資とは何かおよび日本の直接投資についての現状を見てきたが，そもそもなぜ企業は直接投資を行うことによって，複数国に拠点を有する多国籍企業（Multinational Enterprise：MNE）になろうとするのだろうか．続く2つの節では直接投資に関する以下の2つの理論：①プロダクト・サイクル（product cycle）説，②取引費用（transaction cost）に基づく直接投資の理論，を紹介する．

## 12.2　直接投資の理論1：プロダクト・サイクル説

　**プロダクト・サイクル説**とは，（特に製造業の）製品は生成期，成長期，成熟期を経る（これらをプロダクト・サイクルとよぶ）ため，その中で生産の中心となる国が変わり，生産拠点の国を越えた移動のための直接投資が起こるというものである．以下はある製品のプロダクト・サイクルと，それに伴う生産拠点等の変化である．

- 生成期：先進国において新製品が開発される．ここでは同一産業において，先進国企業は途上国企業よりも技術優位を持つこと，またはその産業が当初は先進国企業のみに存在することが前提となっている[5]．

- 成長期：生産体制が整うと，先進国から途上国に向けて輸出が始まる．輸出量が増加すると輸出先の国（途上国）の消費者の多様な需要に応えるためアフターサービス（例．自動車の修理サービス）などが重要になり，途上国で販売網等の整備を進めるために先進国企業による直接投資が行われる．やがて先進国企業から途上国企業への技術供与等を通じて，途上国での生産が開始される．

- 成熟期：生産の中心が先進国から賃金の安価な途上国に移動する．そして途上国で生産された製品が先進国に輸入される（このような輸入を「逆輸入」という）．

---

5）（先進国）企業の技術優位については，取引費用に基づく直接投資の理論においても重要な役割を果たす．詳しくは12.3節を参照のこと．

　以上の先進国・途上国間の貿易とそれに伴う直接投資の例からわかるように，プロダクト・サイクル説は日本企業が東アジア・東南アジア諸国で行ってきたような，先進国企業が途上国に行う直接投資をうまく説明できる．しかし現実には日本企業がアジアだけでなく欧米諸国でも直接投資を広く行っているように，先進国企業が他の先進国に投資を行うケースが多い（日本については図12-3a，3b 参照）．プロダクト・サイクル説ではこうした投資を十分に説明できない．

## 12.3　直接投資の理論 2：取引費用

　そこでもう一つの直接投資の理論である，取引費用に基づく直接投資の理論を紹介する．**取引費用**とは，企業が企業外の個人や他の企業などと取引する際にかかる費用全般をいう（小田切 2010）．取引費用については以下の例を挙げることができる．

- 取引先を見つける費用
- 契約書作成の費用
- 実際の取引が契約通り行われているか監視を行うための費用

取引費用自体は取引相手が国内・国外どちらにいてもかかるものである．しかし取引相手との間の情報の非対称性（たとえば取引相手の製品の品質に関する情報について等）の度合いや，取引相手に対する監視（モニタリング）の難しさ等が，国境を越える取引では国内取引に比べてより大きくなる可能性がある．その結果，国境を越えた取引の方が取引費用はより大きくなるかもしれない．よって企業が取引費用の削減を図ろうとするならば，取引先そのものを買収したり，取引先が生産している分野に進出したりするなどして，自らの製造・販売拠点を設けることが効果的になる場合がある．後者については鉄鋼・化学などの素材メーカーが原材料を生産する企業（たとえば鉄鉱石の鉱山）を買収するのがその例である[6]．こうした動きを**内部化**（internalization）（小田

---

　6）生産工程を上から下に流れる川にたとえて，製造業の原材料生産を川上，部品生産や組み立てを川中，完成品の販売を川下ということがある．

切 2010）とよび，内部化が国境を超えて行われる場合を直接投資と考える．
内部化理論はさらに企業の直接投資に関する意思決定にとっての以下の3つの
重要な要因の頭文字を取って，「OLI アプローチ」（Dunning 1977）とよばれ
ることがある．

(1)企業自身の属性として，経営ノウハウ・労働者の熟練・生産技術・販売網
　　などの優位性を持っている（経営資源の所有：Ownership）．

(2)低賃金国に生産拠点を移転させる，あるいはある国の大学等研究機関が多
　　く集まる地域に研究拠点を設ける等，企業の本社・工場等の立地（Loca-
　　tion）が重要な場合がある．

(3)企業の優位性は特許ライセンシング（企業自らが特許を持つ技術を，ライ
　　センス料を払った相手に供与する）などの形態を取って市場で取引するの
　　になじまない（取引の内部化：Internalization）．

　OLI アプローチにおける3つの要因それぞれの意味は，以下の通りである．
(1)経営資源の所有（O）は，進出先が先進国，途上国にかかわらず，現地企業
に対する何らかの優位性を自国企業が保有する場合の直接投資の動機となりう
る．前節で紹介したプロダクト・サイクル説が説明する直接投資はその一例で
ある．(2)立地（L）は日本企業が中国，ASEAN 諸国など東アジア・東南アジ
アの低賃金の労働力を求めて直接投資を行ってきた歴史や，輸出の際にかかる
輸送費・関税（輸入国が輸入品にかける税）などの様々なコストを回避するた
めに行ってきた直接投資を説明するのに有効である．しかし労働などの生産面
だけではなく，新興国などの市場として現在あるいは将来有望な国に対する直
接投資もこれに含まれる．

　(1)経営資源の所有（O）と関連して，(3)取引の内部化（I）は企業が技術の
優位を保つためにライセンシングなどによる技術移転を避けたい場合に，直接
投資を選んだり選ばなかったりする際の判断基準の一つとなりうる．それから
日本の自動車メーカーが1980年代に相次いでアメリカに工場を作って現地生産
を始めたように，日本企業が過去に貿易摩擦を回避するために欧米諸国に投資
したケースも，内部化要因に基づく投資と考えられる．自動車の場合，現地生
産には輸出自主規制による販売台数減少を補うとともに，現地での雇用を生み
出し地域経済に貢献することで，輸出自主規制と並んで貿易摩擦緩和の働きが

あった.

## 12.4　国際生産体制の拡大と為替の影響

　ここでは為替レートが直接投資に与える影響および，直接投資を通して間接的に貿易に与える影響を考える. 他の条件が同じである場合，円高は日本企業の購買力を高めるため，日本企業の海外企業への M&A を通じた直接投資を有利にする. 円高自体が日本の輸出品の価格競争力を弱める働きがあることは第 4 章で見た通りであるが，それに加えて直接投資による海外生産拠点の拡大が起こると，日本国内からの輸出と海外生産拠点からの輸出の間で代替関係が働く可能性がある. しかし直接投資及び貿易の内容をさらに詳しく見ることで，為替レート・直接投資・貿易の間に働くメカニズムを深く理解することができる. なお，直接投資を行う企業が属する国をソース国，直接投資を受け入れる国をホスト国という. 本節でも以下，これらの表記を用いる.

　直接投資が貿易に対して及ぼす影響として，以下の 2 点が挙げられる. 一つは12.2節のプロダクト・サイクル説の説明で見たように，直接投資は長期的にはソース国の貿易黒字を削減する効果を持つ可能性がある. 短期的には途上国における生産拠点の設備や生産拠点で使われる部品の供給のため，ソース国からホスト国への輸出が増加するが，長期的にはソース国から輸入されていた部品等の製品の現地生産品による代替や，ソース国に対する「逆輸入」が増えるためである[7]. もう一つの影響として，直接投資は同一企業内での輸出入取引を増加させる. 生産設備・部品の輸出は，多くの場合ソース国の親会社から，ホスト国にある海外の製造拠点（子会社）への輸出という企業内取引であり，ソース国への逆輸入も，多くの場合子会社から親会社への納入という企業内取引である. このような国を超えた企業内取引を，「企業内貿易」という. 企業内貿易は以下で論じる. 主に機械産業による複数国にまたがる生産ネットワー

---

7）前者に関連して，先進国企業の子会社などの関連企業が途上国に進出して，先進国企業に部品を供給する場合もある. 東南アジア諸国における日本企業の動き（12.6節）も参照のこと.

クとも大いに関係している.

　直接投資の貿易へのもう一つの影響の例は，日本と東アジア，東南アジア諸国にまたがる企業内での国際分業体制，企業内の生産ネットワークである．このような生産ネットワークは日本企業に限らず先進国企業の自動車・電気機械などの機械産業を中心に見られるものであり，**フラグメンテーション**（fragmentation：「断片化」の意）とよばれる[8]．たとえば製品の開発・デザイン等は先進国である日本などで行い，部品の製造・調達は価格・性能等の面で最適な部品を供給するメーカーが存在する国から行い，組み立て等労働集約的（生産要素の中で労働を相対的に多く用いること）な工程は途上国で行うといった具合である．このように各生産工程をそれぞれ最適な国に配置するという点が，かつて日本企業が日本と東アジア・東南アジアの国々の間で行ったように生産拠点を国内にすべて置くか，あるいは他の一国にすべて移転してしまうといった既存の生産拠点の立地とは異なる点に注意が必要である.

　フラグメンテーションはグローバル化の影響で拡大した面が大きい．生産ネットワークが複数の国々にまたがる場合，生産工程間を結ぶ輸送・通信等のコスト（サービス・リンク・コストとよばれる）が重要になる．道路・港湾等のインフラ整備も含めた輸送技術の進歩やインターネットの普及に代表される通信技術の進歩はこれらのコストを大幅に低下させ，特に先進国企業に対してフラグメンテーションによる最適な生産プロセスの構築を容易にした[9].

　直接投資が貿易に与える影響に加えて，どのような財が国家間で取引されるかという貿易の種類も，為替レート（→直接投資）→貿易という為替レートの貿易への直接的・間接的影響を考える上で重要になる．まず貿易は「産業間貿易」と「産業内貿易」の2つに分けられる．**産業間貿易**とは，先進国が途上国に機械類を輸出し，途上国が先進国に天然資源や農産物を輸出するといった具合に，互いに全く違う種類の財を輸出する貿易をいう．貿易に関する伝統的な

---

8）フラグメンテーションに伴う貿易は企業内貿易の場合もそれ以外の場合も両方ある.
9）サービス・リンク・コスト（service link cost）の低下がフラグメンテーションの可能性を高めるのは，経済学でいうところのいわゆる「規模の経済」がより働きやすくなるためである．後述の「産業内貿易」と合わせて，詳しくは石川・椋・菊地（2013）の第3章を見よ.

「比較優位」の議論は，産業間貿易に関するものである．これに対して**産業内貿易**とは，たとえば日本の自動車メーカーが欧米に小型車やハイブリッドカーなどの環境対応車，すなわち日本のメーカーが得意とする車種を多く輸出するのに対して，欧米の自動車メーカーは日本に大型車・高級車，すなわち欧米のメーカーが得意とする車種を輸出するというように，同じ自動車ではあるがデザイン・機能などに違いのあるものを互いに輸出する貿易をいう．

　産業内貿易はさらに「水平的産業内貿易」と「垂直的産業内貿易」に分けられる．水平的産業内貿易は上記の自動車の例のように，同じ製品カテゴリーではあるがデザイン・機能などに違いのある製品を互いに生産・輸出する場合をいう[10]．これに対して垂直的産業内貿易とは，たとえば日本の電子機器メーカーが中国に半導体等の電子部品を輸出し，中国のメーカーは日本や欧米のメーカーから輸入した電子部品を組み立ててパソコン等の完成品を作り，それを日本などに輸出する場合が挙げられる[11]．つまり複数の国にまたがる一つの製品の生産工程を形成するための貿易が垂直的産業内貿易であり，上記のフラグメンテーションは垂直的産業内貿易の発展形である．

　さて，上記 3 形態の貿易はそれぞれ為替レートの変化からどのような影響を受けるだろうか．産業間貿易および水平的産業内貿易においては製品価格が重要な要素であり，上述のように円高はこれらの形態に当てはまる日本の輸出を抑制する効果を持つ．それに対して垂直的産業内貿易の場合は他の 2 形態に比べて，為替レートの影響を受けにくいと考えられる．一つの理由は，フラグメンテーションにかかわる貿易は垂直的産業内貿易の一種であり，長期的にはともかく短期的には，円高だからといって企業間（あるいは企業内）取引を簡単に見直せるものではないからである．この点に関連して，直接投資とそれによって構築された複数国間の生産ネットワークには「不可逆性」があり，ホスト国の政治的不安定など外部環境が大きく変わらない限り簡単に投資を引き上げることはできない．企業内貿易でなくてもフラグメンテーションの例でみたよ

---

10)　このように各企業が互いに（少しずつ）違う製品を生産・販売することを「製品差別化」という．

11)「垂直」という概念は脚注 6 で挙げた川上・川中・川下と似た概念である．

うに最適な部品の調達先が他国にあり，為替レートの影響を考慮してもそれが変わらなければ，フラグメンテーションを支える垂直的産業内貿易は続くことになる．

## 12.5　円安は日本の貿易赤字縮小につながるか

　日本の貿易収支は年によって変動はあったが，1980年代初めから2000年代中盤まで大幅な黒字を記録してきた．しかし表4-2で示した通り，2007年の14.2兆円をピークに黒字が減り続け，2011年にはついに3,300億円の赤字を記録した．2008年とそれ以降数年についてはリーマン・ショックとそれに続く世界的な不況，2011年からは東日本大震災の影響が見てとれるが，特に2011年以降は赤字が拡大する傾向がある．**図12-4**が示すように名目為替レート（円ドル）はアベノミクスの大規模金融緩和の影響で2012年をピークとして円安傾向にあるが，円安は貿易赤字の大幅な縮小にはつながっていない．図12-4をさらに見ると，為替レートと貿易収支の関係は2009年ごろから変化しているように見える．2009年までは円安（実線のグラフの上昇）と貿易黒字の増加（点線のグラフの上昇）が同時に起こっているように見える（特に2006-7年に円安が続いた時期は貿易黒字が過去最多の水準となっている）．しかし2009年後半から，特に2012-13年や2022-23年は為替レートと貿易収支は逆の動きを示している．

　為替レートの貿易収支への影響（Jカーブ効果など）は4.3節で論じたのでそちらを参照していただきたい．ここでは2010年代の円安と貿易収支の関係についていくつか指摘しておきたい．第1に，2011年とそれ以降，原油・天然ガス等の輸入額が大きくなっている．これは東日本大震災による日本の原子力発電の停止とそれに伴う火力発電の拡大が大きく影響した．第2に円安が輸出（額）の増加につながっていない点である．

　円安が輸出（額）の増加につながっていない点についてはさらに2つの視点から指摘しておきたい．一つは日本の輸出産業の競争力の問題である[12]．電子機械産業が象徴的であるが，かつて日本企業が大きな競争力を持っていた半導体・デジタル家電等の分野で，韓国企業などの外国企業に後れを取ることが

図12-4　名目円ドルレートと貿易収支（1996～2023年，月次）

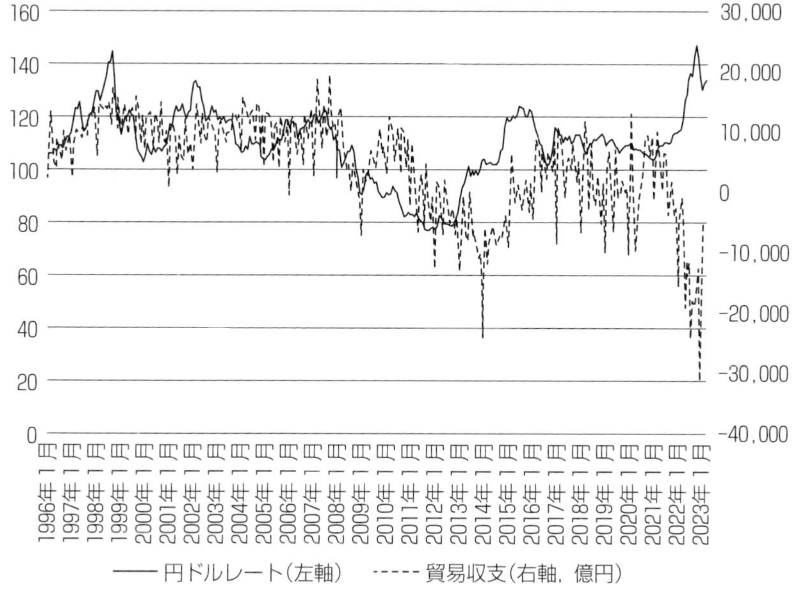

── 円ドルレート（左軸）　----- 貿易収支（右軸，億円）

出所：財務省ホームページ　　https://www.mof.go.jp/
　　　日本銀行ホームページ　https://www.boj.or.jp/

多くなっている．競争力を構成する要素は為替レートがかかわる価格だけでな
く，製品（開発）や設備投資等多岐にわたるため，円安にかかわらず日本企業
の競争力が回復していないことが，円安が輸出増に結びつかない要因となって
いる可能性がある．特に半導体はより高性能な製品の開発とともに，生産設備
に巨額の投資が継続的に必要とされる．現在（2023年末時点）では韓国・台湾
の企業が日本企業よりも競争力を持つのは，これらの投資をしているためだと
いわれている．

　もう一つは直接投資およびそれに伴う海外生産拡大の効果である（後者につ
いては特に12.1節の図12-2参照）．12.4節で見たように，いったん直接投資に

---

12）輸出企業だけでなく日本企業全体の競争力については，5.3.2項における日本企業の
　　生産性の伸び鈍化の議論も参照されたい．

より生産拠点が外国に移れば，為替レートの水準に関係なく生産拠点は外国のままである場合が多い．これには日本国内に再び生産拠点を戻すことのコストに加えて，直接投資で現在あるいは将来成長が見込める市場での生産を行うようになったため，為替レートの影響を受けない場合もある．後者については中国市場がその典型である．以上のことから円安が今後も続いても，（米国市場を除く）輸出の拡大あるいは輸入の縮小による貿易赤字の縮小はそれほど起こらない可能性が高い．

## 12.6　アジアにおける新たな動き

　最後に第二次世界大戦後の日本企業のアジア各国への進出の動きを中心に，アジア諸国と日本の経済的結びつきの変遷について見ておこう．本節ではアジア諸国の中でも中国そしてタイをはじめとする ASEAN（アセアン：Association of Southeast Asian Nations，東南アジア諸国連合）諸国と日本（企業）の関係に特に注目する．直接投資に関するこれまでの議論を日本企業の動きと結び付けて，この章の内容の全体的な理解の助けにしてもらいたい．なお，すでに議論した通り，直接投資の要因として「現在および将来の市場の可能性」はアジアあるいは日本企業に限らず重要な要因ではある（今日の中国・インドが典型例である）．しかし本節では主に企業の生産構造に直接投資が与える影響に焦点を当て，日本企業のアジア各国への直接投資を議論する．

### 12.6.1　日本とアジア諸国の地理的関係

　アジアにおける日本（企業）の動きについて考える際，鍵となる以下の国・地域がどこにあるかを知ることが重要である．

- 　中国・インド（アジアにおける代表的な新興国）
- 　ASEAN10カ国

　**図12-5a** はアジア全体の地図，**図12-5b** は ASEAN 全体の地図である．両方の地図を見比べながら，以下の 2 点に注目してほしい．一つは ASEAN が地理的に中国の南，そしてインドの東に位置し，アジアの中心というべき位置にあることである．もう一つは日本の地理的位置である．日本は東アジアの中で

## 図12-5a　アジア全体図

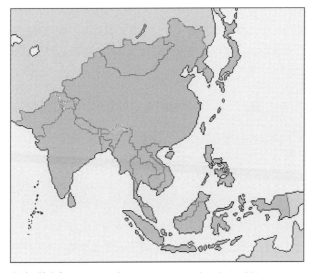

出所：外務省ホームページ　https://www.mofa.go.jp/mofaj/

## 図12-5b　ASEAN 全体図

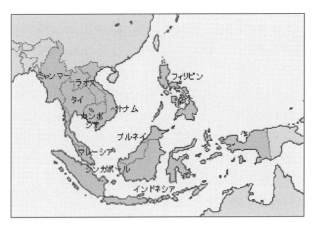

出所：外務省ホームページ　https://www.mofa.go.jp/mofaj/

も特に東に位置している．しかし他のアジアの国・地域に比べて，中国や
ASEAN諸国から極端に遠いわけではない．12.4節で紹介したフラグメンテー
ション（複数国にまたがる生産ネットワーク）を日本の製造業が行いやすい環
境が少なくとも地理的には元々整っていたことが，これらの地図からもうかが
える．

## 12.6.2　日本企業のアジア地域進出先国の変遷：再び注目されるASEAN

　第二次世界大戦後の日本企業の海外進出（対外直接投資）を国・地域別に見
ると，欧米，特にアメリカへの直接投資が多かった．しかし中国の経済発展が
本格化する1990年代以降，欧米への直接投資のシェアが減る一方で，アジアへ
の投資のシェアが増加した．ただしアジアといってもすべての国・地域に一様
に投資が行われたわけではない．企業規模や業種による違いもあるが，アジア
への直接投資については大まかに言って以下の変遷が見られる．

　（1960〜80年代）　東アジア・ASEAN中心
→（1990〜2000年代）　中国中心
→（2010年代）　ASEANへの回帰

　戦後の日本企業のアジアへの投資は，1950年代〜60年代の自動車メーカー・
電気機械メーカーなどのタイへの投資を機に本格化した．図12-5bからわかる
ようにタイはインドシナ半島の中心に位置し，地理的にASEANの中心に位
置するとともに，インドネシア・シンガポール・フィリピン・マレーシアと共
に1967年のASEAN創設時からのメンバー国でもある．これらの国々は
ASEANの中でも相対的に経済発展の進んだ国々であり，日本企業の海外進出
はタイ・インドネシアの他，韓国などのNIEs（ニーズ）へと1960年代から80
年代にかけて盛んに行われた[13]．その多くは1990年代から2000年代の中国へ
の企業進出時と同様に主に製造業が低賃金の労働力を求めてのものであり，加
えて1980年代は円高対策の意味もあった[14]．

　しかし1990年代から中国の経済発展が本格化すると，日本企業，特に製造業
の多くが中国に進出し，中には製造拠点を東アジア・ASEANから中国に移し
た企業もあった．**図12-6**は2014年から22年までの日本企業による中国・シン
ガポール・タイへの対外直接投資額の推移を示している．図から中国と比較し

図12-6　日本から中国・タイ・シンガポールへの対外直接投資
（2014～2022年，億円）

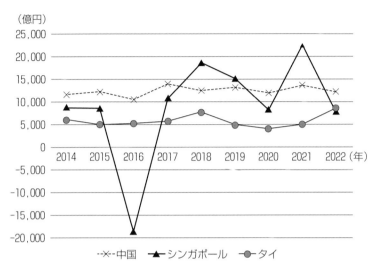

出所：財務省ホームページ　https://www.mof.go.jp/

てシンガポール・タイへの投資も多く行われていることがわかる．シンガポールは東京・香港と並んでアジアの金融取引の中心地であり，一方タイは後述のように東南アジアにおける製造業の産業集積地としての地位を確立しつつある[15]．

　このような日本企業のASEANへの回帰ともいうべき直接投資先の変化の要因は何だろうか．カギとなるのが，「チャイナプラスワン」並びに「タイプ

---

13) NIEs は Newly Industrializing Economies の略で，「新興工業経済地域」と訳される（しかし日本語訳よりも NIEs がよく使われる）．元はヨーロッパや中南米のいくつかの国々とともに，1970年代に経済発展が本格化した国・地域を指す．NIEs に該当するアジアの国・地域（韓国・台湾・香港・シンガポール）については他の地域の国々と区別するために「アジア NIEs」とよばれていたが，これらの国・地域の発展が他国と比べても目覚ましかったため，今日では NIEs という用語で多くの場合アジア NIEs の国・地域を指す．

14) インドネシア・マレーシアは天然ガスなどの資源にも恵まれており，こうした国々には資源調達目的の投資も行われてきた．

ラスワン」とよばれる動きである．国名以外は同じであるが，意味するところ
はやや異なる．前者は主に製造業企業が進出先としての中国が抱える様々なリ
スク（賃金上昇や労働争議，政府の規制，環境問題，中国経済の今後の動向な
ど）に備えるために，企業が中国以外にも製造拠点を設けたり，中国から拠点
を移したりする動きを指す．日本のアパレルメーカーが製造拠点を中国だけで
なくベトナム・バングラデシュなどに設けたり，これらの国々に拠点を移した
りするのがその例である[16]．一方後者はこれも主に製造業企業がタイに進出
している場合，タイに加えて周辺国，特に国名のイニシャルを取って CLM
（カンボジア・ラオス・ミャンマー）にも工場を設けるような動きをいう．こ
れら3国（ベトナムを加えて CLMV とよばれることもある）は先述の
ASEAN 5カ国と比べて相対的に経済発展が進んでおらず，賃金も安いといわ
れる．

　タイプラスワンがチャイナプラスワンと異なるのは，日本企業がタイから
CLM のどれかに完全に移転してしまうのではなく，タイに製造拠点を残しな
がら生産ネットワークを近隣諸国に拡大していく点である．この動きは12.4節
で紹介したフラグメンテーションの一例と見ることができる．タイに進出して
いる日本の製造業企業は完成品メーカーだけでなく関連企業（部品のサプライ
ヤーなど）も多数あり，これらはタイに製造業の産業集積を形成している．よ
って産業集積の利点を生かしつつ最適な生産ネットワークを形成する動きが，
2010年代に入ってからのタイへの進出も含め日本企業の ASEAN への回帰と
見ることができる[17]．

　加えてタイや CLM を含むメコン川流域は，遅れていた交通インフラ整備が
進みつつあることで一大経済圏としての発展が今後も見込まれている．そして

---

15）シンガポールは金融業だけでなく，大規模港湾設備を誇る物流のハブとして，そし
　　て大学・研究機関を中心とする研究・開発拠点としても注目されている．

16）中国に限らず，企業の進出先や取引相手企業が外国の場合，企業は様々なリスクに
　　直面する．このようなリスクは「カントリーリスク」とよばれる．たとえば2000年代
　　後半から続く政情不安定など，タイにもカントリーリスクは存在する．詳しくは日本
　　貿易振興機構（ジェトロ）『世界貿易投資報告　2013年版』第1部Ⅲを参照されたい．

17）詳しくは大泉（2013）を見よ．

この地域にかかわる 2 つの大きな動き，すなわち

- ASEAN 経済共同体（ASEAN Economic Community：AEC）
- 環太平洋パートナーシップに関する包括的及び先進的な協定（Comprehensive and Progressive Agreement for Transpacific Partnership：CPTPP）

の ASEAN 各国および日本を含めた近隣諸国への影響にも今後も注目すべきであろう[18]．

### 参考文献

石川城太・椋寛・菊地徹『国際経済学をつかむ　第 2 版』有斐閣，2013年．

大泉啓一郎「「タイプラスワン」の可能性を考える―東アジアにおける新しい工程間分業―」日本総合研究所『環太平洋ビジネス情報 RIM』Vol.13 No.51，1-23，2013年．

小田切宏之『企業経済学　第2版（プログレッシブ経済学シリーズ）』東洋経済新報社，2010年．

Dunning, J. H., "Trade, location of economic activity and the MNE: A search for an eclectic approach." in B. Ohlin, P. O. Hesselborn and P. M. Wijkman, *The international allocation of economic activity*（pp.395-418）. London: Macmillan, 1977.

### 練習問題

**12-1**　プロダクト・サイクル説で，日本の自動車メーカーのアジア進出を説明せよ．その中で日本への逆輸入の実際例を挙げよ．

**12-2**　（応用問題）日本企業のユーロ圏への直接投資について，本章で説明されている直接投資の理論はどのように応用できるだろうか．説明せよ．

　ヒント：以下の 2 つのことが日本企業の直接投資に関する意思決定に及ぼす影響を考えてみよう．

　①2023年末現在，ユーロ圏には20もの国が存在し，経済発展の度合いは国によって様々である．

　②ユーロ圏を含めた EU（ヨーロッパ連合）は，共通通貨ユーロに加え，様々な面で経済統合が進んでいる．

**12-3**　アジアも含めた新興国経済における天然資源の役割について調べてみよう．

---

18）前者は2015年に発足し，ASEAN 加盟国が EU（ヨーロッパ連合）のような経済共同体を段階的に目指すものである．後者については ASEAN の中で 4 カ国（シンガポール・マレーシア・ベトナム・ブルネイ）がメンバーである．

# 補論：数学的な追加説明

　以下では，第8章，第10章に関して，数学的注釈が必要とされる事項について，その詳細を追記する．

## 第8章に関する補論：リスクに対する選好

　8.2.1項で触れたように，リスク中立的な選好とは，リスクの多寡にかかわらず，より高いリターンを望む選好を意味する．それに対して，第10章で触れるリスク回避的選好とは，リターンの水準が同じであれば，リスクが低い資産への投資を好む選好を指す．

　こうした人々のリスク選好は，以下のような無差別曲線によって描写できる．**図 A- 1** のように，縦軸にリターンを，横軸にリスクをとった座標上で描かれる**無差別曲線**とは，市場参加者の満足度が所定の水準になるようなリターンとリスクの組み合わせを表したものである．

　リスク中立的な市場参加者の無差別曲線は，図 A- 1 (a) のように水平線で示される．同じ無差別曲線上では，人々の満足度は同じであり，点 $a$ と点 $b$ の満足度も同じである．一方，点 $c$ は点 $a$ とリスクの水準が同じであるがリターンは点 $a$ よりも高いため，点 $c$ のほうが高い満足度を示すことになる．このように，上方に位置する無差別曲線のほうが高い満足度を示すことになる．

　それに対し，リスク回避的な市場参加者の無差別曲線は，図 A- 1 (b) のように右上がりの曲線となる．点 $d$ と点 $e$ で示される満足度は同じである．点 $e$ のリターンは点 $d$ のリターンよりも高いが，リターンの差は点 $d$ よりも大きなリスクを負担するための見返りとしてみなされる．超過リターンの存在により，点 $e$ と点 $d$ は同じ満足度が得られる状態となる．点 $f$ は点 $d$ とリスクの水準が同じだが，リターンは高いため，点 $f$ のほうが満足度は高くなる．

　ちなみに，リスク愛好的なリスク選好というものもある．これは，リターンの水準が同じ（たとえば，点 $g$ と点 $i$）であれば，リスクの高いもの（点 $i$）

## 図 A-1　リスク選好と無差別曲線

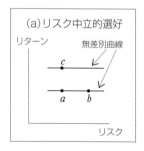

(a)リスク中立的選好

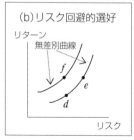

(b)リスク回避的選好

(c)リスク愛好的選好

を選ぶような選好を指す．リスク愛好的な市場参加者の無差別曲線は，図 A-1 (c)のように右下がりの曲線となる．リターンが低下しても点 $g$ と同程度の満足度を得るためには，リスクを増大させることになる（たとえば点 $h$）．

## 第10章に関する補論

### 1．期待利回りの計算方法

10.3.2項で触れた**期待利回り**の定義式は，厳密には，将来の起こり得るイベントをすべて列挙し，各イベントが起こった状態の下で実現する利回りを求めて，それらの加重平均を計算したものとして定義される．そこで，期待利回りは，以下のように定義される．

$$\mu = \alpha_1 r_1 + \alpha_2 r_2 + \cdots + \alpha_n r_n \tag{A-1}$$

$$r = \frac{D_t + B_t - B_{t-1}}{B_{t-1}}$$

ここで，$\alpha_i$ は第 $i$ 番目のイベントが起こる確率，$r_i$ は第 $i$ 番目のイベントが起こった場合に実現する証券の利回りである．また，$B$ は証券価格，$D$ は証券のインカム収入である．なお，加重平均のためのウェイトには，各イベントが起こる確率が充てられる．

ただし，将来の起こり得るイベントをすべて列挙することも，各イベントにおける利回りを求めることも困難である．したがって，簡便法として，過去に起こったイベントが将来も起こるとし，過去の利回りの系列を各イベントの下での利回りとみなして期待利回りを計算する．また，この場合には，各イベン

トは等確率で起こるとみなし，算術平均で平均値をとる．仮に，第1期から第$T$期までの証券利回りのデータがあり，簡便法によって期待利回りの計算をすると，以下のようになる．

$$\mu = \left(\frac{1}{T}\right)r_1 + \cdots + \left(\frac{1}{T}\right)r_T \tag{A-2}$$

## 2．分散，標準偏差の計算方法

利回りの**分散**は，以下のように定義される．

$$\sigma^2 = \alpha_1(r_1-\mu)^2 + \alpha_2(r_2-\mu)^2 + \cdots + \alpha_n(r_n-\mu)^2 \tag{A-3}$$

ここで，$\alpha_i$ は(A-1)式と同じく各イベントが起こる確率であり，$r_i$ は各イベントの下で実現する利回り，$\mu$ は期待利回りである．

利回りの分散は，利回りの期待利回りからの差（偏差）の二乗和として表される．期待利回りからの偏差が利回りのばらつきぐらいの尺度となり，平均からの乖離幅が広いほうが証券のリスクが大きいとみなされる．ただし，分散の計算では偏差を二乗する．これは，偏差の絶対値が大きくても，正値と負値を足し合わせればその総和が小さくなってしまうためである．負値の偏差も二乗すれば正値となる．

また，期待利回りと同様に，分散の計算の簡便法としては，過去に起こったイベントおよびイベントの下での利回りが将来にも適用されるとの前提に基づき，過去の利回りの偏差の二乗和として分散を求める．その際，各イベントが起こる確率は等確率とみなし，偏差の二乗値の単純平均とする．

**標準偏差**は，分散の平方根であり，以下のように定義される．

$$\sigma = \sqrt{\sigma^2} \tag{A-4}$$

## 3．共分散，相関係数の計算方法

10.3.2項で説明した**相関係数**を求めるためには，まず**共分散**を求める．ここでA資産とB資産という2つの資産を想定し，2資産の利回り間の共分散を計算する．共分散は以下のように定義される．

$$\sigma_{AB} = \alpha_1(r_{A,1}-\mu_A)(r_{B,1}-\mu_B) + \alpha_2(r_{A,2}-\mu_A)(r_{B,2}-\mu_B) + \cdots + \alpha_n(r_{A,n}-\mu_A)(r_{B,n}-\mu_B) \tag{A-5}$$

ここで，$r_{A,i}$，$r_{B,i}$ はそれぞれ第 $i$ 番目のイベントが起こる場合の A 資産および B 資産の利回りであり，$\mu_A$，$\mu_B$ はそれぞれ A 資産，B 資産の期待利回りである．

　(A-5)式の右辺の第 1 項は，1 番目のイベントが起こる場合の A 資産と B 資産の利回りの偏差の積である．ここで，1 番目のイベントが起こった際に，A 資産の利回りが平均を上回るとともに B 資産の利回りも平均を上回る，すなわち 2 資産の利回りとも上昇するとすれば，偏差の積は正の値をとる．一方，A 資産の利回りが期待利回りを上回ると同時に B 資産の利回りが期待利回りを下回る，すなわち 2 資産の利回りが逆方向に変動する場合には，偏差の積は負値をとる．共分散は 2 資産の利回りに関する偏差の積和であるが，様々なイベントが発生する際に 2 資産の利回りが同じ方向に変動する傾向が強ければ，積和は正値を，2 資産の利回りが逆方向に変動する傾向が強ければ，積和は負値をとることになる．したがって，共分散の符号は，2 資産の利回りの連動性の方向を示すことになる．

　2 資産の連動性に関して，共分散の符号は重要な情報を与えてくれるが，連関性の強度の尺度として共分散の絶対値に着目するのは適切ではない．連関性の指標としては，共分散を標準化した相関係数を用いるのが通常である．

　相関係数は，以下のように定義される．

$$\rho_{AB} = \frac{\sigma_{AB}}{\sigma_A \sigma_B} \qquad -1 \leq \rho_{AB} \leq 1 \qquad (A\text{-}6)$$

ここで，$\sigma_A$，$\sigma_B$ は A 資産，B 資産の利回りの標準偏差である．このとき，相関係数は 1 から $-1$ までの値をとる．また，相関係数が $0 < \rho_{AB} \leq 1$ の範囲の値をとる場合，2 資産の利回りは**正の相関関係**にあるといい，相関係数が $-1 \leq \rho_{AB} < 0$ の範囲の値をとる場合は，**負の相関関係**にあるという．相関係数がゼロの場合は，2 資産の利回りは**無相関**であるという．

　念のため，共分散が連関性の指標として使用できない理由を示しておく．ここで，例として，株価の水準の共分散を求めてみる[1]．日本の株価であれば，1 株○○円というように円建てで表示される．一方，米国の株価であれば，1 株○○ドルというように米ドル建てで表示される．そのとき，1 米ドル100円であれば，1 株 5 ドルの米国の株価は，円表示をすると500円ということにな

る.

以下では，日本株と米国株の株価の相関を計算してみる.

仮に，将来の起こり得るイベントが3つあるとする．3つのイベントをイベント1，イベント2，イベント3とよび，起こる確率がそれぞれ30％，40％，30％であるとする．各イベントが起こる場合の1株当たりの日本と米国の株価が以下のようになるとする.

・イベント1が起こる場合

　　日本の株価：300円，米国の株価：5ドル
・イベント2が起こる場合

　　日本の株価：500円，米国の株価：6ドル
・イベント3が起こる場合

　　日本の株価：600円，米国の株価：8ドル

以上の数値を用いて日本株と米国株の共分散を求める．ちなみに，(A-1)式より，日本と米国の株価の期待値（加重平均値）は，それぞれ，470円，6.3ドルである．このとき，共分散は以下のようになる.

$$0.3 \times (300 - 470) \times (5 - 6.3) + 0.4 \times (500 - 470) \times (6 - 6.3)$$
$$+ 0.3 \times (600 - 470) \times (8 - 6.3) = 129$$

今度は，上記の株価と同じ数値を用いて，米国の株価を円換算した場合の共分散を計算してみる．ここで，計算を簡単にするために，1米ドル100とする．そうすると，イベント1からイベント3までの米国の株価は500円，600円，800円となり，株価の絶対値が単純に100倍される．また，この場合の米国の株価の期待値は630円である．ここでの計算処理は，株価の単位を変換しただけである.

---

1）ちなみに，証券の利回りからは，表示通貨の単位がすでに消去されている．したがって，利回りの共分散には，単位の相違による数値の規模の影響が反映されない．また，共分散と同様に，分散や標準偏差も，単位の相違による数値の規模の影響を反映し得るが，証券価格の水準ではなく，証券価格の利回りについて分散や標準偏差を計算する限りにおいては，単位の相違による数値規模の影響はない.

この場合の日本株と米国株の共分散は以下のようになる.

$$0.3 \times (300-470) \times (500-630) + 0.4 \times (500-470) \times (600-630)$$
$$+0.3 \times (600-470) \times (800-630) = 12900$$

このように, 2国の株価の連関性は何ら変わっていないにもかかわらず, 米国の株価の単位を変換しただけで共分散の値は100倍になる. すなわち, 共分散の絶対値は単位の相違による数値規模の影響を反映してしまう. それに対し, 相関係数は数値規模の影響を除去した連関性の尺度となっている.

## 4. 投資機会線の導出

本節では, 10.4.1項で登場した投資機会線の導出を行う. まずは, 最もシンプルな想定として, 2資産からポートフォリオを構築するケースを考える. 具体的な想定の内容は以下の通りである.

・A資産とB資産の2資産からポートフォリオを構築する.
・将来の起こり得るイベントは2つで（イベント1, イベント2), イベント1が起こる確率は $\alpha_1$, イベント2が起こる確率は $\alpha_2(\alpha_2 = 1-\alpha_1)$ である.
・イベント1が起こる場合のA資産の収益率は $r_{A,1}$, B資産の収益率は $r_{B,1}$ であり, イベント2が起こる場合のA資産の収益率は $r_{A,2}$, B資産の収益率は $r_{B,2}$ である.

ポートフォリオの期待利回りと標準偏差を求める前に, 各資産の期待利回りと分散, 相関係数を表しておく.

まず, 2資産の期待利回りを計算する. A資産の期待利回りを $\mu_A$, B資産の期待利回りを $\mu_B$ とすると, (A-1)式の期待利回りの定義式より, 以下のように表される.

$$\mu_A = \alpha_1 r_{A,1} + \alpha_2 r_{A,2} \qquad \mu_B = \alpha_1 r_{B,1} + \alpha_2 r_{B,2} \tag{A-7}$$

次に, 2資産の利回りの分散を求める. A資産の収益率の分散を $\sigma_A^2$, B資産の収益率の分散を $\sigma_B^2$ とすると, (A-3)式より, 以下のようになる.

$$\sigma_A^2 = \alpha_1(r_{A,1}-\mu_A)^2 + \alpha_2(r_{A,2}-\mu_A)^2 \qquad \sigma_B^2 = \alpha_1(r_{B,1}-\mu_B)^2 + \alpha_2(r_{B,2}-\mu_B)^2$$

$$\tag{A-8}$$

また，2資産の共分散と相関係数を求める．ここで，2資産の共分散を $\sigma_{AB}$ とすると，(A-5)式より，以下のようになる．

$$\sigma_{AB} = \alpha_1(r_{A,1}-\mu_A)(r_{B,1}-\mu_B)+\alpha_2(r_{A,2}-\mu_A)(r_{B,2}-\mu_B) \qquad \text{(A-9)}$$

最後に，(A-9)式で求めた共分散をもとに，2資産の相関係数は，以下のように表される．

$$\rho_{AB} = \frac{\sigma_{AB}}{\sigma_A \sigma_B} \qquad \text{(A-10)}$$

上記の各資産のリターンおよびリスクの情報を用いて，ポートフォリオのリターンとリスクを表現してみたい．ここで，A資産に $\omega$，B資産に $1-\omega$ の割合で投資してポートフォリオを構築するとする．そうすると，ポートフォリオの期待利回り $\mu_p$ およびポートフォリオの利回りの分散 $\sigma_p^2$ は以下のように表される[2]．

---

2）ポートフォリオの期待利回りと分散の導出の詳細は以下の通りである．

(A-1)式の期待利回りの定義より，ポートフォリオの期待利回りは以下のようになる．

$$\mu_p = \alpha_1[\omega r_{A,1}+(1-\omega)r_{B,1}]+\alpha_2[\omega r_{A,2}+(1-\omega)r_{B,2}]$$
$$= \omega[\alpha_1 r_{A,1}+\alpha_2 r_{A,2}]+(1-\omega)[\alpha_1 r_{B,1}+\alpha_2 r_{B,2}]$$
$$= \omega \mu_A+(1-\omega)\mu_B$$

次に，分散の定義式である(A-3)式より，ポートフォリオの分散は以下のようになる．

$$\sigma_p^2 = \alpha_1(r_{p,1}-\mu_p)^2+\alpha_2(r_{p,2}-\mu_p)^2$$

ここで，ポートフォリオの利回りは2資産の利回りの加重平均として表されるので，ポートフォリオ・ウェイト $\omega$ を使ってポートフォリオの利回りおよび期待利回りを置き換えると，

$$\sigma_p^2 = \alpha_1[\omega r_{A,1}+(1-\omega)r_{B,1}-\omega\mu_A-(1-\omega)\mu_B]^2+\alpha_2[\omega r_{A,2}+(1-\omega)r_{B,2}-\omega\mu_A-(1-\omega)\mu_B]^2$$
$$= \alpha_1[\omega(r_{A,1}-\mu_A)+(1-\omega)(r_{B,1}-\mu_B)]^2+\alpha_2[\omega(r_{A,2}-\mu_A)+(1-\omega)(r_{B,2}-\mu_B)]^2$$
$$= \alpha_1[\omega^2(r_{A,1}-\mu_A)^2+(1-\omega)^2(r_{B,1}-\mu_B)^2+2\omega(1-\omega)(r_{A,1}-\mu_A)(r_{B,1}-\mu_B)]$$
$$\qquad +\alpha_2[\omega^2(r_{A,2}-\mu_A)^2+(1-\omega)^2(r_{B,2}-\mu_B)^2+2\omega(1-\omega)(r_{A,2}-\mu_A)(r_{B,2}-\mu_B)]$$
$$= \omega^2[\alpha_1(r_{A,1}-\mu_A)^2+\alpha_2(r_{A,2}-\mu_A)^2]+(1-\omega)^2[\alpha_1(r_{B,1}-\mu_B)^2+\alpha_2(r_{B,2}-\mu_B)^2]$$
$$\qquad +2\omega(1-\omega)[\alpha_1(r_{A,1}-\mu_A)(r_{B,1}-\mu_B)+\alpha_2(r_{A,2}-\mu_A)(r_{B,2}-\mu_B)]$$
$$= \omega^2\sigma_A^2+(1-\omega)^2\sigma_B^2+2\omega(1-\omega)\sigma_{AB}$$

となる．最後に，(A-5)式より，$\sigma_{AB} = \rho_{AB}\sigma_A\sigma_B$ となるので，ポートフォリオの分散は以下のようになる．

$$\sigma_p^2 = \omega^2\sigma_A^2+(1-\omega)^2\sigma_B^2+2\omega(1-\omega)\rho_{AB}\sigma_A\sigma_B$$

$$\mu_p = \omega\mu_A + (1-\omega)\mu_B \tag{A-11}$$

$$\sigma_p^2 = \omega^2\sigma_A^2 + (1-\omega)^2\sigma_B^2 + 2\omega(1-\omega)\rho_{AB}\sigma_A\sigma_A \tag{A-12}$$

(A-11)式より，ポートフォリオの期待利回りは各資産の期待利回りの加重平均となり，$\omega=1$ であればA資産の期待利回りと，$\omega=0$ であればB資産の期待利回りと一致することがわかる．(A-12)式より，ポートフォリオの分散もポートフォリオ・ウェイトに依存するが，$\rho_{AB}$ にも依存することがわかる．$\rho_{AB}$ は $-1$ から $1$ までの値をとるが，$\rho_{AB}$ の値が小さくなるほどポートフォリオの分散も小さくなる．(A-12)式右辺の第3項が分散効果を表現する部分である．

$\rho_{AB}$ が特殊な値をとるケースでは，ポートフォリオの分散はシンプルな形状で表現できる．それが以下の3ケースである．

・$\rho_{AB}=1$ のケース
$$\sigma_p^2 = \{\omega\sigma_A + (1-\omega)\sigma_B\}^2 \tag{A-13}$$
・$\rho_{AB}=-1$ のケース
$$\sigma_p^2 = \{\omega\sigma_A - (1-\omega)\sigma_B\}^2 \tag{A-14}$$
・$\rho_{AB}=0$ のケース
$$\sigma_p^2 = \omega^2\sigma_A^2 + (1-\omega)^2\sigma_B^2 \tag{A-15}$$

まず，相関係数が1の場合をみてみる．(A-13)式の両辺の平方根をとると，
$$\sigma_p = \{\omega\sigma_A + (1-\omega)\sigma_B\} \tag{A-16}$$
となる．すなわち，ポートフォリオの標準偏差は2資産の標準偏差の加重平均として表され，この場合には分散効果はない．

次に，相関係数が $-1$ の場合を見てみる．(A-14)式を見てわかるとおり，この場合にはポートフォリオのリスクをゼロにすることができる．具体的には，(A-14)式の右辺をゼロとするようなポートフォリオ・ウェイト，すなわち，
$$\omega = \frac{\sigma_B}{\sigma_A + \sigma_B} \tag{A-17}$$
を選択すれば，$\sigma_p^2 = 0$ となる．

## 図 A-2　ポートフォリオの標準偏差と保有比率の関係

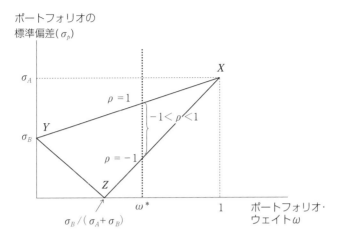

最後に相関係数がゼロの場合をみてみる．実は，この場合には，ポートフォリオの分散が下に凸型の $\omega$ に関する2次関数となる．したがって，$\sigma_p^2$ を最小とする $\omega$ が存在する．具体的には，(A-15)式を $\omega$ に関して微分し，微分係数がゼロとなる $\omega$ を求める．そうすると，以下の $\omega$ が求められる．

$$\frac{\partial \sigma_p^2}{\partial \omega} = 2\omega\sigma_A^2 - 2(1-\omega)\sigma_B^2 = 0 \quad \Rightarrow \quad \omega = \frac{\sigma_B^2}{\sigma_A^2 + \sigma_B^2} \quad (\text{A-18})$$

このように，ポートフォリオの分散は2資産の相関係数によって変化する．**図 A-2** はポートフォリオ・ウェイト $\omega$ とポートフォリオの標準偏差との関係を示したものである．ここでは，A資産の標準偏差 $\sigma_A$ のほうが B資産 $\sigma_B$ の標準偏差よりも高いと想定されている．

上述したように，相関係数が1の場合には，ポートフォリオの標準偏差が2資産の標準偏差の加重平均となり，$\omega$ が変化すれば $\sigma_p$ の水準も変化する．このケースは，図中の直線 $XY$ で表され，$\omega$ の値を選択することにより $\sigma_p$ の値も決まる．$\omega = 1$ の場合とはポートフォリオのすべてを A資産で保有する場合だが，その場合はポートフォリオの標準偏差が A資産の標準偏差と一致する．一方，$\omega = 0$ の場合には $\sigma_p = \sigma_B$ となり，$0 < \omega < 1$ の場合には，$\sigma_B < \sigma_p < \sigma_A$ となる．

相関係数が$-1$の場合のポートフォリオ・ウェイトとポートフォリオの分散との関係は，直線$XZ$と直線$ZY$で表される．既述したように，$\omega=\sigma_B/(\sigma_A+\sigma_B)$の場合にポートフォリオの標準偏差はゼロとなる．また，(A-14)式の右辺に関して，$\omega\sigma_A-(1-\omega)\sigma_B>0\ (\sigma_B/(\sigma_A+\sigma_B)<\omega<1)$の場合には，

$$\sigma_p=\omega\sigma_A-(1-\omega)\sigma_B$$
$$=-\sigma_B+(\sigma_A+\sigma_B)\omega$$

となり，$\omega\sigma_A-(1-\omega)\sigma_B<0\ (0<\omega<\sigma_B/(\sigma_A+\sigma_B))$の場合には，

$$\sigma_p=-\omega\sigma_A+(1-\omega)\sigma_B$$
$$=\sigma_B-(\sigma_A+\sigma_B)\omega$$

となる．このように，相関係数が$-1$の場合には，$\sigma_p$と$\omega$の関係が屈折直線で示される．

　相関係数が$1$と$-1$の間の値をとる場合，所定の$\omega$に対する$\sigma_p$の水準は，直線$XY$と直線$XZ$＋直線$ZY$の間の水準で表される．図中には，$\omega^*$というポートフォリオ・ウェイトを選択した場合のポートフォリオの標準偏差が取り得る範囲を示している．

　このように，ポートフォリオのリスクの水準は相関係数の値に依存して変化する．それに対して，ポートフォリオの期待利回りは相関係数の値には依存しない．ポートフォリオ・ウェイトをある水準で決めれば期待利回りの水準が決まるが，ポートフォリオの標準偏差については，所定のポートフォリオ・ウェイトの下で，相関係数が小さくなるほど小さくなるのである．そこで，10.4.1項の図10-3で示したように，同じポートフォリオ・ウェイトを選択したとしても，所定の期待利回りに対して，ポートフォリオの標準偏差は相関係数が低下するにしたがって小さくなるのである．

　10.4.1項の図10-3は2資産に投資する場合の投資機会線を示しているが，投資資産を増やした場合の投資機会線が**図A-3**である．図A-3では，資産Fを追加して3つの資産からなるポートフォリオを組成する場合を示している．点Fが資産Fの期待利回り$(\mu_f)$と標準偏差$(\sigma_f)$の組み合わせを示している．資産Cと資産Fの利回りの相関係数は1以下であり，2つの資産を組み合わせてできるポートフォリオの期待利回りと標準偏差を示す点の集合は曲線$CF$で表される．同様にして，資産Dと資産Fの利回りの相関係数も1以下

**図 A- 3　3資産の場合の投資機会線と有効フロンティア**

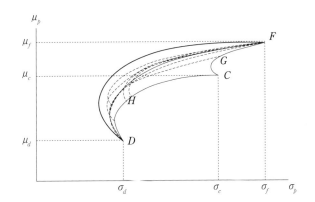

であり，資産 D と資産 F を組み合わせた場合の投資機会線が曲線 DF で示される．

　資産 C と資産 F を組み合わせて，一つのポートフォリオを組成する．そのポートフォリオの期待利回りと標準偏差の組み合わせを示したのが点 G である．このポートフォリオと資産 D の組み合わせで作成されるポートフォリオ群が点線の曲線 GD で表される．同様にして，資産 C と資産 D を組み合わせて，点 H で示されるポートフォリオを作成し，それと資産 F を組み合わせて組成されるポートフォリオ群が点線の曲線 FH で表される．

　以上のようにして，資産と資産を組み合わせていくと，最終的に曲線 FD で表されるポートフォリオ群が形成される．これが，3資産の組み合わせで実現可能な投資機会線である．資産 C と資産 D の組み合わせで実現可能な投資機会線は曲線 CD であったが，これに資産 F が加わることで，投資機会線が左上方向に拡大した．このことは，資産の追加により，リスク水準を変えずにより高い期待利回りを実現できる，あるいは同じ期待利回りでもよりリスクの小さなポートフォリオを組成できることを意味する．4資産以上は同様であり，資産の追加によって，左上方向に投資機会を拡大させることができる．

# 練習問題・略解

## ■第 1 章

**1-1** （小数点以下 3 位を四捨五入しています）

① 19.28

② 155.39

③ 160.94

④ 180.97

⑤ 94.15

⑥ 10.96

**1-2** 為替市場での取引コスト（ビッドアスクスプレッドの差）は市場参加者の数に左右される．市場参加者が多ければ多いほど，多くの売り買いの注文が集まるので，ビッドとアスクの差は小さくなる，すなわち取引コストは低い．しかし，新興国通貨を取引する参加者は少ないので，売買の注文も金額も少なくなるため，ビッドとアスクの差は大きくなり，したがって新興国通貨の取引コストも高くなってしまう．

## ■第 2 章 （模範解答）

**2-1** IMF では，最近のグローバル・インバランス問題について以下のような論文が発表されているので，参照されたい．

https://www.imf.org/en/Publications/ESR/Issues/2022/08/04/2022-external-sector-report

**2-2** 東京市場の停滞については，長らく続いている日本経済の低迷の影響が指摘される．それに対して，シンガポールと香港の国際金融都市としての優位性としては，日本よりもはるかに低い法人税や所得税などの税制の優遇措置に加えて，公用語としての英語，英米法系のリーガル・システム，巨大な後背地（シンガポールはASEAN 各国，香港は中国），すぐれた金融規制当局の存在などが挙げられる．

東京市場の復活については，東京都が資産運用業と FinTech の推進を都市発展の重点領域と位置付け，ビジネス機会創出のために FinTech を始めとする成長産業をサポートするための取り組みなどが行われている（「FinCity. Tokyo」https://

fincity.tokyo/).

## ■第3章 （模範解答）

**3-1** ユーロに参加する国々は，共通通貨圏に参加する時点で，「自由な資本移動」と「安定した為替レート」を選択した．以降，かつて存在していた自国通貨とユーロと間で固定されたレートに影響を及ぼすような各国独自の金融政策の実施（通貨発行量や金利の変更）は放棄し，ユーロ参加国で単一の金融政策に従う必要がある．一方，各国で異なる財政状況に対し，それらを補填する目的で発行される国債利回りは，ギリシャ危機以降，ユーロ参加国間で金利差が拡大するようになった．

　（金利差の拡大の背景には，ユーロの価値を担保するため財政が健全であるドイツが，国内世論に配慮して所得移転に難色を示したことや，ギリシャ以外にも巨額の累積財政赤字を抱える国々があり，それらをドイツ一国で負担できるかなどの懸念が高まった．また，国債のCDS取引の拡大により，国債を直接売買する者以外の取引の結果が国債の利回りに影響を及ぼすようになったことも，金利差を拡大させる要因にもなっている．）

　とりわけ，巨額の累積財政赤字を抱えるPIIGS各国の国債利回りが上昇し，ユーロからの離脱が疑われるようになったことで，国際通貨としてのユーロの価値や信認に影響を及ぼすこととなった．

**3-2** 香港（カレンシーボード制度），サウジアラビア（伝統的なペッグ制度）は，それぞれ米国ドルに固定している．

　カレンシーボード制度を採用する香港は，「自由な資本移動」と「安定した為替レート」を選択し，貿易取引の活発化（中継貿易）や世界の金融センターとしての役割を担うなど，経済の開放度を高めることで経済を発展させてきた．ペッグ制度を採用するサウジアラビアは「安定した為替レート」と「独立した金融政策」を採用する一方，非居住者による自国資本の取得を厳しく制限しているのは，自国の主要な石油産業を保護する目的があると考えられる．

**3-3** 中国との貿易・資本取引が拡大している国，あるいは拡大させたい国との間で，第三国通貨となるドル建て決済を行う取引は，双方にとって対ドル為替変動リスクが生じることや，通貨の種類を変換するための費用もかかることから効率的であるとはいえない．中国がドル以外の通貨貿易決済，とりわけ人民元建て取引を促進させる目的では，相手国が人民元の流動性を確保しやすい環境を作ることが重要であるため，その制度的な担保として，人民元建て二国間スワップ協定が締結されている．こうした，中国が取引相手国を助けるという視点のほかに，中国が抱えている対外債務に対して取引相手国からの支援を事前の取り付けておくという視点も

あるといわれている.

**3-4** 共通通貨を用いる経済圏では，為替レートが存在しないことで様々な取引コストが削減されることで経済取引が活発化するシナジー効果が発揮され，経済圏全体の GDP が上昇すると考えられている．とりわけ自動車産業など輸出が経済に重要な割合を占めるドイツにとって，広大な単一市場を手にすることは，国際的に信認の高かったドイツマルクを維持すること以上にメリットがあると考えられた．ドイツの貿易黒字はユーロ誕生から10年間で約３倍となった.

## ■第 4 章

**4-1** （省略）

**4-2**

国 際 収 支 表

| 収支項目 | 貸方 | 借方 | 収支尻 | |
|---|---|---|---|---|
| 貿易収支 | 4000（①） | 2000（②） | 2000 | 経常収支 3690 |
| サービス収支 | | 10（③） | − 10 | |
| 第一次所得収支 | 1500（④） | | 1500 | |
| 第二次所得収支 | 200（⑩） | | 200 | |
| 資本移転等収支 | | 300（⑤） | − 300 | 資本移転等収支 − 300 |
| 直接投資 | | 8000（⑥） | 8000 | 金融収支 3390 |
| 証券投資 | 3000（⑧） | 5000（⑨） | 2000 | |
| その他投資（現・預金） | 2000（②） 10（③） 300（⑤） 8000（⑥） 500（⑦） 5000（⑨） | 4000（①） 1500（④） 3000（⑧） 200（⑩） | − 7110 | |
| 外貨準備 | | 500（⑦） | 500 | |
| 誤差脱漏 | | | | 誤差脱漏　0 |

**4-3** 少子高齢化に対する政策のうち，子育て支援などの少子化に対する政策がうまく行った場合は，人口に占める高齢者の割合が下がるかもしれない．その場合，ライフサイクル仮説と貯蓄・投資バランスを組み合わせた議論から，日本の経常収支（貿易収支）が改善する可能性がある．ただし日本の出生率の大幅な改善や高齢化率の減少はあまり現実的な見通しではなく，政策としては少子化対策だけでなく，

規制緩和等の民間経済の活性化につながる政策が重要である。規制緩和はアベノミクス（第5章参照）の第3の矢でもあり，日本経済にとっては経常収支の観点からも喫緊の課題である。

## ■第5章

### 5-1

（手順1）

1円がいくらかという為替相場（外国通貨建て相場）

| | ドル円 | ユーロ | 英ポンド | 中国元 | 韓国ウォン | シンガポールドル | タイバーツ | 香港ドル | 台湾ドル |
|---|---|---|---|---|---|---|---|---|---|
| 2000年1月 | 0.009355 | 0.009554 | 0.005761 | 0.077434 | 10.507 | 0.016 | 0.3507 | 0.0728 | 0.28717 |
| 2000年2月 | 0.009069 | 0.009336 | 0.005694 | 0.075076 | 10.2566 | 0.0155 | 0.34416 | 0.0706 | 0.2789 |

（手順2）

2000年1月が100となる為替指数に計算し直す

| | ドル円 | ユーロ | 英ポンド | 中国元 | 韓国ウォン | シンガポールドル | タイバーツ | 香港ドル | 台湾ドル |
|---|---|---|---|---|---|---|---|---|---|
| 2000年1月 | 100 | 100 | 100 | 100 | 100 | 100 | 100 | 100 | 100 |
| 2000年2月 | 96.94387 | 97.71231 | 98.83076 | 96.95441 | 97.6171 | 97.45 | 98.1334 | 96.956 | 97.1175 |

（手順3は省略）

**5-2** 不胎化しないドル買い・円売りを行った場合，通貨当局のバランスシート（表5-3）において，資産については外貨準備の増加，負債については現金通貨の増加が起こり，ハイパワードマネーおよび貨幣ストック（マネーストック）が増加する。

一方不胎化する金融政策，たとえば国債の売却（売りオペレーション：売りオペ）を行った場合は，資産の中の国内信用及び負債の中の現金通貨の減少が起こるため，全体として資産および負債の大きさは市場介入前と同じになる。

**5-3** アベノミクスの第3の矢，すなわち成長戦略についての具体的な政策やこれまでの実施状況は首相官邸ウェブサイトで詳しく解説されているのでそちらを参照されたい。

## ■第6章

**6-1** （解答例）ユーロ圏各国の財政赤字の対GDP比は，欧州ソブリン危機の時期に悪化したが，その後は回復に向かった。ただし，財政赤字GDP比3％以上とい

うマーストリヒト基準の達成までに時間を要した国もあり，たとえばスペインの財政赤字の対 GDP 比が 3 ％を下回ったのは2018年である．2020年には新型コロナウイルス感染症の大流行により，各国は大型の財政出動を余儀なくされ，財政赤字 GDP 比は再び拡大する．イタリアは感染症から深刻な被害を受けた国の一つだが，2020年のイタリアの財政赤字 GDP 比は10％近くまで達し，その後も大幅な赤字を続けている．（OECD のウェブサイト上で閲覧できるグラフで確認するか，データをダウンロードし自身でグラフを作成して確認しなさい．）

**6-2** （解答例 1 ）オーストラリア，カナダ，ノルウェーは有数の資源国であり，豪ドル，加ドル，ノルウェー・クローネは資源国通貨とよばれている．資源国通貨の名目実効為替レートは資源価格と密接な関連があり，資源価格が下落基調にあった1990年代は減価傾向にあるが，資源価格の高騰が顕著であった2000年代は増価傾向にある．資源国通貨はまた，コロナ禍やウクライナ危機など，資源供給への不安が高まり資源価格が上昇した2020年以降も上昇する傾向がみられる．米ドルは資源価格の下落時に増価する傾向があるといわれているが，米ドルと資源国通貨の実効為替レートと比較すると，相反する動きがみられる．（豪ドル，加ドル，ノルウェー・クローネ，米ドルの実効為替レートのグラフを作成し比較しなさい．）

（解答例 2 ）スイスはユーロ圏と密接な経済関係をもち，スイスの貿易量に占める対ユーロ圏取引は 6 割を超える．実効為替レートは貿易取引量を反映して 2 国間為替レートを加重平均するため，スイス・フランの実効為替レートは対ユーロ為替レートの動きを強く反映する．スイス・フランは欧州通貨のなかでも増価傾向が強く，とくに世界金融危機が起こった2008年以降，増価傾向が顕著である．スイス・フランはユーロだけではなく，米ドルや円など，他の主要通貨と比較しても増価傾向にある．（ユーロとスイス・フラン，その他の欧州通貨の名目実効為替レートのグラフを作成し比較しなさい．）

## ■第 7 章

**7-1**

（1）　ある財の貿易が行われる際，価格の異なる二つの市場の間で裁定取引が行われることで，それぞれの市場の需給量に変化が生じ，やがて価格が変化する．二国間の価格差が無くなると裁定取引は行われなくなるため，一つの財が同じ通貨建てで同じ価格を持つようになる．

（2）　絶対的購買力平価は，2 国間名目為替レートが 2 国間の物価比率で表されるのに対し，相対的購買力平価では，ある基準年からの物価の変化率（インフレ率）の格差が，2 国間名目為替レートの変化率に一致する．相対的購買力平価は，

輸送費や関税等の取引費用の存在によって絶対的購買力平価が成立しない場合であっても，取引費用に変化がない場合には，名目為替レートの変化率を2国間のインフレ格差によって説明することができる．

(3) 物価指標となる財バスケットの構成の違い，裁定取引が行われない財や非貿易財が物価に含まれる場合，財価格の粘着性，バラッサ・サミュエルソン効果，資本移動規制などにより，購買力平価が成り立たなくなる．

7-2 【ヒント】名目為替レート，インフレ率格差を計算するための各国の物価データは，国際通貨基金（「IMF」https://www.imf.org/en/Data）から，PPPで換算したGDP額のデータは，世界銀行（「WB」https://data.worldbank.org）からそれぞれから取得できます（英語）．またドル建て表示のGDP額とPPPで換算したGDP額（ドル建て）とが一致しない理由は，市場で観測される名目為替レートとPPPで示される為替レートが一致しない理由と同じであることに注意しなさい．

■第8章

8-1 第8章(3)式をもとに現在の直物円ユーロ為替レートを求めるが，金利は1年物の金利であるのに対し，先渡円ユーロ為替レートは3カ月物であるため，ここでは金利と先渡為替レートの期間を3カ月ベースに統一させる．すなわち，金利を3カ月ベースにする．そうすると，以下のようになる．

$$150 = S \times \frac{1 + \dfrac{0.01}{4}}{1 + \dfrac{0.04}{4}}$$

上式を計算すると，$S = 151.12219\cdots$となり，小数点以下第3位を四捨五入すると，現在の直物円ユーロ為替レートは1ユーロ151円12銭となる．

8-2 3カ月後にドル金利が変化せず円金利だけが低下するのであれば，3カ月後には日米の金利差が拡大する．為替スワップを用いて将来の金利差拡大から利益を得るためには，現時点で，直物ドル買い円売り・6カ月物先渡ドル売り円買いの為替スワップ（6カ月物為替スワップ）と，直物ドル売り円買い・3カ月物先渡ドル買い円売りの為替スワップ（3カ月物為替スワップ）の2つを実施するとともに，3カ月後の円金利が低下した時点で，直物ドル売り円買い・3カ月物先渡ドル買い円売りの為替スワップ（3カ月物為替スワップ）を実施することになる．これらの為替スワップ取引からの損益は以下のようになる．

現時点の6カ月物為替スワップ：$141 - 142 = -1$
現時点の3カ月物為替スワップ：$142 - 141.5 = 0.5$

　　　　３カ月後の３カ月物為替スワップ：150−149＝1
３つの為替スワップの損益を合計すると，−1＋0.5＋1＝0.5となり，１ドル当たり
0.5円の利益を見込んでいることになる.

## ■第9章

9-1　為替レートのオーバーシュートとは，名目為替レートが購買力平価で示される均衡為替レートから一時的に乖離したのち，時間の経過とともにやがて均衡値に一致すること.　財価格が粘着的であるため，名目貨幣残高等の変化によって生ずるはずの価格変化がゆっくり生ずる一方で，金利格差が即座に為替レートに影響を及ぼして，一時的に均衡値から乖離させる要因となる.

9-2　過去の為替レートの変動データや取引データを移動平均線に表し，その趨勢から将来の価格や為替レートの変動を予想する.

## ■第10章

10-1　（解答例）投資信託には様々な種類の商品がある.　国内株式のみで構成される国内株投資信託や特定の国の株式で構成される外国株投資信託，もしくは国内外の株式が組み込まれるグローバル株式投資信託などがある.　債券や不動産など，他の資産関連の投資信託も同様である.　また，株式や債券など異なる資産を組み合わせたバランス型投資信託も存在する.　さらに，上場型の投資信託であるETFという商品もある.　国内株投資信託のなかでも，TOPIXなどの代表的な株価指数との連動をめざして運用されるパッシブ型投資信託と，株価指数を上回る実績を目指して運用されるアクティブ型投資信託がある.　パッシブ型投資信託は株価指数と同程度の運用利回りをめざすため，投資対象の構成比率は株価指数の構成比率を参照して決められる.　投資信託には販売手数料や信託報酬などのコストがかかるが，パッシブ型投資信託では機械的に投資対象や投資比率が決められるため，これらのコストは相対的に安くなる.　一方，アクティブ型投資信託では運用マネージャーが独自の視点で運用方針を決めるが，そのための調査コスト等もかかるため，その分だけ手数料も高くなる.　たとえば，アジアを対象に優良企業や成長企業などを選定して組成したアクティブ型のアジア株式投資信託の信託報酬は1.6％を超えるものがほとんどだが，特定の株価指数を対象とするパッシブ型株式投資信託の信託報酬は0.1％を下回る.

10-2　①日本株の期待収益率は年率５％である.　日本人投資家にとっての米国株の期待収益率は，６％−２％＝４％で，４％となる.　したがって，ポートフォリオの期待収益率は，$\frac{1}{2}(0.05+0.04)=0.045$ で4.5％となる.

②アメリカ株の期待収益率は6％である．ドルの為替レートの予想変化率が－2％（ドルの減価率が2％）ということは，円の価値が2％上昇することを意味するため，アメリカ人投資家にとっての日本株の期待収益率は，5％＋2％＝7％で，7％となる．したがって，ポートフォリオの期待収益率は，$\frac{1}{2}(0.07+0.06)=0.065$で6.5％となる．

## ■第11章

**11-1**　アジアに生産拠点を持つ日本の製造企業の多くは，日本の本社からアジアの子会社（生産拠点）に部品などを輸出し，アジアの工場で組み立てて，完成品を欧米諸国に輸出している．その際に，物流としてはアジアの子会社から製品が輸出されるが，商流としては，アジアの子会社がいったん日本の本社に製品を輸出し，日本の本社から欧米諸国に輸出されるという，いわゆる三角貿易の形式をとっていることが多い．したがって，日本の本社とアジアの子会社間の輸出・輸入の取引をすべてドル建てで統一することで，アジアの子会社の為替リスクを支払い（日本からの部品輸入）と受取（日本への完成品の輸出）をドル建てで相殺すれば（ネッティング），その分為替リスクが軽減されることになるというメリットがある．日本本社にとっても，アジアから輸入した完成品を北米などにドル建てで輸出することで，すべての取引をドルで統一して，為替リスク管理の効率化を図れるというメリットがある．

**11-2**　日本経済新聞や経済雑誌で「日本企業」「為替リスク管理」「円安」「サプライチェーン」などの用語を使って検索すると，個別の企業の為替リスク管理や円高，円安対策の記事を見つけることができ，事例研究をすることができる．

（解答例）2023年10月22日付け日本経済新聞記事より

「タイトル：タイ，年5％成長への課題

……国際的なサプライチェーン（供給網）が中国から東南アジアに移行しつつある中，タイはインドネシアとベトナムに比べ海外直接投資で後れを取っている．国際貿易協定はベトナムが50カ国以上と締結したが，タイは18カ国にとどまる．多くの海外直接投資を獲得するため，タイは海外から有能な人材を呼び込むことが欠かせない．それには入国管理法や労働許可証に関する規制の改革が必要だ．」

【記事に関する議論】
グローバル企業の生産拠点は各国にまたがっているが，それは各国が企業誘致で競い合っていることを意味する．タイでも海外直接投資が経済成長の起爆剤となったが，最近では海外直接投資の受け入れ先としてベトナムなどの他のアジア諸国の台頭が著しいため，タイの相対的な地盤沈下がみられ，様々な対策の必要性が理解できた．

## ■第12章

12-1　日本の自動車メーカーがアジアのホスト国から日本に逆輸入していた例として，日産自動車のマーチを挙げることができる．

12-2　日本企業のユーロ圏への直接投資のうち，中東欧の比較的経済発展の進んでいない国については，先進国から途上国への直接投資を説明するプロダクト・サイクル説を当てはめることができるかもしれない．ただしこれらの国々にはすでに同じユーロ圏の国々である西欧の先進国企業がかなり進出しており，日本企業が現地市場で独占的地位を占めることができる産業や製品は限られる．

　そのため取引費用に基づく直接投資の理論がより有効である．たとえば中東欧の低賃金の労働を求めての，あるいは将来有望な市場としての「立地」の重要性が，日本企業の直接投資の動機となる場合である．加えてユーロ圏を含めた EU は大陸諸国が地続きであるだけでなく，共通通貨ユーロや域内国間の労働移動の自由などにより，一つの巨大市場として機能している．よってホスト国のみならず EU 全体での経済活動を容易にする面が，EU への直接投資にはある点も注意すべきである．

12-3　新興国経済における天然資源（農産物を含む）の役割については，その国が資源国，すなわち天然資源を有する国であるか否かで大きく異なる．非資源国は天然資源を輸入に頼っており，天然資源の国際価格の上昇は非資源国の経常収支にマイナスの影響を与える．

　一方資源国は天然資源や天然資源を原材料とする製品の輸出を通じて，経済成長を達成できる可能性がある．ただし天然資源への過度の依存は，天然資源の国際価格が下落したときにマイナスの影響が大きくなる場合がある．

　最後に原油・天然ガス等を産出するいわゆる「産油国」については，地球温暖化対策としての各国の脱炭素政策，すなわち化石燃料の使用を抑える政策が今後影響する可能性が高い．

# 執筆者紹介

**清水順子**（しみず・じゅんこ）　第1，2，3，11章
2004年一橋大学大学院商学研究科博士後期課程修了，博士（商学・一橋大学）
学習院大学経済学部教授.
主著・論文：*Managing Currency Risk- How Japanese Firms Choose Invoicing Currency*，（with Takatoshi Ito, Satoshi Koibuchi, and Kiyotaka Sato）Edward Elgar, 2018，『日本企業の為替リスク管理——通貨選択の合理性・戦略・パズル』（伊藤隆敏氏らとの共著）日本経済新聞出版，2021年，『悪い円安 良い円安——なぜ日本経済は通貨安におびえるのか』日本経済新聞出版，2022年，「日本企業の貿易建値通貨選択——税関データを集計した各国別インボイス通貨シェアからわかること」（伊藤隆敏氏らとの共著），PRI Discussion Paper Series（No.22A-04）2022年．など.

**大野早苗**（おおの・さなえ）　第6，8，10章，補論
1998年一橋大学大学院商学研究科博士後期課程単位取得，博士（商学・一橋大学）
武蔵大学副学長.
主著・論文：「国際商品価格の決定要因——地政学リスクと国際的流動性の影響に着目して」小川英治編著『ポストコロナの世界経済——グローバルリスクの構造変化』（第7章所収）東京大学出版会，2023年，「新興国向け資本フロー——現地通貨建て債券投資の決定要因について」アジア資本市場研究所編『コロナ後のアジア金融資本市場』（第3章所収）公益財団法人日本証券経済研究所，2023年，"Are Insurers Susceptible to Systemic Liquidity Risk or do They Contribute to it?," *Japanese Journal of Monetary and Financial Economics*, 7(1), pp.1-32, 2019. など.

**松原聖**（まつばら・きよし）　第4，5，12章
2000年オハイオ州立大学大学院経済学研究科博士課程修了，博士（経済学）
日本大学商学部教授.
主著・論文："FDI spillovers and Intellectual Property Rights," *International Journal of Trade and Global Markets*, 5(1), pp.57-67, 2012, "Protecting Brain Drain Versus Excluding Low-Quality Workers," （with Kenji Kondoh）in Cuong Le Van, Van Pham Hoang, and Makoto Tawada, Editors, *International Trade, Economic Development, and the Vietnamese Economy, Essays in Honor of Binh Tran-Nam*, pp. 65-74, Springer, 2022. など.

**川﨑健太郎**（かわさき・けんたろう） 第7，9章

2003年一橋大学大学院経済学研究科博士後期課程単位取得，博士（経済学・一橋大学）

東洋大学経営学部教授.

主著・論文："Is Economic Development Promoting Monetary Integration in East Asia?,"（with Zhi-Qian Wang）*International Journal of Financial Studies*, 3(4), pp. 1-31, 2015. "A New Assessment of Economic Integration in East Asia: Application of an Industry-specific G-PPP Model,"（with Kiyotaka Sato）*Japan and the World Economy*, 60(C), 2021. など.

**著者**

清水順子（しみず・じゅんこ）　　学習院大学経済学部教授.

大野早苗（おおの・さなえ）　　　武蔵大学経済学部教授.

松原　聖（まつばら・きよし）　　日本大学商学部教授.

川﨑健太郎（かわさき・けんたろう）　東洋大学経営学部教授.

徹底解説　国際金融［第2版］
理論から実践まで

2016年5月15日　第1版第1刷発行
2024年2月20日　第2版第1刷発行

著　者——清水順子・大野早苗・松原聖・川﨑健太郎
発行所——株式会社日本評論社
　　　　　〒170-8474　東京都豊島区南大塚3-12-4　電話 03-3987-8621（販売），8595（編集）
　　　　　振替　00100-3-16
印　刷——精文堂印刷株式会社
製　本——株式会社難波製本
装幀原案——林　健造
検印省略　ⓒ Junko Shimizu, Sanae Ohno, Kiyoshi Matsubara, Kentaro Kawasaki, 2016, 2024
Printed in Japan
ISBN978-4-535-54071-2